Marc Rufer
Wer ist irr?

Psychiatrisierte Menschen leiden hauptsächlich an der Psychiatrie.

Marc Rufer
WER IST IRR?

Zytglogge

Für Rat und Unterstützung danke ich Pia Amhof, Pierre Franzen, Kerstin Kempker, Peter Lehmann, Beatriz Rufer und Beatrix Strebel. Sehr wertvoll und anregend war für mich die Zusammenarbeit mit Willi Schmid.

Alle Rechte vorbehalten
Copyright by Zytglogge Verlag Bern, 1991
Umschlagbild: Heidi Begert
Lektorat: Willi Schmid
Satz und Druck: Allgäuer Zeitungsverlag GmbH Kempten
ISBN 3-7296-0376-0

Zytglogge Verlag Bern, Eigerweg 16, CH-3073 Gümligen
Zytglogge Verlag Bonn, Cäsariusstrasse 18, D-W-5300 Bonn 2
Zytglogge Verlag Wien, Strozzigasse 14−16, A-1080 Wien

Inhalt

Einleitung	6
Wirkliche Unwirklichkeit *(Die Geschichte von Eugen)*	8
Von der Produktion der «Geisteskrankheiten» durch die Psychiatrie	51
Die Psychiatrie hat ihre Unschuld endgültig verloren	68
Der Balken im Auge: Rassismus und Psychiatrie. *Zur Geschichte und Aktualität der Erbbiologie in der Schweizer Psychiatrie*	98
Ethnischer und psychiatrischer Rassismus im Vergleich	117
«Sadomasochismus» und Psychiatrie	143
Manie? *(Die Geschichte von Martin)*	168
Anmerkungen	216
Quellennachweis	224

Einleitung

Theorie und Praxis der Psychiatrie sind leicht zu kritisieren. Wer gut beobachtet, wer aufmerksam liest, der sieht ohne grosse Anstrengung, dass diese Institution morsch ist. Das wissen auch die massgebenden PsychiaterInnen. Deshalb wehren sie sich kaum gegen Kritik, sprechen dagegen gern von Reformen, von Fortschritten und Neuerungen. Dabei wird leicht vergessen, dass sich in der Psychiatrie seit der Zeit eines August Forel oder eines Eugen Bleuler nichts Grundsätzliches geändert hat. Nach wie vor gibt es Zwang und Gewalt, nach wie vor wird stigmatisiert und ausgegrenzt. Noch immer werden zwischenmenschliche Probleme zum Schaden der Schwächeren medizinalisiert und Menschen durch psychiatrische Eingriffe bleibend geschädigt.

Heute verschleiern und verdecken die Psychopharmaka, ganz besonders die Neuroleptika, Zwang und Gewalt. Zudem wird durch die verbreitete Anwendung dieser «Medikamente» die Fiktion, dass in der Psychiatrie «Krankheiten» «behandelt» werden, fortlaufend bestätigt.

Die Zeit ist reif für ein Verbot der Neuroleptika. Sie haben gefährliche, zum Teil bleibende Wirkungen und werden oft mit Gewalt gegen den Willen der Betroffenen verabreicht. Die Einführung der Neuroleptika im Jahre 1952 hat sich als verhängnisvoll erwiesen. Es wurde damit für die PsychiaterInnen leichter, an der täglich ausgeübten Gewalt vorbeizusehen.

Es ist nicht so, dass die Unmenschlichkeit der Psychiatrie auf das Versagen einzelner Personen zurückzuführen ist. Es liegt in der Sache selbst; die Grundlagen, von denen ausgegangen wird, führen zwingend zu einer unmenschlichen Praxis. Die Psychiatrie gehört abgeschafft. Das ist der einzige sinnvolle Schluss, der mit den Aussagen dieses Buches zu vereinbaren ist.

Wieso nun ist das so schwierig? Warum finden sich keine PolitikerInnen, die sich für die Abschaffung der Psychiatrie starkmachen? Wieso ist die Macht der Psychiatrie trotz aller Kritik kaum vermindert? Die psychiatrische Ideologie (das von der Psychiatrie geprägte Verständnis psychischer «Störungen» und Abweichungen) ist ein fester Teil des in unserer Gesellschaft allgemein gültigen «Wissens». Wirklich ist, was eine genügend grosse Zahl von

Menschen als wirklich bezeichnet.[1] Die Wirklichkeit ist keineswegs eine unverrückbare Tatsache oder Wahrheit. Was wir Wirklichkeit nennen, entspricht vielmehr einer *Definition*, die genausogut anders lauten könnte. Doch leider ist die Definition der psychiatrischen Wirklichkeit durchaus wirklich in ihren Folgen. In diesem Sinn entsprechen die Begriffe «Geisteskrankheit», «Schizophrenie», «Manie» und «endogene Psychose» unserer heutigen gesellschaftlichen Wirklichkeit. Ihre Auswirkungen beschränken sich keineswegs auf die psychiatrischen Anstalten. Unsere Gesellschaft würde ohne die Existenz der Psychiatrie anders aussehen. Der Mythos der «Geisteskrankheiten» bedeutet für eine Mehrzahl der Menschen einen Rückhalt, ohne den sie ihren Alltag, ihre Beziehungen, ihre Auseinandersetzungen nicht ertragen würden. Die Möglichkeit der Psychiatrisierung eines störenden Menschen ist immer gegeben, ob sie nun stattfindet oder nicht. Ihre Durchsetzung kann nur zu einer Schein-Lösung von Konflikten führen: Die bestehenden Schwierigkeiten werden vergrössert, verfestigt, und schwerwiegende neue kommen dazu.

Die PsychiaterInnen sind in ihrer Definition der Wirklichkeit gefangen. Sie verdrängen, verleugnen und vergessen Gegebenheiten, die sich mit ihrer «Wahrheit» nicht vertragen. Noch immer vermeiden sie krampfhaft eine kritische Auseinandersetzung mit der NS-Psychiatrie; so gelingt es ihnen, die Zusammenhänge zwischen dem heutigen psychiatrischen Biologismus, dem rassenhygienischen Gedankengut und der Massenvernichtung von «minderwertigen» Menschen zu ignorieren. Auch die heutige Humangenetik hat eine eugenische Stossrichtung; sie zielt auf eine Ersetzung sozialer durch gentechnische «Lösungen».[2] Es ist bezeichnend für die PsychiaterInnen, dass sie diese gefährliche Perspektive verharmlosen.

Leider bietet das Festhalten an der psychiatrischen Ideologie «Vorteile». Sie ermöglicht die Projektion eigener Ängste, unerfüllter Bedürfnisse und Aggressionen auf die «geistesgestörten» Menschen, wo sie klinisch sauber weg-«behandelt» werden. Wem es dagegen gelingt, den Halt, den die psychiatrische Sicht des Menschen bietet, aufzugeben, der wird offener und lebendiger; er gewinnt zusätzlich zum Verständnis für andere Menschen Einsicht in sein eigenes Wesen.

Wirkliche Unwirklichkeit

Eugen: Wie und wann begann mein Leiden, das Spiel, ihr Spiel? Ich war ein aufgewecktes Kind, gesund und intelligent. Ich hatte keine wesentlichen Probleme. Halt, vielleicht stimmt auch das nicht. War auch diese frühe Zeit bereits Spiel-Zeit? War meine glückliche Kindheit schon ein Teil der Verschwörung? Ich muss allen Hinweisen nachgehen. Es ist naiv, wenn ich meine Kindheitserinnerungen nicht sorgfältig überprüfe. Das eigentliche Leiden begann, als ich ungefähr fünfzehn Jahre alt war. Das war eine Zeit schlafloser Nächte. Nachts verlor ich mich in meinen Ängsten. Nachts, wenn ich nicht schlafen konnte. Stundenlang lag ich da und dachte nach über mein Leben. Alles passte zusammen, es gab keine Zweifel. Ja, es war schon damals wahr, jetzt weiss ich es genau. Ich hätte schon damals der Sache energisch nachgehen sollen. Das war keine Einbildung, das war kein Wahn. Ich muss die Verbindung herstellen. Ich muss herausfinden, wie das alles zusammenhängt — die Vergangenheit und die Gegenwart, mein vermeintliches Leben und mein wirkliches Leben. Ich liess mich täuschen. Ich war nicht misstrauisch genug. Ich bin nicht der, der ich zu sein vorgab; ich bin nicht der, der ich zu sein hoffte und meinte. So wie die anderen war ich nie. Was sie mir vorspielten, stimmt nicht. Das Leben ist ein Spiel — grausam und rücksichtslos. Ihr Spiel! Ich habe keine Chance. Sie sind zu zahlreich, die anderen, zu mächtig, zu erfahren. Sie spielen gut, sehr gut, denn sie wissen, dass gespielt wird. Ich hingegen lasse mich immer wieder verführen. Ihr Ziel ist es, mich zu verwirren; erst wenn ich mitspiele, ohne es zu bemerken, sind sie zufrieden. Schrecklich, mit mir wird gespielt, ihr Spiel ist mein Leben, ihr Spiel ist meine Wirklichkeit. Ich sehe den Ablauf, die Organisation. Es ist mir klar, was geschieht. Was ich nicht verstehe, sind ihre Gründe. Wieso machen sie das? Wieso spielen sie so gut, so konzentriert, so total? Alle gegen mich! Ich bin allein. Wer ist ihr Führer, ihr Dirigent? Ich muss es wissen, sonst gehe ich zugrunde. Ich muss nachdenken, mich genau erinnern. Wenn ich alle Einzelheiten erkenne, wenn ich verstehe, wie alles begonnen hat, wenn ich verstehe, wie sich die heutige Situation entwickelt hat, dann wird sich die Frage, wieso sie alle gegen mich spielen, klären. Nur so ist es mir möglich, sinnvoll weiterzuleben, nur so. Erst dann kann ich kämpfen und siegen vielleicht. Ich will ein ernsthafter Gegenspieler, ein wirklicher Gegner werden. Vielleicht haben sie Angst vor mir? Das kann sein. Vorläufig ist es noch nicht so weit. Ich will nicht spekulieren, ich brauche Gewissheit, ich will die Wahrheit. Nur sie kann mir helfen. Ich mache mich an die Arbeit. Es muss sein.

Ich führte damals zwei Leben. Tags lebte ich wie immer, ging zur Schule, trieb Sport, vergnügte mich mit meinen Freunden. Am Samstag fanden oft Parties statt, wir tanzten, wir küssten uns, wir waren glücklich und zufrieden. Meine Nächte wurden zunehmend unangenehmer – unangenehmer und sonderbarerweise auch interessanter. Ich schlief kaum mehr. Stunde um Stunde lag ich da und dachte nach – über mich und die anderen. Es gab eine Verschwörung, dessen war ich mir sicher, alle gegen mich, alle. Die Sache funktionierte nur, weil alle mitmachten. Sie spielten mit mir ein Spiel, schon damals. Alle waren eingeweiht. Nur ich, ich allein, hatte von nichts eine Ahnung. Selbstverständlich, klar, denn das war ja gerade die Grundlage des erbärmlichen Geschehens, die wichtigste Regel des Spiels: brutaler Ernst für mich, für die anderen ein Spiel – das Eugen-Spiel. Sie alle waren verbündet und ich ihr Opfer, ihr Spielzeug. Sie brauchten mich, ohne mich gab es kein Spiel. Ich war ihr Ball. So lag ich wach und dachte nach über ihr Spiel, über mich. Und bei allem Schrecken hatte die Sache für mich auch ihren geheimnisvollen Reiz. Wie wurden all die Spieler und Spielerinnen instruiert, wie gelang die lückenlose Information? Gab es Versammlungen, Rundschreiben? Kaum vorstellbar. Und doch funktionierte das Ganze reibungslos. Sobald ich auftauchte, lief das Spiel. Regel 1: So tun, als wäre Eugen einer von uns, einer wie wir. Regel 2: Es gibt keine Pause, keinen Unterbruch, das Spiel hat keinen Anfang und kein Ende. Regel 3: Sich nichts anmerken lassen, keine Gespräche über Eugen, keine Andeutungen, kein Augenzwinkern, nichts.

Ich war mir damals sicher, dass das die Wahrheit war, sicher und doch nicht. Vor allem nachts, je länger ich nicht schlafen konnte, desto gewisser erschien mir die Sache. Doch tagsüber war alles wie verflogen, vergessen, niemals dachte ich bewusst an diese

Verschwörung. So war es mir auch nicht möglich, meine Gegner zu beobachten und zu überprüfen. Heute erscheint es mir sonderbar und unverständlich, dass dem so war. Hatten sie Macht über meine Gedanken? Wahrscheinlich schon.

Da kam ich also morgens in die Schule, und schon begann das Spiel. Mitschüler und Lehrer, alle vereint im Eugen-Spiel: «Aufpassen, da kommt Eugen. Unmöglich, wie er wirkt, lächerlich dieser Idiot. Schenkt ihm nicht zuviel Beachtung und auch nicht zu wenig. Mit ihm reden, ihn begrüssen, ihn einbeziehen. Eugen als guten Schüler behandeln, als wichtigen Teil der Gruppe, keineswegs als brillante Ausnahme. Niemals übertreiben, das würde sicher sein Misstrauen erwecken.» Verrückt diese Disziplin, keiner scherte aus, kein Schmunzeln, kein Lächeln verriet das Spiel. Auch die Mädchen spielten mit, alle. Sie küssten mich innig, als wäre ich attraktiv und begehrenswert. Verrückt. Wieso? Warum? Sie hätten es einfacher haben können. Um einen Menschen fertigzumachen, braucht es diesen Aufwand nicht. Eugen als den Versager, der er wirklich war, hinzustellen genügte ihnen nicht. Sie wollten es spannender und raffinierter haben. Ich wurde behandelt, als wäre ich einer von ihnen, einer wie sie; und doch sollte ich fühlen, dass dem nicht so war. Meine Unsicherheit, meine Zweifel waren eingeplant. Der Widerspruch zwischen meinem Tagleben und meinen Qualen der Nacht sollte mich zerreissen. Doch in diesem Punkt hatten sie sich geirrt. Sie hatten nicht realisiert, dass genau diese Spannung gelegentlich Lust bedeutete. Es gab Momente, in denen mir dieser Gegensatz guttat, in denen er mich beflügelte. Die Ängste der Nacht werteten gelegentlich die Ereignisse des Tages auf. Selbstverständliches konnte mich in Glückszustände versetzen. Das übersahen sie. Ihr Ziel war meine Qual, die Qual des Zerrissenen, die Qual desjenigen, der nicht weiss, wer und was er ist. Dass diese Qual auch Lust bereiten könnte, das war ihnen niemals in den Sinn gekommen. Sie hatten vor, das Spiel zu spielen, bis zu meinem endgültigen Absturz, bis zu meinem Untergang. Doch dieser Absturz fand nicht statt, noch nicht.

So nahm ich mich zweifach wahr – tags lebte ich, als wäre ich normal, einer wie alle andern; nachts betrachtete ich mich als Opfer, verstossen, allein, ein Spielball, ein Objekt.

Ich bin ehrlich, ich schreibe hier alles auf, wie es war. Das Wichtigste ist noch nicht gesagt. Spielball, Objekt, Aussenseiter, anders als die andern – das stimmt, aber es ist nicht alles: anders und zugleich minderwertig. Ich bin minderwertig, nichts wert. Zu nichts zu gebrauchen, zu nichts nützlich. Behindert, geistig behindert. Ja, geistig behindert. Das wussten alle, und niemand zeigte es. Diese Rücksichtsnahme, dieses Arrangement. Klar, es ist üblich, dass man Minderwertigen nicht laufend zeigt, wie sie sind. Ausserordentlich in meinem Fall war die perfekte Organisation. Verrückt. Normalerweise nehmen viele Rücksicht, niemals alle. Ab und zu erfährt der Minderwertige sehr deutlich, was von ihm gehalten wird. Ich nie. Meine Gegner hielten dicht, sie hielten die Regeln ein, eisern. Das Eugen-Spiel hatte immer und überall Priorität.

«Der Eugen ist ein Depp,
der Eugen ist nichts wert,
wir spiel'n mit ihm ein Spiel,
das Minderleister-Spiel.
Der Eugen ist behindert,
so dumm, so blöd, so schwach,
wir geben ihm aufs Dach.
O wär' er nicht daneben,
er würde uns durchschau'n
und uns das Spiel versau'n;
doch Eugen ist bekloppt,
er ist im Geist verstopft,
er merkt nicht, was wir machen,
wir lachen, lachen, lachen!»

So tönte es in meinem Kopf in schlaflosen Nächten, schrecklich. Die ganze Welt lachte über mich, den dummen, blöden Eugen. Ich schämte mich und konnte nichts tun. Was denn hätte ich tun können? Sie lachten alle – nur in der Nacht. Sie waren nicht zu fassen. Viele, viele Stimmen hörte ich singen. Es gab einen Tag, einen einzigen, jetzt erinnere ich mich wieder, an dem ich stundenlang über das Eugen-Spiel nachdachte. Nach langem Zögern versuchte ich, mit einem Schulkollegen darüber zu reden; er verstand mich nicht: Minderleister-Spiel? Nein, davon habe er noch nie etwas gehört. Was? Lustig? Wieso lustig? Er wisse doch nicht, ob ein Spiel, das er nicht kenne, lustig sei; da müsse ich schon anderswo nachfragen, nicht bei ihm.

Nicht jede Nacht hörte ich sie singen. In der schlimmsten Zeit fanden diese Lachgesänge drei-, viermal pro Woche statt – in meinem Kopf. Gesungen wurde in meinem Kopf. Mein Kopf ein Kassettenrecorder. So kam es mir vor. Wo sonst hätten diese vielen Stimmen herkommen können. Wie der Ton in meinen Kopf kam, verstand ich nicht. War da ein Radioempfänger? Verrückt. Es zeigte mir die Mächtigkeit meiner Gegner: Da es ihnen möglich war, diese Stimmen in meinem Kopf erklingen zu lassen, konnte ihnen schlicht alles gelingen, wenn sie nur wollten. Nachts, wenn die Stimmen einmal schwiegen, war ich keineswegs ruhig. Das Spiel bestimmte auch dann meine Gedanken. Ununterbrochen suchte ich nach Zusammenhängen, Verbindungen und Beweisen. Und immer wieder kam ich zum Schluss, dass das Eugen-Spiel wirklich und wahrhaftig gespielt wurde. Es war eine schlimme Zeit für mich. Sie war nicht einfach eines Tages zu Ende. Langsam, fast unmerklich, nahm die Zahl der schlaflosen Nächte ab. Ich war etwas weniger gefangen im Minderleister-Spiel. Ich begann besser zu schlafen. Es gab häufiger Nächte, ohne diese Geschichte, ohne die ewig kreisenden Gedanken, die immer wieder bewiesen, was ich ohnehin schon wusste. Irgend einmal war der unheimliche Spuk zu Ende. Kein Eugen-Spiel mehr, jedenfalls keines, das ich bemerkte. Ich wusste von nichts, ich lebte nun wirklich wie die andern: normal, akzeptiert und beliebt. Jahrelang war alles weg, der Widerspruch, der Bruch in mir. Er war weg und doch nicht weg. Trotz der wiedererrungenen Normalität war ein Teil von mir anders. Der Ausgestossene begleitete mich, irgendwie war er immer zugegen, auch wenn ich ihn nun nicht mehr deutlich wahrnahm. Ich lebte wie die anderen und ahnte gleichzeitig, dass das nicht wahr sein durfte, dass das im Grunde nur ein Traum war. Meine Normalität war nie wirklicher als ein Traum: unwirkliche Wirklichkeit. Meine gelebte Wirklichkeit war unwirklich, mein Lebensgefühl war unwirklich, verrückt. Ich nahm die Menschen und Dinge wahr, als würden sie sich hinter einer durchsichtigen Wand in einer anderen Welt befinden. Staunend lebte ich vor mich hin; denn das war ja gar nicht ich, der da lebte: Ich wäre, ich bin anders. Ja und nein.

Noch etwas gehört dazu. Wichtig auch das. Für mich hatte meine Todessehnsucht nichts mit dem Eugen-Spiel zu tun. Erst jetzt sehe ich, wie eindeutig die Verbindung ist. Das Eugen-Spiel war schrecklich; ungezählte qualvolle Nächte war ich das Opfer dieser Inszenierung. Ich fühlte all den Hohn und die Verachtung und litt unter dem Wissen um meinen eigenen Minderwert. Ich lag da wie gelähmt; ich konnte nichts tun. Ich war unfähig, einzugreifen, unfähig, auch nur einen aktiven Zug zu machen im Spiel, wo ich doch als verhöhnter Antiheld die Hauptrolle innehatte. Tags dagegen lebte ich meist einigermassen normal, gelegentlich sogar glücklich. Es gab aber auch Zeiten, in denen ich dem Tod sehr nahestand: Abgründe zogen mich an, Brücken, Felswände, hohe Mauern. Sie übten einen Sog auf mich aus. Immer wieder verschlug es mich an Orte, wo ein Schritt, ein Sprung den sicheren Tod bedeutet hätte. Ich spielte immer wieder mit diesem Gedanken. Ich befand mich einige Male in äusserst gefährlichen Situationen. Obwohl ich schwindlig war, zogen mich Abgründe an. Mein Schwindel machte mir Angst und hemmte mich. Dennoch war ich tollkühn, ich wagte Dinge, die kein anderer sich zutraute. Mut war das nicht; es war mir völlig gleichgültig, ob ich nun abstürzen würde oder nicht. Und diese Gleichgültigkeit überwand im entscheidenden Moment jeweils die Schwindelgefühle. Ich lebte damals mit dem Tod. Es war, als ob die Todesnähe das Eugen-Spiel ausser Kraft zu setzen vermochte. Die Todesnähe gab mir das Gefühl, jemand besonderer zu sein, die Minderleister-Chöre verloren an Wirksamkeit. Sie flauten ab, verschwanden ganz.

Auch diese Todessehnsucht, die Sucht, die mich in die tödliche Tiefe ziehen wollte, verschwand langsam wieder. Abgelöst wurde sie erstaunlicherweise von Todesangst. Immer mehr fürchtete ich den Tod, überall sah ich Anzeichen für mein baldiges Ableben – in der Zeitung, im Radio wiesen viele Meldungen darauf hin. Es wurde mir nachgestellt, ich sollte beseitigt werden. Meine Gegner sendeten sich Signale, verschlüsselte Botschaften, die ich oft wahrnehmen konnte. Überall lauerte die Gefahr. Überfälle wurden geplant, Hindernisse sollten mir in den Weg gestellt werden. Ja, sogar Krankheiten gab es in ihrem Arsenal. Es gelang ihnen, mich krank zu machen. Ich war damals achtzehn Jahre alt. Mein Hausarzt, ein überzeugtes Mitglied meiner Gegnerschaft, hatte mich absichtlich infiziert. Bald darauf erkrankte ich an Gelbsucht; es handelte sich um eine Serumhepatitis, das ging aus den Laborbefunden klar hervor. Serumhepatitis überträgt sich durch schlecht oder nicht sterilisierte Injektionsnadeln. Das war Absicht, der Arzt hatte die Botschaft empfangen, und so machte dieses Schwein mich eben krank. Mein Misstrauen wuchs ins Unermessliche. Das Eugen-Spiel war in eine neue Phase getreten. Meine Gegner hatten sich nicht mehr damit begnügt, mich zu verhöhnen und zu verunsichern; nun hatten sie massiv zugeschlagen. Meine Reaktion auf diesen infamen Angriff war erstaunlich: eine Steigerung meiner Kampfbereitschaft. Ich wollte von da an überleben, um jeden Preis. Ich war nicht mehr bereit, mich von irgend jemandem fertigmachen zu lassen. Ich lebte sehr aufmerksam und versuchte, die lebensgefährlichen Anschläge rechtzeitig aufzudecken.

Es dauerte zwei, drei Jahre, bis ich mich von dieser unangenehmen Gelbsucht erholt hatte. Ungefähr im Laufe derselben Zeitspanne verlor sich auch mein Misstrauen. Als Teil meines Wesens blieb es dennoch unterschwellig vorhanden. Aus meinem Bewusstsein war dann die ganze leidige Geschichte für mehrere Jahre verschwunden. Was übrig blieb, war ein einigermassen normaler Mann – normal und zugleich nicht normal.

So lebte ich denn, wie man eben so lebt. Ich wurde Lehrer, ja Lehrer. Ein Lehrer, der nicht an sich glaubt. Ich wollte ein guter Lehrer sein, ich wollte liebevoll mit den Schülern umgehen. Ich wollte sie aufs Leben vorbereiten, ihnen Dinge mitgeben, die ihnen später dienen würden – nicht nur den trockenen Schulstoff. Es war hart für mich, sehr hart. Ich hatte oft grosse Mühe, mich durchzusetzen. Die Kollegen hielten wenig von mir, und verschiedene Klassen respektierten mich kaum. Es gab auch Zeiten, da lief die Sache gut; Schüler liessen sich ohne Notendruck fesseln, ohne Drohungen und Strafen waren sie bereit, auf meine Ideen einzugehen. Schön war das, beglückend. Am liebsten gab ich mich mit Jugendlichen ab, Vierzehn-, Fünfzehn-, Sechzehnjährige interessierten mich. In diesem Alter brauchen Menschen ganz besonders viel Verständnis und Liebe. Wenn immer möglich waren wir draussen, in der freien Natur. Im Gehen ist es einfacher, schwierige Fragen zu besprechen, als in der Schulstube. Niemand muss zuhören. Gruppen mit unterschiedlichen Themen und Anliegen bilden sich von allein. Die Inhalte der Diskussionen entstehen und verändern sich spontan. Ich wollte anregen, nicht dozieren, nicht unterrichten. Es war mir wichtig, dass sich meine Schüler darin üben konnten, selbständig zu denken, sich eigene Meinungen zu bilden. Ich ermutigte sie, nach innen zu horchen, nicht einfach aufzunehmen, was ihnen autoritär eingetrichtert wurde. Mut, ja Mut war mir wichtig; unsere Welt braucht mutige Menschen, keine Kriecher. Anpasser sind gefährlich; leider sind sie von der Macht erwünscht und gerne gesehen; unser Schulsystem ist darauf ausgerichtet, sie immer wieder neu zu erschaffen. «Schule oder die Dressur der AnpasserInnen», so lautet der Titel meines Buches, für das ich leider bis heute keinen Verlag finden konnte. Was nützt es, wenn Menschen nichts anderes lernen, als Forderungen ihrer Erzieher, Lehrer und Vorgesetzten zu erfüllen, was nützt es, wenn sie Marionetten werden? So gibt es keine Entwicklung, so bleibt alles, wie es ist – starr und kalt. Trotz aller Schwierigkeiten hielt ich durch – zehn Jahre lang. Das brauchte Kraft, viel Kraft; ohne meine Schüler hätte ich niemals durchgehalten. Schwierig und gefährlich waren für mich die Kollegen und ganz besonders die Schulleitung. Im Lehrerzimmer sagte ich kaum je ein Wort. Ich war und blieb der einsame Aussenseiter. Die Kompromisse, die nicht zu umgehen waren, belasteten mich sehr. Ich war sicher, dass über mich geredet wurde. Gab es eine Verschwörung? Ich weiss es nicht; oft dachte ich daran. Jedenfalls war meine Stellung immer gefährdet. Mit der Entlassung rechnete ich jederzeit. Der Kontakt mit den Eltern war für mich oft unerfreulich. Und dennoch konnte ich sie verstehen, auch wenn sie meine Ansichten nicht teilten; sie machten sich Sorgen um ihre Kinder. Was nützt denn heutzutage Menschlichkeit? Erfolg ist gefragt, Erfolg, Prestige, Macht und Geld. Gute Noten bedeuten ein gutes Sprungbrett dazu. Was ich zu bieten hatte, war auch für meine Schüler nicht leicht zu verstehen. Viele hatten mich gern, das war gewiss; aber verständlicherweise verwirrte sie die Unzufriedenheit ihrer Eltern. Ich hatte kein leichtes Leben; doch ich biss mich durch, so gut es ging.

Und die Frauen? Schwierig auch das. Gerne wäre ich verstanden worden. Geliebt und verstanden. Doch ich hatte Angst; irgendwie war ich immer sicher, abgelehnt zu werden – abgelehnt, verlacht und verhöhnt. Das musste so sein, so und nicht anders. Wenn eine Frau auf mich einging, wenn sie lieb und nett war mit mir, wurde ich misstrauisch. Das konnte gar nicht echt sein. «Was sucht denn die bei mir?» fragte ich mich sofort. «Ist es ihr Ziel, mich zu erniedrigen? Sie will mich in eine Falle locken, mir Hoffnung machen, um mich kurz darauf zu vernichten. Die wollen alle nichts als meinen Untergang. Gibt es Absprachen? Erzählt die eine der anderen, wie ich am leichtesten fertigzumachen bin? Perfid, auch die Liebe einzusetzen im Spiel. Ich bin ja so bedürftig, so leicht zu verführen. Gegen Agentinnen, die die Liebe als Waffe einsetzen, bin ich machtlos.» So lebte ich lange Zeit zurückgezogen, hütete mich davor, in die Fänge einer Liebesagentin zu geraten. Dann gab es wieder Momente, da ich weniger ängstlich war. Der Bruch zeigte sich auch in der Liebe, mein ewiger Widerspruch. Auch wenn es gut ging, auch wenn ich mich geliebt, geachtet und verstanden fühlte, lief unsichtbar meine Unsicherheit mit. Die Liebe, die mir geschenkt wurde, war für mich wahr und doch nicht wahr – unwirkliche Wirklichkeit auch sie. Ich liebte und wurde geliebt, das war mir klar; und dennoch stimmte es nicht: Es war und blieb ein Spiel, ihre Liebe war gespielt; im Grunde war ich eine lächerliche Figur, kein Partner für eine richtige Frau. So dauerten meine Beziehungen nie lange. Immer wieder war ich allein. Ich hatte Angst, Angst vor der Liebe, vor Abhängigkeit und dem Verlassen-Werden. Meine Angst wurde mir zum Vorwurf gemacht. Ich hätte stark sein sollen, Halt gewähren müssen; doch das gelang mir kaum. Manche Frau wandte sich enttäuscht von mir ab – das musste so sein, das entsprach dem Spiel. Denn Eugen musste enttäuschen, wer von Eugen nicht enttäuscht war, der war selbst nichts wert:

«Eugen, Eugen, ha, ha, ha,
was brauchst du eine Frau?
Du kleine dumme Sau!
Und wenn dich eine nähme,
dann ist auch sie nichts wert.
Sie macht dich nur zur Sau,
das ist das Ziel der Frau.
So bist du oft allein,
du blödes, ödes Schwein.»

Ich, Eugen, war beides zugleich – normal und nicht normal. Ich lebte schlecht und recht vor mich hin, bis, ja, bis das Ganze endgültig klar wurde. Im zehnten Jahr meiner Anstellung an der Kantonsschule geschah das Schreckliche. Alle meine ungezählten Gegner hatten sich vereinigt, kalt entschlossen gingen sie zum Angriff über; dieser Angriff sollte mich vernichten – endgültig, erbarmungslos. Eugen sollte nicht mehr existieren, seine Ausmerze war angelaufen: Minderwertiges Leben verdient kein besseres Schicksal! Allein stand ich meinen Widersachern gegenüber, keinem Menschen mehr konnte ich vertrauen. Seit Monaten schon hatte sich das angebahnt. Die Stimmung wurde zunehmend unheimlicher. Es wurde über mich gesprochen, oft und öfter. Warum nur, warum? Warum liess man mich nicht leben wie alle andern? Was ist denn mein Verbrechen, meine Schuld? Wie habe ich diesen Fluch auf mich geladen? Wem so mitgespielt wird, der muss verflucht sein. Ja, ich bin verflucht. Ich konnte die Verschwörung nicht mehr länger übersehen. Der Schulvorstand, die übrigen Lehrer, meine Schüler, ihre Eltern, meine Familie – sie alle machten mit, ausnahmslos. Was sollte ich nur tun? Ohne mir die geringste Chance der Verteidigung zu geben, hatten sie mich zum Tode verurteilt. Sie hatten beschlossen, mich langsam krepieren zu lassen. Das allein hielt sie davon ab, mich sofort umzubringen. Die Anklage kannte ich nicht! Ich fühlte, wie sie mich beobachteten, überwachten – pausenlos. Gerne hätte ich offen mit jemandem über meine Situation gesprochen; doch die Blicke, die sie sich heimlich zuwarfen, ihre heimtückische und zugleich verständnislose Miene zeigten mir deutlich, dass dies lebensgefährlich wäre. Es gab keinen einzigen Menschen mehr, dem ich vertrauen konnte. So schwieg ich denn, schwieg, litt und dachte nach. Ich versuchte zu verstehen, bald gab ich die Hoffnung auf, eine Schwachstelle in ihrer Inszenierung zu entdecken. Ich verlor den Überblick. Ich war umkreist. Keine Möglichkeit auszubrechen. Diesmal gab es kein Entkommen. Der Entscheid, mich endgültig zu vernichten, war gefallen. Die Freude an meiner Qual und meinem Untergang war ihnen von weitem anzusehen. Da es mir von Tag zu Tag schlechter ging, brauchten sie sich nicht mehr so grosse Mühe zu geben, ihr Spiel vor mir zu verbergen. Mit der Zeit wurden sie in ihrem siegesgewissen Übermut fast etwas fahrlässig. Wenn ich auftauchte, steckten sie ihre Köpfe zusammen, tuschelten und sprachen hemmungslos über mich. Ich wusste nicht mehr weiter; kein Mensch hätte diese Hölle ertragen. Wenn ich eine Begegnung nicht vermeiden konnte, wusste ich nichts zu sagen. Kein Thema passte; ich überlegte und überlegte und schwieg. Vorerst fühlte ich mich im Klassenzimmer noch besser. Die Schüler mochten mich gut. Aber war das wirklich so? Niemand war auf meiner Seite, niemand. So war es. Eugen war allein, allein und verlassen von allen. Eines Tages war ich sicher, dass auch meine Schüler am Eugen-Komplott beteiligt waren. Wie sollte ich da noch unterrichten? Jedes Wort konnte dem Gegner weitere Anhaltspunkte für die Planung meiner endgültigen Vernichtung geben. Ich schwieg auch in der Schule. Unheimlich diese Spannung im Zimmer. Die Luft war zum Schneiden dick. Ich schwieg, die Schüler schwiegen. Wir starrten uns an. So konnte es nicht lange weitergehen, das war mir klar. Ich hoffte auf eine Aussprache – mit dem Schulvorstand, mit Vater. Ein einziger Mensch, der auf mich eingegangen wäre, hätte meine Rettung bedeutet. Nichts, nichts geschah, ich wartete und wartete vergeblich. Jede Nacht war unerträglicher als die vorige – entsetzlich. Ich schlief überhaupt nicht mehr. Ich hörte die Stimmen meiner Gegner, die mich verhöhnten, immerzu:

«Der Eugen, der ist hohl,
sein Kopf ein Blumenkohl.
Wir sind so froh, so froh,
dass wir nicht sind wie er,
das wäre allzu schwer.
Der Eugen stört uns sehr.
Wir machten ihn zur Sau,
und sagten ihm dazu:
‹Bekommst nie eine Frau.›
Doch jetzt ist bald genug,
der Eugen soll sich töten,
und wenn er dies nicht tut,
dann rufen wir den Doktor,
der mit der Ambulanz
den dummen, stummen Eugen,
das kleine, blöde Schwein,
in die Klapse schickt hinein.
Das ist so fein, so fein.
In der Klapse, da ist's lustig,
da spinnen all die vielen;
sie werden oft gequält,
von morgens früh bis spät.

Ha, ha, ha,
der Eugen ist ganz krumm,
er ist so stumm, so dumm,
an seinem Hintern klebt viel Moos,
jetzt sind wir ihn bald los.
Wir wollen ein neues Spiel,
wer ist das nächste Opfer?»

Die Stimmen verhöhnten mich nicht nur, sie sagten mir auch deutlich, was geschehen würde – bald, sehr bald. Ich wusste, was auf mich zukommen sollte, und ich war nicht in der Lage, mich irgendwie vorzusehen. Ich wusste, der Tag meiner Einweisung in die psychiatrische Anstalt nahte. Ich wusste es, ich hatte grauenhafte Angst davor und konnte nichts tun. Was kann denn ein einzelner tun gegen die ganze Welt? Vielleicht hätte ich fliehen müssen, an einen Ort ohne Menschen. Oder an einen Ort mit verständigen, vertrauenswürdigen Menschen. Gibt es das überhaupt, Menschen, denen ich vertrauen kann? Ich weiss es nicht. Ich war wie gelähmt, ich wartete und schwieg und überlegte, wie sie das wohl anstellen würden – meine Einweisung, meinen Abtransport, meine Vernichtung.

All dies dauerte lange, viel zu lange. Die Warterei war so schlimm, dass ich mich fast nach der psychiatrischen Endlösung meines Leidens sehnte. Eine andere Möglichkeit gab es nicht. Und dennoch fürchtete ich mich davor. Grosszügig verzichteten sie darauf, mich umzubringen. Selbstmord, ja, das wäre meine einzige Chance gewesen, mich ihnen zu entziehen. Doch dazu war ich zu schwach. Meine Gegner hatten mich ausgesaugt. Und zudem hatten sie mir ja vorgeschlagen, dass ich mich töten sollte. Dieser Aufwand, diese Anstrengung, um ihnen Freude zu machen. Nein, das ging nicht. Gezielt trieben sie mich in die Enge. Ihr Ziel, das wurde mir plötzlich klar, war die Anstalt. Und ich war so weit, dies hinzunehmen. Sie hatten mich genau da, wo sie mich wollten. Ich, Eugen, wartete und war bereit, mich auf ihren ersten Wink in die Anstalt bringen zu lassen. Wo würden sie mich abholen? Zu Hause? Auf der Strasse? Warten, warten, Angst. Nichts anderes konnte ich mehr tun als warten. In meiner Wohnung hatte ich noch einige, wenige gute Minuten – solange ich nicht schlief. Ich ging schon gar nicht mehr ins Bett. Erstaunlich, wie lange es ein

Mensch aushält ohne Schlaf. Solange ich allein war und wirklich wach, solange ich mich noch mit irgend etwas beschäftigen konnte, war es erträglich. Doch mit der Zeit funktionierte auch dies nicht mehr. Und die Stimmen hörte ich nun Tag und Nacht: Kaum war ich allein, waren sie da, ihr Lachen, ihr Höhnen, ohne Unterbruch:

«Der Eugen, der ist hohl,
hohl,
hohl,
hohl.
Ha,
ha,
ha...
Der Eugen ist kaputt,
fertig,
vorbei,
fertig,
zu Ende,
Eugen?
Ist das Eugen?
Wer ist Eugen?
Ah, der Eugen,
ja, der Eugen,
das war einmal.
Eugen?
Eugen ist irr.
Irr ist Eugen,
Negu ist irre.
Kein Eugen!»

Ich rannte ins Freie, in den Wald, ich rannte dem Singsang davon bis zur Erschöpfung, bis ich zusammenbrach und auf dem Waldboden liegen blieb; doch bald schon waren auch die Stimmen wieder da. So rannte ich weiter und weiter. Am folgenden Morgen in der Schule sah ich zerzaust aus, übernächtigt und todmüde. Warum nur wollte dieser Schrecken kein Ende nehmen? Ich malte mir aus, wie es sein würde in der Anstalt. Da wird auch meine Freiheit, herumzurennen, beschnitten sein: Im vollen Lauf bis zur totalen Erschöpfung erlebe ich die letzten guten Momente, da verschwindet das unheimliche Gesinge. Die Erschöpfung schützte mich – nur sie.

Ich war überzeugt davon, dass es nicht mehr schlimmer werden konnte. Ich hatte mich getäuscht. War es das Schwinden meiner Kräfte, die Verzweiflung? Ich weiss es nicht. Nun lachten mich die Stimmen auch in der Gegenwart anderer Menschen aus. Sehr laut. Entsetzlich. Ich wusste nicht mehr ein und aus. Die Stimmen redeten genau im Tonfall der anwesenden Leute, ich hatte absolut keine Chance festzustellen, was sie wirklich sagten. Das spielte auch keine Rolle mehr. Die Stimmen drückten ohnehin genau das aus, was diese Menschen von mir dachten. So oder so:

«Eugen, Eugen, ha, ha, ha,
bald bist du in der Klapse.
Eugen, Eugen, ha, ha, ha,
du bist so krumm, so dumm.
Du bist verdreht,
du bist nichts wert.
Du bist so wirr und irr.
Eugen, Eugen, ha, ha, ha.»

Und es kam, wie ich es seit langem erwartet hatte. Ich stand vor der Wandtafel und starrte meine Schüler an, und meine Schüler starrten zurück. Da klopfte es an der Türe, und ohne zu warten trat der Schulvorsteher, begleitet vom Notfallpsychiater und zwei grossen Männern in weissen Kitteln, ins Zimmer: «Herr Keller, wollen Sie bitte mit uns kommen!» Das sagte er zu mir. Sonderbar, ich verstand ihn deutlich, obwohl die Stimmen immer lauter wurden, immer lauter; ich hörte beides, den Schulvorstand und die Stimmen.

«Eugen, Eugen, ha, ha, ha.
Bald bist du in der Klapse.
Ha, ha, ha.
Ha, ha, ha.
Du bist so wirr und irr.
So wirr und irr,
so wirr und irr.
Irr, irr,
Irrer.
Irr, irr,
Irrer!

Ha, ha, ha.
Eugen?
Ha,
ha.»

Ich ging mit den vier Männern hinaus; es wurde kein Wort mehr gesprochen. Die Weisskittel nahmen mich in ihre Mitte; weil ich so brav mitging, liessen sie mich selbständig gehen. Da schaltete sich der Psychiater ein: «Einen Moment bitte. Ich möchte kurz mit Herrn Keller etwas besprechen.» Ich konnte auch ihn gut verstehen. Zugleich dröhnte noch immer das «Eugen, Eugen, ha, ha, ha» in meinem Schädel. Wir gingen ins Lehrerzimmer. «Setzen Sie sich, Herr Keller», sagte der Psychiater, «und hören Sie mir ruhig zu: Wir alle haben festgestellt, dass es Ihnen in letzter Zeit sehr schlecht geht. Sie sehen schlecht aus, sehr schlecht, Herr Keller. Ich habe mit dem Schulvorstand gesprochen und auch mit Ihrem alten Vater. So geht es nicht mehr weiter. Etwas Ruhe und Erholung wird Ihnen guttun. Die beiden Herren werden Sie jetzt in die Klinik Sunehölzli bringen. Ich denke, Sie sind damit einverstanden. Antworten Sie mir bitte, Herr Keller; es ist einfacher und besser für Sie, wenn Sie von sich aus einwilligen.» Mit einemmal schwiegen die Stimmen in meinem Kopf. Totenstille. Der Psychiater wartete. Was sollte ich tun? Plötzlich: Ein Stimmengewirr, immer deutlicher hörte ich eine Frau: «Eugen, pass auf, du bist in Gefahr; Eugen, wehr dich nicht! Tu, als ob du einverstanden wärest, das ist deine einzige Chance.» Klar, das war's. Dieser Stimme musste ich vertrauen. Sie war das Leben, mein Leben! Ich nickte. Der Psychiater wertete das als Zusage: «Also meine Herren,» sagte er, «bringen Sie Herrn Keller jetzt gleich ins Sunehölzli.» Als Zeichen meines Einverständnisses stand ich auf und trat zu den Weisskitteln. Wir verliessen das Schulhaus und gingen auf ein grosses Sanitätsauto zu. «Lauf, Eugen, lauf. Da, über den Sportplatz, dann über den Zaun und hinauf zum Wald. Lauf, Eugen, lauf!» Es war dieselbe Stimme wie zuvor, es war Judiths Stimme. Ihre Anweisung war so deutlich, dass ich sie, ohne zu zögern, ausführte. Ich rannte, so schnell ich nur konnte. Die Männer waren überrascht; sie hatten keine Chance, mich einzuholen. Ich lief quer durch den Wald. Erst nach einigen Minuten hielt ich an. In meinem Kopf war es ruhig, erstmals ruhig nach langer Zeit; keine Stimmen, keine Verhöhnung, kein Gesang. Ich fühlte mich wesentlich besser. Ich konnte klar denken, meine Situation in Ruhe beurteilen: Es gab einen Menschen, eine Frau, sie war meine Rettung. Zu ihr musste ich gehen. Meine einzige Chance – Judith. Wieso war ich denn eigentlich nicht vorher auf sie gekommen? Jetzt jedenfalls war es klar; ich musste zu Judith, nur dort war ich sicher. Ich musste mich verstecken, unauffindbar sein. In der Schule, in meiner Wohnung, bei meinen Eltern, überall lauerte die Gefahr. Nirgends wäre ich geschützt vor den Weisskitteln und der Polizei. Und allein käme ich auch nicht weit. Ich hatte ja kaum etwas Geld bei mir. So schnell es ging, lief ich zu Judith. Judith! Ich zweifelte keinen Augenblick, dass sie mich aufnehmen würde.

Ich hatte Glück, Judith war zu Hause. Verschwitzt, ausser Atem und erschöpft stand ich da. Ohne eine Frage öffnete sie die Türe. Es war, wie ich vorausgesehen hatte. Judith verstand die Situation sofort. Ich legte mich hin. Judith brachte mir Tee und setzte sich wortlos in meine Nähe. Unglaublich, die Stimmen schwiegen noch immer, und ich fühlte mich so gut wie noch nie. Ich lag da und genoss mein neues Leben. Einen Menschen bei mir zu haben, nicht mehr so allein, verlassen und isoliert zu sein, das war schön. Und Ruhe im Kopf. Keine Verhöhnung, kein Gelächter, kein «Eugen, Eugen, ha, ha, ha». Wie tat das gut.

Vor einem Jahr hatte ich Judith zum letzten Mal gesehen. Wie nur hatte ich sie vergessen können? Wir gingen zusammen essen, damals. Sie hatte sofort verstanden, dass es mir schlecht ging. Sie hatte verstanden und nichts gefragt. Sie hatte gesehen, dass ich zeitweise weg war, weit weg. Ja, so war es. Die Stimmen quälten mich an diesem Abend fast ohne Unterbruch:

«Nach dem Essen
musst du Judith vergessen.
Eugen!
Was willst du eine Frau?
Du dumme, stumme Sau.
Keine Frau ist mit dir nett.
Eugen,
du bist nichts wert.
Keine Frau will mit dir ins Bett.
Keine!

Judith?
Du spinnst,
Judith schon gar nicht.
Jede ist zu gut für dich.
Hau ab, du Sau,
verschwinde.
Ha, ha, ha.
Keine,
nie mehr eine,
keine,
für dich keine,
nie mehr,
nie mehr.
Ha, ha, ha.
Ha, ha, ha.
Eugen!»

Dennoch ging ich mit in ihre Wohnung. Auch dort sass ich nur und schwieg. Ich wäre so gerne zärtlich gewesen mit ihr, ich wollte sie meine Zuneigung fühlen lassen. Doch schon bevor ich es richtig versuchen konnte, wurden die Stimmen lauter, sie verhöhnten mich, es dröhnte in meinem Kopf:

«Was willst du eine Frau,
du kleine dumme Sau.
Eine Frau will keine Sau.
Eine Frau will einen Mann,
der was kann,
der was kann.»

Ich sass damals viele Stunden auf dem Sofa und schwieg. Was hätte ich auch sagen sollen? Ich kämpfte einen hartnäckigen Kampf gegen die Stimmen, die nun ohne Unterbruch den einen Satz wiederholten:

«Hau ab, du Sau,
verschwinde!
Hau ab, du Sau,
verschwinde!»

Morgens früh, nach vielen Stunden, gab ich mich geschlagen. Ich stand auf und ging schweigend zur Tür, schweigend und traurig.

Judith öffnete und sagte einen einzigen Satz: «Eugen, vergiss nicht, dass du jederzeit zu mir kommen kannst.» Ich weiss nicht mehr, wie ich damals nach Hause kam. Was ich weiss, dass danach die schlimmste Zeit meines Lebens begann, eine schwierige Zeit – hoffnungslos, traurig, aussichtslos. Und jetzt, jetzt ist sie zu Ende. Seitdem ich weggerannt bin – zu Judith.

Gestern also hätte ich ins Sunehölzli gebracht werden sollen, und jetzt bin ich hier bei Judith. Es ist Mittag. Bevor ich eingeschlafen war gestern Nacht, hatte ich Judith von meiner versuchten Verschleppung in die Anstalt und von meiner Flucht erzählt. Ich schlief lange, vierzehn Stunden vielleicht. Judith ist weg. Auf dem Küchentisch fand ich einen Krug mit Kaffee, frische Brötchen und daneben einen Zettel: «Eugen, ich muss zur Arbeit. Sei vorsichtig. Verlass das Haus nicht. Bei mir bist du sicher. Du kannst hier bleiben, solange du willst. Um sechs Uhr werde ich wieder zurück sein. Judith.»

Gut zu wissen, dass Judith wieder kommt. Gut zu wissen, dass ich hier sicher bin. Ein guter Ort für mich, diese Wohnung. Judiths Mitteilung hat mir die nötige Ruhe gegeben. Ich ass und trank und begann zu schreiben. Ich schrieb und schrieb, um Ordnung in meine Gedanken und meine Gefühle zu bringen. Das war mir seit langer Zeit nicht mehr gelungen. Das Resultat steht hier auf diesen Blättern. Gut, dass es sie gibt. Falls ich einmal wieder verwirrt und verängstigt sein werde, werden sie mir helfen, erneut den Überblick über meine Situation zu gewinnen. Falls ich hier bleiben kann, werde ich weiterschreiben – nachdenken und schreiben. Wie soll es weitergehen mit meinem Leben? Verrückt, diese dunkle, verworrene und bedrohliche Zeit, die ich hinter mir habe. Verrückt, das schnelle Auftauchen aus diesem wirren Nebel. Ich brauche Zeit, Ruhe und Sicherheit. Hier habe ich alles, was ich brauche. Hoffentlich falle ich Judith nicht zur Last. Doch davor brauche ich wohl keine Angst zu haben.

Es ist schön hier bei Judith, mit Judith. Heute ist Sonntag. Wir gingen spazieren in den Wald, viele Stunden gingen wir nebeneinander her. Wir sprachen kaum etwas. Ein ungewohntes und unendlich gutes Gefühl, einen Menschen bei mir zu haben, von dem ich sicher bin, dass er mich mag und versteht. Ich vertraue Judith, sie nimmt mich ernst; für sie bin ich nicht krank, nicht geistig behindert. Sie nimmt mich an, wie ich bin. So glücklich war ich noch nie in meinem Leben. Judith, ich bin dir dankbar. Und – Judith, ich liebe dich, ich liebe dich! Wenn lieben überhaupt möglich ist, dann ist das, was ich für dich empfinde, die innigste Liebe, die je ein Mensch empfunden hat.

Hoffnungslos und verängstigt vegetierte ich als lebendiger Toter dahin. Und jetzt das! Ich bin ein neuer Mensch. Ich lebe und liebe. Und auch das Gefühl der Unwirklichkeit meines Lebens ist mit einem Mal verschwunden. Ich fühle, was ich lebe. Ich bin ich geworden. Und ich habe einen Menschen gefunden, der auf meiner Seite steht. Judith gehört nicht zu meinen Gegnern. Das macht Mut. Selbstverständlich habe ich noch immer Feinde, und selbstverständlich fürchte ich sie noch immer. Deshalb mieden wir gestern öffentliche Plätze. Wir gaben uns Mühe, nicht aufzufallen. Judith verstand auch das. Meine Gegner müssen kochen vor Wut. Sie wissen nicht, wo ich bin. Sind sie daran, mich zu suchen? Keine Ahnung. Wahrscheinlich schon. Zu vertraut war ihnen das Eugen-Spiel. Meine Verschleppung in die Anstalt war klug geplant und doch missraten. Wenn ich nur nicht polizeilich ausgeschrieben bin. Verdammt, schon beginnt sich mein Glücksgefühl in nichts aufzulösen. Judith! Wenn Judith nicht wäre. Ohne Judith wäre ich verloren, ohne Judith wäre wieder alles wie zuvor. Doch Judith kann mich nicht beschützen. Judith vermag nichts gegen all meine Gegner, sie ist zu schwach. Und wie sollte sie mir denn helfen, wo sie doch jeden Tag zur Arbeit muss?

Qual, o verdammte Qual, jetzt wird's brenzlig. Ein Verdacht steigt in mir hoch, ein grauenhafter Verdacht. Was ist mit Judith? Wieso ist sie so verständig? O, nein. Kann ein Mensch überhaupt so lieb sein? Gibt es das? Judith! Ist sie der Joker? Nein, es darf nicht wahr sein, es kann nicht wahr sein. Und doch. Liebe und Verständnis: Das gibt es nicht, nicht für mich. Ich muss den Gedanken zu Ende denken. Also: Wie lautet mein Verdacht? Judith ist ein wichtiger Teil des Eugen-Spiels. Ihr Einsatz dient einzig und allein dem Ziel, mich zu vernichten. Sie war von Anfang an dazu bestimmt. Sie wurde ausgewählt, weil alle wussten, dass ich Frauen wie sie – zurückhaltende, natürliche Frauen mit offenem Gesicht, dunkler Typ – gern mochte. Eine richtige Schweinerei, wie die mit mir umgehen. Vor nichts schrecken sie zurück. Nichts ist ihnen heilig. Auch die Liebe nicht. Warum auch? Liebe macht schwach, unüberlegt, verletzlich. Mit Hilfe der Liebe ist es besonders leicht, einen Menschen bis in seinen innersten Kern hinein zu zerstören. Bereits Judiths Angebot vor einem Jahr, dass ich jederzeit zu ihr kommen könne, war ein wohlüberlegter und vorgeplanter Zug im Eugen-Spiel. Sie sollte mir vorerst Mut und Hoffnung machen, wenn ich in grösster Not zu ihr kommen würde. All dies, um mich dann mit um so grösserem Triumph endgültig zu vernichten. Der Stachel sitzt tief in mir drin. Ist Judith falsch, dann sind alle Menschen falsch, alle. Judith, die liebevolle, ruhige, verständige Judith. Judith spielt besser als die andern. Endlich habe ich ihr Spiel durchschaut. Sie ist die Krone, die Göttin der Falschheit – nicht zu übertreffen. Und damit bin ich geliefert, endgültig. Das ist so! Ist das so?

Verrückt. Vorläufig bin ich gerettet. Ich war daran, meine Nerven zu verlieren. Judith als Eugen-Spiel-Joker, das hätte mir endgültig den Rest gegeben. Ich versuchte, über meinen eigenen Schatten zu springen, und es gelang! Ich versuchte – probeweise –, auf Judiths Rat einzugehen. Ich überlegte streng logisch. Und ich sagte mir, falls Judith meine Gegnerin ist, dann ist so oder so alles zu Ende. Also gehe ich, indem ich ihren Rat befolge, kein Risiko ein. Mehr als vernichten können sie mich nicht, meine Gegner. Judith hat mich gerettet. Ich war daran, in einen Zustand zu verfallen, der noch verheerender gewesen wäre als alles, was ich in den letzten Monaten erlebt hatte. Überall fühlte ich Gegner auftauchen, genau wie zuvor; doch die Führerin, die wichtigste Figur im ganzen, traurigen Spiel wurde mit zunehmender Deutlichkeit Judith, der einzige Mensch, dem ich je wirklich vertraut hatte. Entsetzlich. Nun bin ich daran, mich aufzufangen. Ich hatte Judith vorgestern all meine vielen, beschriebenen Blätter gegeben. Sie hatte sie aufmerksam studiert und mir danach vorgeschlagen, dass ich selbst das Ganze nochmals sorgfältig durchlesen sollte. Dies war ihr Rat, und er erwies sich – obwohl sich vorerst alles in mir dagegen sträubte – als äusserst wertvoll. Beinahe hätte mich die Eugen-Welt erneut verschlungen. Und diesmal wäre ich nie wieder aufgetaucht. Ich sah die Gegner bereits hinter jedem Baum, ich sah sie herumschnüffeln, spionieren und mir Fallen stellen. Judith, um sie dreht sich im Moment alles. Wenn sie zu meinen Feinden überläuft, ist es vorbei für mich. Judith hat mich nochmals retten können. Beim Lesen sah ich meine Situation klarer als während des Schreibens. Ich vermochte mein Leben zu überschauen, als ginge es um einen anderen Menschen: Das Eugen-Spiel, die Verschwörung all meiner Gegner hat es niemals gegeben; das Eugen-Spiel war und ist meine Erfindung. Für mich war es wahr, nur für mich. Je schlechter es mir ging, um so mehr war ich gefangen in diesem Spiel. Unglaublich. Jetzt sehe ich alles ganz deutlich. Es waren da nicht böse Menschen, die mich fertigmachten. Dieser Zusammenschluss fand niemals statt, all die Versammlungen, Rundschreiben, all das gab es nur in meiner Phantasie; doch in meiner Phantasie war es sehr wirklich, todernst. Ich war gefangen in diesem Spiel; ich war drin, hilflos, wie im Netz einer Spinne. Es gab sicher Menschen, die mich nicht mochten. Und es ist sicher, dass, bevor dieser Notfallpsychiater mit den beiden Weisskitteln auftauchte, Absprachen stattgefunden hatten – Absprachen zwischen dem Schulvorsteher, einigen Eltern und meinem Vater. Und dennoch war niemals die ganze Menschheit gegen mich verschworen. Verrückt. Ich muss herausfinden, wie und warum dieses Eugen-Spiel entstand und mit der Zeit so lebendig wurde, dass es allein mein Leben bestimmte. Ich muss es wissen. Das ist lebenswichtig für mich. Denn das Gefühl der unwirklichen Wirklichkeit gibt es für mich noch immer. Glasklar sehe ich die Unwirklichkeit dieses Spiels, und dennoch bin ich mir noch immer nicht ganz sicher. Mein Wahn – so muss ich dieses Spiel wohl nennen – war wirklicher als der wirklich normale Alltag, als das Leben, wie es die andern wahrnehmen.

Es bleibt mir nichts anderes übrig, als noch einmal in meine Kindheit und Jugend zurückzugehen. Dies ist meine einzige Chance. Ich hatte eine problemlose Jugend, so jedenfalls schien es mir, so jedenfalls wurde es mir fortwährend eingetrichtert. Eine anständige, angesehene, wohlhabende Familie. Ja, als das galten wir. Wir, die Kellers. Das alles sieht makellos aus. Was liess mich denn versinken in meiner Eugen-Welt? Etwas stimmte nicht. Rund um mich nichts als Forderungen. Sie waren immer da. Ich sollte mich bewähren, Erfolg haben, ich sollte leisten, leisten und nochmals leisten. Als Kind belastete mich dies kaum. Ich war ein guter Schüler, mit Leichtigkeit überflügelte ich die meisten meiner Kollegen. Eine Schwierigkeit war schon damals vorhanden, vorerst nur andeutungsweise: Die Eltern, die Grosseltern, die ganze Familie forderten grösste Erfolge von mir, und dennoch glaubte niemand an mich. Ich wurde mit viel Aufwand aufwärts gestossen. Doch was gab es da oben? Nichts, nichts als die grosse Leere und Einsamkeit. Keine Wärme, keine Liebe, kaum etwas Luft. Und das ist noch nicht alles. Leere, Einsamkeit, Verlassenheit und, kaum verdeckt, der riesengrosse Abgrund. Wenn ich mir das alles vergegenwärtige, fühle ich entsetzlichen Schmerz. Das ist es, sie stiessen mich direkt auf den Abgrund zu. Schnell und sicher stürmte ich die Felswand hinauf, und dennoch lief die Gewissheit meines baldigen Sturzes neben mir her. Stillschweigend war sich die Familie in diesem Punkt einig. Es war, als hätte ein Prophet meinen Untergang vorausgesagt. Verrückt, jetzt erinnere ich mich wieder. Ja, nachts hämmerten die Stimmen auf mich ein:

«Lauf, Eugen lauf,
bald vergeht dir der Schnauf.
Du wirst fallen,
ganz tief fallen;
Eugen, du hast keine Wahl,
was dir bleibt, ist grosse Qual.
Du wirst fallen,
ganz tief fallen.
Und nach dem Sturz
ist alles aus,
du kleine Maus.
Lauf, Eugen lauf;
du kleiner Wicht,
entkommen kannst du nicht,
Eugen, Eugen, ha, ha, ha,
ha, ha,
ha.»

Dass ich darauf nicht schon früher gekommen bin. Das hätte mir viel Leid, das hätte mir Jahre der Qual erspart. Ich war ja blind, völlig blind. Meine Eltern wollten einen erfolgreichen Eugen, und gleichzeitig hofften sie insgeheim auf meinen Misserfolg. Sie warteten auf meinen Sturz, jeden Tag. Wenn einer zur Erfüllung einer Aufgabe gedrängt wird, die er aller Voraussicht nach niemals erfüllen wird, dann ist das Lachen nah, verdammt nah. Ja, und noch etwas beginne ich zu verstehen. Das erste Mal, als ich diese Gesänge in meinem Schädel hörte, waren es noch nicht die Stimmen der vielen verschiedenen Menschen. Am Anfang waren es zwei Stimmen, ja, haargenau zwei: diejenige meiner Mutter und diejenige meines Vaters. Was wollten sie eigentlich von mir? Wollten sie Erfolg oder Misserfolg? Diese Frage ist entscheidend. Das wird mir immer klarer. Ein Keller sollte Erfolg haben, das galt als Motto – vordergründig. Hatten sie denn Erfolg? Etwas Geld schon; menschlich dagegen sah die Sache erbärmlich aus, in jeder Hinsicht. Für Geld und gesellschaftlichen Erfolg hatten sie ihre Seele verkauft. Einladungen, Konzerte, Parties waren ihnen wichtig; besonders schätzten sie es, wenn Prominenz vorhanden war. Wieso war es denn so deutlich fühlbar, dass sie mich im Grunde vernichten wollten, dass sie meinen Misserfolg herbeisehnten – selbstverständlich, ohne das je zuzugeben? Da kann ich nur vermuten. Vielleicht fühlten sie, dass ich ein besserer Mensch war. Vielleicht fühlten sie, dass mir Menschlichkeit wichtig war, dass ich Ungerechtigkeiten sehr schlecht ertrug? Vielleicht wurde ihnen klar, dass ich nicht einfach materiellen und gesellschaftlichen Erfolg anstreben würde – um jeden Preis. Ich musste für sie ein wandelnder Vorwurf sein. Ich lebte so, wie sie es vorzutäuschen versuchten. Ich musste Misserfolg haben, damit ihre Lebenslüge nicht aufgedeckt wurde. Vielleicht war es das. Das Leben meiner Eltern bestand ausschliesslich aus äusserem Schein. Der Schein zählte, die anderen zählten; es war wichtig, was gedacht wurde über die Kellers. Rolladen stellte er her, mein Vater. Storen, schön und farbig. Das Äussere muss farbig sein, farbig und undurchsichtig – das Innere dunkel, so dunkel, dass sogar die im Haus drinnen nicht wahrnehmen, wie es da eigentlich aussieht. Und mir ist das Innere wichtiger, das Menschliche. Vor allem meine Mutter ertrug das nicht. Ich weiss nicht genau, wann sie darauf verzichtete, mich auf ihre Linie zu bringen, mich auf ihren Lebensstil hin zu dressieren. Jedenfalls ging es ihr schon lange darum, mich endgültig zu zerstören. Mit meinem zunehmenden Versagen und mit meinem

Untergang konnte sie zwei Fliegen auf einen Streich erschlagen. Die eine war ihre Angst, dass ich sie durch meine Art zu leben fortwährend an ihr eigenes Elend erinnern würde. Ihr Leben war arm und lächerlich zugleich: Die Frau des erfolgreichen Rolladenfabrikanten sonnte sich darin, in der guten Gesellschaft ihren Reichtum zu zeigen. Schmuck und Kleider, das war ihr Ausweis, ihr Eintrittsbillett. Das war es dann auch. Fertig, Ende. Sonst gab es nichts für sie, nichts. Und so blöd war sie nun auch wieder nicht, dass sie das nicht hätte feststellen können. Aber wenigstens ihr Sohn sollte sie nicht täglich, rein dadurch, dass es ihn gab, darauf aufmerksam machen. Da war alles besser, sogar sein Tod. Und die andere Fliege, das war ihr Mann, mein Vater. Damit, dass ich versagte, wurde auch gleich deutlich, dass mein Vater nichts wert war. Im Grunde verachtete sie ihn. Sie verbrauchte sein Geld und verachtete ihn. So war es. Und der Sohn dieses Hampelmannes, ich, der konnte und durfte nichts Rechtes werden. Und dieser Hampelmann steckte alles ein, von ihr, seiner Frau. Alles. Aber auch er versuchte, mich klein zu machen. Er hätte es nicht ertragen, wenn ich es weiter gebracht hätte als er. Und so gab es in unserem Familienleben nur Schein: der Schein eines sich liebenden Ehepaares, der Schein einer glücklichen Familie, der Schein eines hoffnungsvollen Sohnes. Aussen farbig und innen dunkel. Rolladen versüssen das Leben. In den Keller mit den Kellers. Nein, mit diesen Menschen, meinen Eltern, möchte ich nichts mehr zu tun haben – mit ihrem falschen Lächeln, ihren falschen Worten, ihrem falschen Sein. Für mich war es unmöglich, diese Falschheit aufzudecken. Ich war ja ein Teil davon. Ich gehörte dazu, in diese falsche Welt. Ich lebte in dieser Welt der falschen Gefühle, sie wurden mir eingeredet, solange, bis ich sie wirklich zu spüren vermeinte. Menschen können das; Menschen können dazu gebracht werden, alles zu fühlen. Und die Kellersche Gehirnwäsche funktionierte tadellos. Die Scheinwelt der Kellers war meine Welt, tags. Tags glaubte ich daran, lebte ich die Lebenslüge der Kellers; nachts dagegen, da schlug die Stunde der Wahrheit. «Eugen, Eugen, ha, ha, ha.» Diese Stimmen sprachen die Wahrheit, das war kein Schein. Die Stimmen, die mich in der Nacht verhöhnten, die drückten die wahren Gefühle, die wahren Hoffnungen meiner Eltern aus. Verrückt. Mein Wahn ist wahrer als die Wirklichkeit.

Diese Schweine, umbringen müsste ich sie. Menschen töten oft mit weniger Grund.

Wie hoffte ich auf die Liebe meiner Mutter. Wie gab ich mir Mühe! Dabei hatte ich keine Chance. Ich hoffte und sehnte mich nach Zärtlichkeit, nach Anerkennung, nach Unterstützung. Als Zehnjähriger schrieb ich jeden Abend Brieflein, die sie nach ihrer Heimkehr finden sollte. Liebesbrieflein an das Mütterlein. Keine Chance. Sicher ekelte sie sich, wenn sie spätnachts diese Zeilen las – Zeichen, Signale der Liebe von ihrem Sohn, den sie am liebsten gar nicht geboren hätte. Entsetzlich, diese Frau.

«Lauf, Eugen lauf,
bald vergeht dir der Schnauf.
Dich hat niemand gern,
du lebst auf einem kalten Stern.
Was brauchst du eine Frau?
Du kleine dumme Sau.
Was brauchst du eine Mutter?
Hier hast du dein Futter.
Schon das ist viel zuviel;
falls du nicht spielst mein Spiel,
dann wehe dir mein Sohn,
es droht dir Hohn,
Hohn, mein Sohn, Hohn,
Eugen!
Ha, ha, ha.»

Was mach' ich mit dieser traurigen Wahrheit? Mit meiner Wahrheit?

Mutter würde diese Anklage entrüstet zurückweisen. Auch nicht eine Sekunde vor ihrem Tod würde sie gestehen. Von Aufopferung, von Verzicht würde sie reden, von Liebe zu ihrem Sohn. Ja, einige Parties, einige «Auftritte» im Kreise der Prominenz hatte sie verpasst wegen mir. Das stimmt. Und dennoch hatte sie kaum je Zeit für mich, nicht einmal, wenn ich krank war. Ich war nicht gern krank; ich hasste es, krank zu sein. Die besten Ärzte marschierten auf an meinem Bett, und mit wissenschaftsgläubiger Miene stand meine Mutter daneben, solange der Doktor da war. Kaum war er weg, raste sie zu ihrem nächsten Termin, zum Frauen-Kränzlein, zur Schneiderin oder zum Coiffeur. Was mach' ich mit dieser Wahrheit? Die Wirklichkeit, die tägliche Wirklichkeit des Lebens meiner Kindheit und Jugendzeit war eine grosse Lüge, und die Stimmen, die Qualen der Nacht waren wahr. Und in den letzten Monaten? Entspricht mein Wahn, entsprechen meine Ängste der Wahrheit, oder ist es diesmal anders? Bin ich es, der sich irrt? Oder hat tatsächlich meine Mutter diese gewaltigste und gemeinste Attacke organisiert? Wirkliche Wirklichkeit, Schein, heimtückische Lügen, nächtliche Stimmen, die wahr reden, nächtliche Stimmen, die Ängste ausdrücken. Menschen, die liebevoll heucheln und hundsgemein sind, Menschen, die besser sind, als sie scheinen. Nicht einfach, sich in diesem Wirrwarr zurechtzufinden. Irgendwie habe ich die Kurve genommen. Ich habe die Schlüssel, die Instrumente sind vorhanden, um diese Verwicklungen aufzudecken, zu entwirren, eine nach der andern. Es braucht Zeit, ich brauche Zeit. Und danach weiss ich mehr als alle andern, danach bin ich wissend.

Wissend und gefährdet zugleich. Das könnte mein Schicksal sein und bleiben. In meinem Innern sieht die Situation besser aus. Da beginnt sich das Chaos zu ordnen. Und dennoch bin ich in Gefahr. Diesmal droht sie wirklich von aussen: Für den Staat bin ich verschollen. Ausser Judith weiss kein Mensch, was seit der Flucht vor fünf Tagen mit Eugen Keller geschehen ist. Herausgefallen bin ich, aus der Gesellschaft. So schnell geht das. Der Notfallpsychiater, die Weisskittel, der Schulvorstand – sie alle waren Zeugen der Flucht des irren Eugen. Und seither ist er nicht mehr aufgetaucht. Haben sie etwas unternommen, werde ich gesucht, bin ich polizeilich ausgeschrieben? Keine Ahnung. Gab es vielleicht sogar eine Meldung am Radio? «Vermisst wird ... Eugen Keller... er dürfte umherirren... um schonendes Anhalten wird gebeten...» Ich ein Irrer, einer, der Angst macht, einer, der schonend angehalten werden muss! Verrückt. Ich muss mich weiterhin verstecken. Wie lange? Kann eine Zwangseinweisung verjähren? Vieles bleibt unklar. Was nützt es mir zu wissen, dass die Realität ein Spiel ist? Was nützt es mir zu wissen, dass die Wirklichkeit der normalen Menschen oft weniger wahr ist als der Wahn eines Verrückten? Mein Wahn war wahrer als die alltägliche Wirklichkeit unserer Familie. Wer kann so etwas Verrücktes verstehen? Niemand. Jedenfalls nicht die normalen Menschen. Ihre Normalität besteht darin, an der Wahrheit vorbeizusehen, sich so lange täuschen zu lassen, bis die Lebenslüge als wahr erscheint. Normal-Sein heisst niemals unter die Oberfläche schauen, mehr noch, heisst blind sein. Und Normal-Sein heisst vor allem auch vergessen. Und sollte doch einmal etwas richtig wahrgenommen werden, dann gibt es nur die blitzschnelle Reaktion: sofort wegsehen; so schnell wegsehen, dass die gefährliche, die verbotene Wahrnehmung gar keine Spuren zu hinterlassen vermag. Normal-Sein heisst tun als ob: Und dieses Normalitätsspiel wird so intensiv, so lebenswichtig, dass es für die Spielerinnen und Spieler sehr rasch nichts anderes mehr gibt als ihr Spiel. Sie vergessen, dass gespielt wird; sie verwechseln das Spiel mit dem Leben. Verrückt. Schrecklich, normal zu sein. Mein Eltern waren und sind sehr normal – und ihre Welt ist falsch, sie stimmt in keiner Weise. Ein Wahn ihre normale Welt, ihre Wirklichkeit. Zum Glück bin ich nicht so wie sie. Dies zu wissen, tut gut. Doch dieses Wissen ist gefährlich. Die Wahrheit meines Wahnsinns ist gefährlich; gefährlich für die andern und deshalb auch gefährlich für mich. Die Angst, die ich einflösse mit der Wahrheit, macht die verängstigten Normalen zu meinen Todfeinden. Von aussen sind farbige Rolladen zu sehen, und innen ist es dunkel. Es ist weitaus einfacher, die Wahnsinnigen zu bekämpfen und zu vernichten, als die Wahrheit ihres Wahnes zu ergründen, zu verstehen und anzunehmen.

Vielleicht kann Judith mir helfen? Judith ist auf meiner Seite, sie versteht mich. Sie ist nicht so normal, wie es die andern sind, meine Eltern, meine Feinde. Gibt es das überhaupt, sehende, wissende Menschen, die nicht ausgegrenzt, abgeschoben, psychiatrisiert und gesund-behandelt werden? Gibt es das, verrückte Menschen, die unbehelligt, selbständig und ruhig leben können? Judith, ja sie. Sie fürchtet mich nicht, sie schützt sich nicht durch Blindheit vor ihrem eigenen Wahnsinn. Judith ist wichtig für mich. Ich brauche sie. Allein ist dies alles nicht zu verkraften; ich bin allein nicht stark genug. Wie lange kann ich bei Judith bleiben, ohne aufzufallen? In unserem Staat besteht Anmeldepflicht; ich hätte mich hier längst anmelden müssen. Und die Armee, wird sie mich suchen? In zwei Wochen müsste ich in den Wiederholungskurs einrücken.

Klar, dass ich nicht hingehen werde; doch was sind die Folgen? Ist es möglich, hier in der Schweiz unangemeldet zu leben, ohne denunziert zu werden? Menschen, die gerne andern nachspionieren und sie überwachen, gibt es nicht nur in faschistischen Staaten. Ich, ein gefährlicher Irrer, ohne feste Adresse – das muss sogar einen biederen, stinknormalen Fichen-Beamten in den Wahnsinn treiben. Und meine eigene Wohnung. Ist sie bereits geräumt? Wo sind meine Bücher, meine Bilder, meine Schallplatten, all die Dinge, die mir wichtig waren? Und das Geld? Als ich meinen Feinden entfloh, hatte ich wenig Geld dabei. Wie komme ich zu Geld? Kann ich ungefährdet Geld von der Bank abheben? Bezahlte Arbeit liegt nicht drin für mich, jeder Angestellte wird gemeldet und registriert. Schwarzarbeit wäre möglich; doch Schwarzarbeit ist schlecht bezahlt. Und Schwarzarbeit für Lehrer gibt es nicht. Ich kann es drehen und wenden, wie ich will: Meine Situation wird von Tag zu Tag unangenehmer, für Judith werde ich eine zunehmende Belastung. Früher oder später wird sie das – wird sie mich nicht mehr ertragen. Meine Situation ist schwierig, äusserst schwierig, unlösbar.

Gestern abend habe ich lange mit Judith gesprochen; sie versteht mich, sie versteht, dass es momentan für mich ausserhalb ihrer Wohnung keine Bleibe gibt. Ich kann so lange bei ihr sein, wie das gut und nötig ist. Es wäre ihr auch kein Problem, wenn sie wegen mir Schwierigkeiten bekäme. Dennoch kann sie mich nicht beschützen. Schön, dass es Judith gibt, ohne sie wäre meine Flucht sehr rasch zu Ende gewesen, ohne sie wäre ich schon längst eingesperrt und würde zwangsbehandelt. Judith ist der einzige Mensch, der mich je wirklich verstanden hat. Vielleicht, vielleicht haben wir eine gemeinsame Zukunft. Werden wir ein Paar, Judith? Ich weiss nicht, was sie von mir als Mann hält. Gestern hat sie mich fest umarmt, und ich fühlte mich wohl, geborgen und so stark wie nie zuvor. Judith, wenn sie mich nur lieben könnte. O Judith, es wäre so schön. Ja, es wäre wunderschön; und trotzdem ist es besser, wenn ich mich vorerst nicht zu sehr freue. Solche Glücksfälle passen nicht in mein Leben. Der Eugen ist kein Glückskind, nein, das ist er nicht. Besser, mit dem Schlimmsten zu rechnen. Meine Zukunft ist ungewiss, meine Feinde so mächtig.

Das Leben ist ein Wagnis. Wer nichts wagt, der gewinnt auch

nichts. Judith, ich will mich ihr nähern, ich will eine Frau, ich will Judith, ich will, ich will! Für mich gibt es keine andere Frau.

«Mein Leben bist du,
meine Liebe bist du,
mein Glück, meine Wonne.
Wo du bist,
da ist Licht,
da ist Hoffnung für mich.
Wo du fehlst,
da ist nichts als der Tod.
Ich fürchte den Tod,
ich fürchte die Nacht,
ich fürchte das Sterben;
Judith, ich will mit dir leben.»

Das Glück, die Erfüllung ist nah. Diese Chance darf ich nicht ungenutzt verstreichen lassen. Judith? Ich glaube, sie hat mich wirklich lieb. Wenn sie mich ansieht, sind ihre Augen voller Liebe. Ihr warmer Blick berührt mich, belebt den innersten Kern meiner Seele. Nein, für sie bin ich nicht einfach ein Fall, der ihre Hilfe braucht, ein Mensch, dem sie aus Mitleid beisteht. Nein, so ist es nicht. Judith ist nicht so. Auf denn Eugen, deine Leidenszeit ist zu Ende, dein Leben als Mann, als Liebhaber einer schönen Frau beginnt! Auf denn – und viel Glück. Morgen, ab morgen wird das Leben schön und erfüllt und reich sein wie nie zuvor.

Das darf nicht sein. Ich traue Judith nicht mehr. Judith spielt mit mir. Wieso nur hat sie mich vor zwei Tagen so lieb umarmt? Alles nur Spiel. Ich versuchte heute, mich ihr zu nähern; ich sprach von meiner Liebe, von meiner Hoffnung, von einem gemeinsamen Leben. Ich wollte sie spüren, ganz nah, ganz fest – ihr Gesicht, ihre Haut, ihre Brust, ihren Bauch. Nichts! Sie wurde hart und kalt – ein anderer Mensch. Ich müsse sie nicht falsch verstehen. So sei das nicht gemeint. Sie wolle mir helfen, sie sehe meine schwierige Situation, sie verstehe, wie sich mein Wahn habe entwickeln können. Doch Liebe, eine Liebesbeziehung? Nein, das sei bei ihr ausgeschlossen, daran habe sie nie gedacht. Ich wusste es, ich wusste es! Judith spielt, spielt falsch.

«Eugen, Eugen, ha, ha, ha.
Was willst du eine Frau,
du kleine dumme Sau?
Was willst du warme Haut?
Dein Leben ist versaut.
Dir bleibt nur die Psychiatrie,
hi, hi, hi,
ha, ha, ha.
Eugen, Eugen, ha, ha, ha.»

Und wieder ging es los, die ganze Nacht. Und wieder wurde ich ausgelacht, erbarmungslos verlacht. Judith meine letzte Hoffnung? Das ist wirklich zum Lachen. Alles nur Illusion. Ein Tor, wer einer Frau vertraut. Warum sollte gerade sie anders sein, besser? Wieso sollte gerade ich ein Auserwählter sein, ein Glücklicher? Judith spielt mit im Spiel: becircen, umgarnen, ihm Hoffnung machen – und wenn er endlich offen ist, bereit für das Wagnis der Liebe, dann der tödliche Schlag. Die Frau, die in mir die Liebe erweckt hat, zertritt mich, als wäre ich ein Insekt. Eugen am Boden zerstört. Sie wird mich hinausstellen, wird den Notfallpsychiater oder gar die Polizei benachrichtigen. Ich bin in Gefahr. Ich muss sofort weg von hier! Aber wohin? Wohin?

Judith: Das wollte ich nicht. Nein, das wollte ich nicht. Wenn Eugen nur nicht so unerträglich geworden wäre. Ich muss auch an mich denken, ich kann mich nicht einfach auslöschen lassen. Auch ich bin ein Mensch, auch ich habe Gefühle. Auch ich lebe, es gibt nicht nur Eugen in dieser Welt. Irgendwo habe auch ich meine Grenzen. Er ist so empfindlich, so misstrauisch. Sein Spiel, das Eugen-Spiel, das er in seinem Text beschreibt, verstehe ich gut; ich verstehe alles, nur allzu leicht kann ich mich einfühlen in seine Situation. Ein falscher Blick von mir, und ich bin Teil des Spiels. Ein falsches Wort, und ich werde seine Gegnerin. Es hängt so viel ab von mir, so unheimlich viel. Ich bin die Welt für Eugen: Wenn ich lieb bin, dann ist die Welt in Ordnung, seine Welt. Wenn ich unzufrieden bin oder abweisend, dann ist er vernichtet, zerschmettert, fertig, aus! Das ist zu viel, das ertrage ich nicht. Verrückt diese Welt, wirklich verrückt: Das Ganze ist nicht einfach ein Wahn. Eugen hat recht, er übertreibt gar nicht. Im Grunde bin ich wirklich die Welt für ihn. Ich bin der einzige Mensch, dem er – zeitweise – vertraut, mit dem er überhaupt reden, dem er seine Gefühle, seine Ängste und Hoffnungen mitteilen kann. Ich bin die einzige Kontaktperson für ihn. Wenn ich ihn wegschicke, dann ist seine Situation wirklich aussichtslos. Und das ist kein Wahn, das ist wahr, allzu wahr. Diesen Druck, diese Verantwortung ertrage ich nicht. Es geht nicht mehr lange, und ich bin am Ende, das alles wird mir langsam, aber sicher zu viel. Ich ertrag' es nicht mehr, ich kann einfach nicht mehr, meine Kräfte sind erschöpft. Ich müsste fehlerfrei sein, perfekt! Voll da, konzentriert, hundertprozentig auf Eugen ausgerichtet, vierundzwanzig Stunden am Tag. Die allerkleinste Unachtsamkeit, und das Ganze bricht zusammen. Ich bin nicht fehlerfrei. Überhaupt nicht! Ich bin auch nur ein Mensch. Ich kann und will mich nicht ununterbrochen kontrollieren. Nein, das geht nicht! Ich will mir nicht mein Leben, meine Spontaneität kaputtmachen. Es könnte schön sein mit Eugen. Eugen ist ein sehr spezieller, sensibler Mann. Ich könnte ihn lieben, das ist gewiss. Er gefällt mir gut, zu gut. Sein ängstlich-liebevoller Blick, sein warmes Gesicht voller Sehnsucht und Hoffnung dringen tief hinein in meine offene Seele. So sind Steine zu erweichen. Und ich bin kein Stein. Ich bin eine Frau, eine lebendige Frau. Doch ich weiss, ich muss vernünftig sein. Ich wäre ihm nicht gewachsen, niemals. Eine Beziehung mit Eugen liegt nicht drin. Ich weiss, ich verliere viel. Ich verliere einen Mann, der mich so fest liebt, wie Menschen überhaupt lieben können. Zwei Stunden Paradies, zwanzig Stunden Hölle – so würde unsere Liebesbeziehung aussehen. Und später nichts als Hölle, jederzeit. Sein Misstrauen ist zu gross; ich bin sicher, da ist nichts zu machen. Verliere ich die Kontrolle, Sekunden nur, ist der Rückfall schon perfekt! Von einem Moment auf den andern bin ich seine gefährliche Gegnerin, die schlimmste, die Eugen je in die Welt phantasiert hat, und nicht mehr die geliebte Frau. Ein entsetzliches Wechselbad. Eben noch von innigster Liebe überschüttet und Sekunden später in abgrundtiefen Hass getaucht. Kein Mensch kann das aushalten. Was mach' ich mit dieser Erkenntnis? Was mach' ich mit meinem liebenden und hassenden Schützling? Da habe ich mir eine schwierige Sache eingebrockt. Wie weiter? Ich hatte meine klare Meinung zur Psychiatrie, und da gab es gar nichts anderes, als Eugen beizustehen.

Seit der Zeit meiner Ausbildung habe ich mich mit diesem Thema beschäftigt. In der Schule für Soziale Arbeit wurde auf antipsychiatrische Literatur hingewiesen; ich habe Goffmann gelesen, Laing, Szasz und wie sie alle heissen. Während meines Praktikums in der Aufnahmeabteilung des Sunehölzli hat sich meine Überzeugung verfestigt. Die Psychiatrie ist und bleibt eine Katastrophe, heute noch immer so schlimm wie eh und je. Für Leute, die bei Diskussionen über die Psychiatrie immer von Sachzwängen reden, hatte ich nie Verständnis. Herzlos zu sagen: «Sicher, Zwangseinweisungen sind unschön, Zwangsbehandlungen mit Neuroleptika sind unerfreulich, manchmal jedoch geht es einfach nicht anders.» Wer das Leiden dieser Menschen gesehen hat und noch immer so spricht, ist ein Unmensch. Und jetzt sitze ich selbst in dieser verzwickten Situation. Es kommt noch so weit, schliesslich werde ich zur Ursache für Eugens Internierung. Eugen in der Spinnwinde, weil ich die Nerven verloren habe. Nein, nicht! Was mach' ich bloss? Wenn nur nicht alles auf mir lasten würde. Das ist für eine Frau allein ganz einfach zuviel. Es braucht dazu ein soziales Netz. Eine Gruppe von gleichgesinnten Menschen, die sich ablösen, die die Verantwortung, die Belastung unter sich aufteilen. So sieht das Konzept aus. Wo aber nehme ich diese Gruppe her? Zu wenige gibt es, die zur Psychiatrie grundlegend kritisch eingestellt sind und die auch bereit sind, konsequent zu handeln. Sobald es um Wahnsinn, Verrücktheit, Geisteskrankheit oder Schizophrenie geht, werden sogar offene und bewusste Menschen hart und misstrauisch. Dieses Thema löst Ängste aus, Abwehr, Wut und Unverständnis. Da besteht mitten in unserer aufgeklärten Welt ein Tabu. Zwei, drei Leute kenne ich schon, die mir wahrscheinlich beistehen würden. Ich glaube, das ist im Moment meine einzige Chance. Ablösungen. Ab und zu einige Stunden, eine Nacht, ein Wochenende ohne Eugen, ohne seine feurige und zugleich misstrauische Liebe. Zusammen mit einigen wenigen Gleichgesinnten wäre ich Eugen in seiner schwierigen Situation gewachsen. Und ich hätte auch Zeit und Kraft, um für ihn eine langfristige Lösung zu suchen und zu organisieren. Die Aufgabe wäre auch so nicht leicht. Ich muss ihm klarmachen, dass ich ihn sehr gut mag, auch wenn ich – vorläufig – nicht bereit bin, eine Liebesbeziehung mit ihm einzugehen. Er muss mir glauben, dass ich sehr weit gehen werde, sehr weit, dass ich alles mir Mögliche tun werde für ihn. Er muss mir abnehmen, dass die neuen Leute keine Spitzel sind, keine Eugen-SpielerInnen, die ihn endgültig fertigmachen wollen. Ob mir dies gelingen wird? Die Chance ist klein. Und doch will ich es versuchen. Ich habe keine andere Wahl. Ich will nicht hinterher von riesengrossen Schuldgefühlen aufgefressen werden.

Es geht nicht nur um ihn, ich muss es auch mir zuliebe versuchen. Wenn ich Eugen jetzt vor die Türe stellen würde, dann wäre nur ein einziger Ausgang der Geschichte möglich: Eugen wäre in kurzer Zeit mit Neuroleptika vollgespritzter Insasse im P4, der geschlossenen Abteilung des Sunehölzli. Das entsetzliche Resultat ist bekannt: Eugen als hilfloses, gefühlloses, motorisch behindertes, den normalen, gesunden Menschen Angst einflössendes Wesen. Und ich glaube nicht daran, dass sich dieser sensible Mann je davon erholte. Die Einweisung würde sein Ende bedeuten. Im besten Fall hätte er noch die Kraft, sich umzubringen. Den ängstlich-liebevollen Eugen, wie ich ihn kennen lernte, würde es niemals mehr geben, er wäre tot, so oder so. Die Schuld an diesem Ausgang der Geschichte will ich nicht auf mich laden. Ich, Judith, Mörderin dieses Mannes, den ich im Grunde liebe – lieben würde, wenn ich nicht dermassen Angst hätte vor seinem Misstrauen –, nein, das nicht. Wer einen ihm nahe stehenden Menschen, den er vielleicht sogar geliebt hat, in die Spinnwinde abschiebt, begeht Seelenmord. Ja, er wird zum zweifachen Mörder, weil er dabei auch seine eigene Seele tötet. Ich will keine Seelenmörderin sein.

Zu spät, alles zu spät. Ich kann meine Tränen noch immer nicht zurückhalten. Schrecklich sah es aus in meiner Wohnung, als ich heute abend nach Hause kam. All meine Befürchtungen sind wahr geworden. Was ist geschehen? Eigentlich wusste ich es sofort, und dennoch versuchte ich, mich an einem kleinen Restchen Hoffnung festzukrallen; vielleicht war trotz allem das Schlimmste nicht eingetreten. Krampfhaft vermied ich jeden weiteren Gedanken. Die Türe war aufgebrochen, Stühle lagen am Boden, Flaschen waren zerbrochen, die Reste des Abendessens lagen zerstreut herum. Eugen war unauffindbar. Musste das sein? Völlig klar: Sie haben ihn geholt; er muss sich gewehrt haben – mit allen seinen Kräften. Eine richtige Schlacht muss das gewesen sein. Wieso hat mich niemand benachrichtigt? Keine Notiz, nichts. Ein Mensch wird entführt, fertig. Logisch, dass er sich wehrte; alles andere wäre Resignation gewesen. Für ihn war das zweifellos der endgültige Vernichtungsschlag seiner vereinigten Gegner. Ich kenne Eugen gut, zu gut; ich habe seine Aufzeichnungen gelesen. Ich fühle alles so deutlich, als hätte ich es selbst erlebt. Fliehen war sicher sein erster Impuls. Und weil die Flucht unmöglich war, schlug er zu. Wenigstens einen Teil seiner Gegner wollte er treffen, verletzen; für Eugen ging es um Leben und Tod. Und der Ausgang des ungleichen Kampfes war schon klar, bevor er zum ersten Schlag ansetzte: Eugen würde der Verlierer sein. Ja, Eugen wurde ausgelöscht – hier in meiner Wohnung. Seine Widersacher waren sicher gewarnt. Eugen ist gross und stark: ein letztes Aufbäumen des tödlich verletzten Siegfried gegen seinen Mörder Hagen, ein letztes Aufbäumen, den sicheren Untergang vor Augen. Solche Gewaltakte, das Niederspritzen von Menschen bei Zwangseinweisungen, das ist Mord, Seelenmord. Blöd, aber ich klammere mich an den unsinnigen Wunsch, dass er wenigstens einige seiner Feinde niedergeschlagen hat. Schrecklich, ich kann mir so gut vorstellen, wie es Eugen jetzt geht. Und irgendwie bin ich schuldig. Sicher bringt Eugen seine gewaltsame Entführung mit mir in Verbindung, mit meiner Zurückweisung seiner Liebe. Er muss überzeugt sein, dass ich die Sache inszeniert habe. Ich verstehe ihn ja so gut, meinen Eugen. O Gott, hätte ich ihn doch nicht abgewiesen, hätte ich doch besser aufgepasst. Wir hätten zusammen verreisen müssen, weit weg, ins sichere Ausland. Warum ist mir dies nicht früher eingefallen? Ich bin ja so blöd, so unendlich blöd und schuldig. Flucht zu zweit, wir beide einige Monate weg von hier. Das wäre die Lösung gewesen. In der Ferne wäre es für mich einfacher gewesen, mit Eugen umzugehen. Und gleichzeitig wären seine Zweifel verflogen. Die gemeinsame Flucht, als Tatbeweis meiner Liebe, hätte sein Misstrauen besiegt. Ich bin schuldig an Eugens Untergang. «Verzeih mir, bitte. Kannst du mir verzeihen, Eugen?» Ich muss etwas tun. Vielleicht gibt es trotz allem noch eine Möglichkeit, vielleicht ist noch nicht alles verloren. Ich muss wissen, was geschehen ist. Und dann muss ich handeln: Wenn irgend etwas Eugen helfen kann, dann werde ich es tun. Nichts wird mir zu schwierig sein.

Eben sind zwei Polizisten bei mir gewesen. Sie haben mich befragt und orientiert. Eugen ist tatsächlich mit Gewalt in die Anstalt verschleppt worden. Das war schon lange der Wunsch seiner Eltern. Jetzt haben sie ihn durchgesetzt. Sie waren entsetzt, als es damals nicht gelungen war, Eugen vom Schulhaus ins Sunehölzli zu bringen. Darauf sprachen sie mit den Anstaltsärzten und auch mit dem Notfallpsychiater, der Eugen erfolglos eingewiesen hatte. Im gemeinsamen Einverständnis wurde beschlossen, dass der «schwerst gefährdete» und «unberechenbare» Eugen ausgeschrieben und wenn immer möglich von der Polizei in die Klinik gebracht werden müsse. Auf seine Spur hier bei mir sind sie durch den Hinweis der Hauswartin gekommen. Ich verstehe schon, wieso sie diese Gemeinheit begangen hat. Sie hat mich nicht gern, diese Frau, das ist gewiss. Kürzlich sind mir alle Sicherungen durchgebrannt. Ich beschimpfte sie arg und laut, als sie, wie so oft, vor mir ihre kleine Tochter geschlagen hatte. Frustrierte Mütter, die ihre Unzufriedenheit an ihren hilflosen Kindern auslassen, sind für mich Schwerverbrecherinnen. Diesmal war ich zu weit gegangen. Mit abgrundtiefem Hass starrte sie mich an und stapfte bebend vor Wut davon. Es war mir klar, dass sie sich bei nächster Gelegenheit rächen würde. So geschah es denn auch, leider allzu rasch. Sie hatte wohl sofort bemerkt, dass Eugen kein gewöhnlicher Besucher war. Endgültig musste sie Verdacht geschöpft haben, als er von ihr wissen wollte, ob die Polizei nach ihm gefragt habe.

Vielleicht ist noch nicht alles verloren. Vielleicht gelingt es mir trotz allem, Eugen aus der Anstalt herauszukriegen. Ich werde alle Hebel in Bewegung setzen. Ich werde Rechtsanwalt Mühletaler anrufen, er hat sich darauf spezialisiert, Menschen aus psychiatrischen Anstalten herauszuholen. Und selbstverständlich werde ich Eugen besuchen, ich selbst will mir ein Bild über seinen Zustand machen. Ich werde tun, was immer möglich ist.

Schlimm, schlimm, die Sache steht schlecht. Eugen muss in der Anstalt bleiben. Ich schlug den Ärzten vor, dass ich ihn bei mir zu Hause aufnehmen würde. Sie gingen nicht darauf ein. Eugen hat die psychiatrische Gerichtskommission angerufen. Die Anstalt will ihren Entscheid abwarten. So wird dann hochoffiziell durch den Richter festgestellt werden, ob es gerechtfertigt war, Eugen gegen seinen Willen ins Sunehölzli zu bringen und dort festzuhalten. Und bis es so weit ist – die Wartezeit dauert meist mehrere Wochen –, werden die Betroffenen mit Hilfe der Neuroleptika so weit mürbe gemacht, dass sie in keiner Weise mehr überzeugend vor dieser Kommission auftreten, ihre Ansichten vertreten und ihr gutes Recht fordern können. Neuroleptika brechen die Widerstandskraft dieser Menschen; ein Wunder, wenn es dennoch einige gibt, die dem Druck der Ärzte nicht nachgeben. Und als unabhängig können diese Kommissionen hierzulande auch nicht bezeichnet werden. So besitzen die Aufzeichnungen des einweisenden Arztes und der Anstalts-Psychiater, die mit Sicherheit nicht als neutral bezeichnet werden können, Beweiskraft vor dem Gericht. Zudem sitzen zwei Psychiater in der Kommission, die, wie alle Ärzte, nur sehr ungern ihre eigenen Kollegen ins Unrecht versetzen. Dies alles weiss ich seit meinem längeren Telefongespräch mit Rechtsanwalt Mühletaler. Und dennoch kann er einige Erfolge verbuchen. Wenn ein Betroffener sich wirklich wehren will, dann wird er oft schon entlassen, bevor die Gerichtskommission überhaupt getagt hat. Und Mühletaler ist hartnäckig; wenn die Kommission negativ entscheidet, geht er regelmässig vor Bundesgericht oder sogar an den Europäischen Gerichtshof nach Strassburg. Da es dort eher um die Sache als um reine Machtspiele geht, werden seine Klagen nicht selten gutgeheissen.

Es ist gekommen, wie ich es befürchtet habe. Wenn sich Eugen nur von Mühletaler hätte unterstützen lassen. Eugen wollte sich selbst befreien, wollte niemanden um Hilfe bitten. So verstrich genügend Zeit, bis der chemische Knebel und die psychiatrische Gehirnwäsche sich auswirken konnten. Nun hat die psychiatrische Gerichtskommission entschieden: Eugen muss in der Anstalt bleiben. Bei seinem Krankheitsbild sei eine längerdauernde Hospitalisation nicht zu umgehen. Schlimm genug. Richtiggehend schokkiert war ich von der himmeltraurigen Tatsache, dass Eugen sich bei der Befragung durch die Kommission «krankheitseinsichtig» gezeigt hatte. Rosmarie, eine Ergotherapeutin, die ich während meines Praktikums im Sunehölzli kennen lernte, hat für mich Eugens «Krankengeschichte» fotokopiert. Eugen hat vor der Gerichtskommission zu Protokoll gegeben, dass es ihm besser gehe, seitdem er im Sunehölzli sei. Er fühle sich da weitaus sicherer als in meiner Wohnung. Die Anstalt vermöge ihn vor seinen vielen Feinden zu beschützen. Den Pflegern, Schwestern und Ärzten vertraue er in jeder Hinsicht. Erstmals in seinem Leben habe er es mit Menschen zu tun, die es gut mit ihm meinen. Dass er zittrig ist und Mühe hat, sich zu bewegen, führt er auf Vergiftungserscheinungen zurück. Er ist davon überzeugt, dass ich, Judith, ihn vergiftet hätte. So sollte er geschwächt werden, um wehrloser den Machenschaften seiner Gegner ausgeliefert zu sein. Er sei bereit, alles zu tun, was die behandelnden Ärzte für gut befinden. Und: Er teile die Meinung seiner Psychiater, dass sein Zustand vor der Einweisung krankhaft gewesen sei. Er sehe ein, dass er betreut werden müsse, dass er Hilfe brauche. Er würde es momentan nicht schaffen, allein in Freiheit zu leben. Mit Eugen ist es vorbei, fertig. Und noch etwas fand ich in der Krankengeschichte, das gab mir endgültig den Rest. Auf der ersten Seite der Eintrag «Keine Besuche für Eugen Keller». Und etwas später: «Die Eltern und weitere Bekannte dürfen den Pat. besuchen. Doch auf speziellen Wunsch des Pat. soll Judith Gfeller nicht zu ihm gelassen werden.» Entsetzlich, was da geschehen ist; fürchterlich, was diese Behandlung in kurzer Zeit aus einem lebendigen Menschen macht! Ist das noch Eugen, der Mann, der mich liebte, der Mann, der nur mir vertraute, keinem andern Menschen sonst? Wer in die Mühlen der Psychiatrie gerät, der wird ausgekernt; da bleibt nur Fassade. Er wird das Geschöpf seiner Ärzte, sein eigenes Wesen ist ausradiert. Die Seele ist weg. Jetzt verstehe ich, wieso die Wirkung der Neuroleptika als chemische Lobotomie bezeichnet wird.

Eugen: Ich war lange in der Klinik, elf Monate sind eine lange Zeit. Doch es hat mir gut getan. Es war einfach nötig, dass etwas unternommen wurde. Ohne kompetente psychiatrische Hilfe hätte es schlecht ausgesehen für mich. Auch Schizophrene sind Menschen. Ich muss einfach akzeptieren, dass ich schizophren bin. Das ist weder eine Schande noch ein Verbrechen. Wenn dies erst einmal klar ist, wird alles ganz einfach. Schliesslich leben auch Diabetiker heutzutage nicht allzu schlecht, obschon sie genau wissen, dass sie krank sind. Auch ich kann – fast – ein Leben führen wie normale Menschen. Ich muss etwas aufpassen, regelmässig zum Psychiater gehen, meine Medikamente einnehmen. Und damit hat es sich. Wenn ich Anzeichen der Verschlechterung meines Zustandes feststelle – bei mir handelt es sich vor allem um zunehmendes Misstrauen, um das Gefühl, von der ganzen Welt beobachtet, verfolgt und bekämpft zu werden –, muss ich das bei meinem nächsten Besuch dem Psychiater mitteilen. So kann nichts Schlimmes geschehen. Diesen Verfolgungswahn, dieses Misstrauen brauche ich nicht ernst zu nehmen. Es ist ein Symptom meiner Erkrankung, mit meinem tatsächlichen Leben hat das nichts zu tun. Der Arzt wird mir dann vorübergehend zusätzliche Medikamente verschreiben. Und dann bin ich wieder o.k. Beruhigend, dass ich gut und zuverlässig betreut werde. Mein Psychiater hat sich die Mühe genommen, mir von den neuesten Resultaten der Schizophrenie-Forschung zu erzählen. Die Reizübertragung zwischen meinen Hirnnervenzellen ist zu aktiv. Die Stellen im Gehirn, wo diese Übertragung stattfindet, werden Synapsen genannt. Glücklicherweise beheben die Neuroleptika die Folgen dieser vererbten Störung. Es gibt keinen Grund, mich zu schämen, weil meine Synapsen nicht ganz normal funktionieren. Ich finde diese Ansicht des Psychiaters menschlich einwandfrei. Ich bin ihm dankbar dafür, dass er mich mit diesen subtilen Geheimnissen der psychiatrischen Wissenschaft vertraut gemacht hat. Diabetiker sind auf ihr tägliches Insulin angewiesen, und ich brauche mein Neuroleptikum. Das ist sehr ähnlich und eigentlich gar nicht schlimm.

Ich darf schon wieder aushilfsweise unterrichten. Und möglicherweise kann ich in einem halben Jahr wieder meine alte Stelle übernehmen. Ich habe Glück gehabt. Glück im Unglück. Eigentlich kann ich überall wieder dort ansetzen, wo ich vor meiner Erkrankung stehengeblieben bin. Nichts ist endgültig verloren, nichts endgültig vorbei.

Wenn ich nur nicht so grauenhafte Angst hätte. Angst, nichts als Angst. Das ist mein Leben. Gegen diese Angst richten auch die Medikamente nichts aus. Angst vor dem Leben. Ich weiss, ich bin krank, schizophren. Und nur dank der Neuroleptika kann ich ein einigermassen normales Leben ausserhalb der Anstalt führen. Und trotz dieser Medikamente kann es auch wieder schlimmer werden. Sie muss sonderbar und gefährlich sein, diese Krankheit, die ich in mir trage. Was bewirken denn die Neuroleptika? Synapsen? Ich fühle sie nicht, meine Synapsen. Ich habe Angst, und ich glaube nicht mehr an mich, das ist es. Ich vegetiere, ich quäle mich ab, ich glaube an keine Besserung. Ich habe dermassen Angst, dass ich felsenfest überzeugt bin, bald wieder einmal in die Anstalt gehen zu müssen. Der Aufenthalt im Sunehölzli war nicht so schlimm. Die Klinik gab mir Halt, ich fühlte mich einigermassen sicher und beschützt. Und dennoch fürchte ich mich davor. Ich fürchte mich davor, weil ich die erneute Einweisung als Niederlage erleben werde, als Beweis dafür, dass ich nicht lebensfähig bin, dass ich zu krank bin, um zu leben wie alle andern Menschen. Ich bin anders. Ich gehöre nicht zu den Glücklichen, die leben, geniessen und lieben können. Was meine Krankheit ist, wie sie sich äussert, das weiss ich nicht so genau. Im Sunehölzli war ich geschützt vor meinen zahlreichen Gegnern. Das heisst, ganz zu Beginn sah es noch anders aus. Da war ich überzeugt, dass meine Feinde mich in die Anstalt verfrachten wollten, um mich zu vernichten. Deshalb wehrte ich mich auch wie ein Wahnsinniger, als ich in der Wohnung von Judith abgeholt wurde. Ich kann mich nicht mehr genau daran erinnern. Jedenfalls fand ein harter Kampf statt. Sonst hätte ich kaum einen Rippen- und einen Nasenbeinbruch davongetragen. Erst als ich kampfunfähig am Boden lag, gab ich mich auf. Ich wusste: «Jetzt ist es vorbei!» Judith, ja Judith, ihr werde ich nie verzeihen. Sie hat mich damals verraten. Sie. Die ersten Tage und Wochen in der Anstalt schlief ich oder dämmerte vor mich hin. Ich sprach kein Wort; damals war ich noch überzeugt, dass all die Leute im Sunehölzli zu meinen Gegnern gehörten. Dennoch gelang es ihnen mit der Zeit, mich in Gespräche zu verwickeln. Ich fasste langsam Vertrauen und verstand, dass ich nur im Wahn verfolgt und vernichtet wurde. Zuerst erleichterte mich dies enorm. Doch was mach' ich jetzt mit diesem Wissen? Ich warte auf den nächsten Schub. Mein Leben, meine Gedanken kreisen fast ausschliesslich um meine Schizophrenie. Was ist denn der Unterschied zwischen kranken und gesunden Gefühlen? Sind die Gefühle der Normalen immer wirklich? Täuschen sich gesunde Gefühle nie? Sind kranke Gefühle immer unecht, nicht richtig? Meine Gefühle jedenfalls stören mich und die andern, sie müssen wegbehandelt werden. Ich muss gefühllos gemacht werden, damit ich ausserhalb der Anstalt leben kann. Angst? Ist Angst denn nicht auch ein Gefühl? Ich habe Angst vor meinen Gefühlen, vor meinem Wahn, denn er kann mich jederzeit wieder psychiatriereif machen. Darin unterscheide ich mich von den normalen Menschen. Meine Gefühle sind krank, weil sie bewirken, dass ich mich willig wieder in eine psychiatrische Anstalt werde einsperren lassen. Meinen Wahn können die Neuroleptika mehr oder weniger zum Verschwinden bringen; doch keineswegs meine Angst vor der nächsten Einweisung. Vielmehr nimmt diese Angst zu, je höher die Dosis ist. Und ich wirke auch kränker; der Bogen, den die gesunden Menschen um mich machen, wird mit steigender Neuroleptika-Dosierung zunehmend grösser. Je grösser meine Angst ist, um so mehr fürchten sich die Gesunden vor mir. Absurd.

Was soll denn diese blöde Behandlung, wenn sie mir nicht einmal meine Ängste nehmen kann? Trotz der Neuroleptika quält mich fortwährend die Angst vor einer erneuten Einweisung. Ich bin behindert, körperlich und seelisch. Doch ich will wieder leben, lebendig sein, auch wenn das mit Gefahren verbunden ist. So, wie ich mich jetzt fühle, hat mein Leben keinen Sinn. So will ich nicht mehr existieren. Brav und anständig und zurückhaltend soll ich mein Leben fristen. Was soll denn das? Ab und zu eine Stellvertretung, ständig grosse Angst, bisweilen geradezu Panik. Nahezu keine privaten Kontakte – denn ich bin unerträglich. Niemand hält es mit mir, diesem Waschlappen, diesem Jammer-Haufen, länger aus. Es ist nicht anregend, nicht lustig, mit mir zusammen zu sein. Und eine Frau, eine Freundin? Unmöglich. Ein anziehender, ein attraktiver, ein erotischer Mann, ein Mann, der von Frauen geschätzt wird, der frisst keine Neuroleptika, der hat nicht Angst vor der nächsten Einweisung. Ich kann das sehr gut verstehen: Ich – wäre ich eine Frau – würde diesen Eugen, so, wie ich jetzt wirke, so, wie ich jetzt bin, niemals als Partner wählen; selbst für ein einmaliges sexuelles Erlebnis käme er nicht in Frage. Es gibt für mich heute zwei Möglichkeiten, genau zwei: entweder bringe ich mich um, oder ich nehme ab sofort keine Neuroleptika mehr. Ich versuche es, ich versuch's, die Neuroleptika abzusetzen. So rasch geht das auch wieder nicht, denn ich erhalte Fluanxol-Depot. Die letzte Injektion bekam ich vor einer Woche. Ungefähr zwei Wochen werde ich also noch unter der Wirkung dieses Giftes zu leiden haben. Danach sollte es mir wieder besser gehen, danach sollte ich wieder ein Mensch geworden sein. Wenn ich mich nur darauf freuen könnte. Das ist gar nicht so leicht. Schon höre ich meinen Psychiater, dieses Schwein, sagen: «Herr Keller, das ist sehr bedenklich, was Sie da versuchen, sehr bedenklich. Ihr Experiment wird scheitern, das ist gewiss. Ich habe Ihnen die Situation erklärt; Sie erinnern sich sicher daran. Sie leiden an einer paranoiden Schizophrenie; damit lässt sich gar nicht so schlecht leben, wenn Sie etwas vorsichtig sind, Herr Keller. Ihr Dopamin-Stoffwechsel im Gehirn ist gestört. Deshalb brauchen Sie Neuroleptika. Seien Sie froh, dass es diese Medikamente gibt; sie sind in der Lage, Ihnen ein annähernd normales Leben zu ermöglichen. Seien Sie froh Herr Keller, seien Sie glücklich und zufrieden.» «Quatsch, fressen Sie doch das Zeugs selbst, sie Idiot. Ich will nicht mehr länger ein mit Neuroleptika voll gepumptes, minderwertiges Wesen sein, ich bin kein Invalider, Herr Werner, Sie grossgekotzter Psychiater, Sie.» Ich weiss, das müsste ich ihm in sein überlegen lächelndes Gesicht schleudern. Und dennoch macht er mir Angst mit seiner Weisheit. Im Grunde glaube ich auch jetzt nicht an mich. Ich bin sicher, dass mein Experiment scheitern wird. Und dennoch: Ich will, ich muss es versuchen. Wenn ich doch nur nicht so grosse Angst hätte. Mit oder ohne Medikamente, beides ist schlecht. Also versuche ich es ohne. Vielleicht finde ich so zum lebendigen Leben. Und wenn ich scheitere? Ist ja auch egal. Mein Leben ist so oder so dahin.

Nun sind bereits zwei Jahre vergangen seit meinem ersten Aufenthalt im Sunehölzli. Eben bin ich zum zweiten Mal entlassen worden. Vor einem Jahr machte ich einen grossen Fehler. Ich brach auf eigene Intiative, von einem Tag auf den anderen, die Behandlung ab. Ich ging einfach nicht mehr zu Dr. Werner, ohne diesen folgenschweren Schritt in irgendeiner Weise mit ihm zu besprechen. Dr. Werner hätte mich warnen, mir von dieser unüberlegten und kopflosen Handlung abraten können. Es ist ja wirklich blöd, ungebremst in einen deutlich zu erkennenden Abgrund hineinzulaufen. Es kam, wie es kommen musste. Ich hatte davon geträumt, durch das Weglassen des Fluanxols lebendiger und begehrenswerter zu werden. Nichts dergleichen geschah. Ich wagte mich kaum mehr auf die Strasse, ich fürchtete mich vor jedem Schritt. Bald einmal hockte ich nurmehr zu Hause und wartete auf das Unausweichliche. Von Zeit zu Zeit gelang es mir, für wenige Minuten meine Situation etwas weniger hoffnungslos einzuschätzen. Ich versuchte, mich zu überzeugen, dass ein Absetzversuch Zeit brauche; ich müsse Geduld haben, dachte ich, Geduld, und irgendwann würde es schon besser gehen. Oft kam mir Judith in den Sinn. Judith, vielleicht könnte sie mir helfen, mich unterstützen, dachte ich. Jetzt bin ich davon überzeugt, dass auch ihr das nicht gelungen wäre, nein. Ich bin und bleibe schizophren, mit und ohne Judith. Auch sie ist machtlos gegen diese Krankheit. Ich versuchte, sie einige Male anzurufen; doch ich konnte sie nicht erreichen. Was nützen mir denn überhaupt Menschen wie Judith? Ich weiss genau, was sie denkt über die Psychiatrie. Was hilft es mir, wenn sie an mich glaubt, wenn sie bereit ist, mich gegen die Psychiatrie und ihre Eingriffe zu unterstützen? Ich muss sagen, auch mit all ihrem guten Willen hätte sie mir geschadet. Und an ihrem guten Willen zweifle ich noch immer. Ich vermute nach wie vor, dass sie die treibende Kraft war im Kreise meiner Gegner. Echte Unterstützung erhielt ich bis heute ausschliesslich in der Psychiatrie. Sicher nicht bei Judith, sie wies mich genau dann ab, als ich erstmals in meinem Leben einer Frau, ihr, mein Herz öffnete. Judith ist die grösste Enttäuschung meines Lebens. Dumm, sehr dumm, dass ich einmal hoffte, bei ihr Hilfe und Liebe zu finden. So wie ich heute lebe, das, was ich bin, verdanke ich ausschliesslich der Kompetenz meiner Psychiater.

So sass ich in meiner Wohnung und wartete auf ein Wunder. Allein mit meiner Angst. Ich hatte nichts mehr zu essen. Ich fühlte mich schlecht und schlechter. Und als diesmal die Sanitäter und der Notfallpsychiater auftauchten, war ich richtiggehend erleichtert. Ich versuchte weder davonzulaufen, noch wehrte ich mich gegen die Männer. Sehr schnell war ich wieder im Sunehölzli. Wieso ich auch diesmal fast ein Jahr dort blieb, verstehe ich nicht ganz. Das ist ja auch nicht so wichtig. Dagegen ist es beruhigend, dass ich jetzt genau weiss, wie ich mich zu verhalten habe. Da gibt es für mich keinen Zweifel mehr. Ich werde jetzt vom sozialpsychiatrischen Dienst betreut. Pünktlich wird mir dort mein Fluanxol gespritzt. Und wenn ich diesen Termin einmal vergesse, werde ich eindringlich daran erinnert, was ich damit aufs Spiel setze. Ich werde mich ohnehin hüten, je wieder aus eigenem Entschluss das Medikament abzusetzen. Schliesslich ist es wirklich kein Verbrechen, schizophren zu sein.

Judith: Vor einigen Tagen habe ich lange an Eugen gedacht. Die Zeit, die wir zusammen verbracht hatten, war intensiv und sehr dramatisch gewesen. Niemals sonst habe ich etwas Ähnliches erlebt. Es sind jetzt ziemlich genau drei Jahre vergangen seither. Und heute habe ich Eugen auf der Strasse gesehen. Entsetzlich, wie er wirkt – unsicher, ängstlich, gehemmt, fahl: eine schlechte Karikatur des starken Mannes, der er einst war. Ich schaute ihm direkt in die Augen, hoffte, dass er mich erkennen und stehenbleiben würde. Ohne die geringste Regung in seinem starren Gesicht stakste er unbeholfen an mir vorbei. Schrecklich war das für mich! Wie gelähmt stand ich da. Ich brachte keinen Ton heraus. Was hätte ich ihm auch sagen sollen? Und dennoch schrie es laut in mir: «Eugen, lieber Eugen, ich möchte so gerne all die schönen Dinge nachholen, die wir damals, als noch Zeit dafür war, verpasst haben. Eugen, ich liebe dich.»

Von der Produktion der «Geisteskrankheiten» durch die Psychiatrie

Kluge Denker kritisieren seit längerer Zeit auf überzeugende Weise Theorie und Praxis der Psychiatrie; sie haben auch sinnvolle und bestechende Gegenmodelle aufgestellt. Die Entstehung und Bedeutung der «Störungen», mit denen sich die Psychiatrie beschäftigt, muss nicht medizinisch-biologisch verstanden und erklärt werden. Im folgenden stelle ich dem medizinisch-biologischen Modell der Psychiatrie eine vorwiegend soziologisch orientierte Deutung des Phänomens «Geisteskrankheit» gegenüber.

Die Erkenntnis der Begrenztheit und Fragwürdigkeit eigener Aussagen und «Wahrheiten» müsste PsychiaterInnen dazu bewegen, zurückhaltender einzugreifen und auf schwerwiegende und folgenreiche Handlungen wie Zwangseinweisung und Zwangsmedikation zu verzichten. Eine selbstkritische Psychiatrie würde auch definitiv auf jegliche «Diagnostik» verzichten. Leider findet dieser Prozess der Selbstbegrenzung kaum statt.

Theorien über Ursache und Entstehung der «Geisteskrankheiten» sind gleichzeitig auch Theorien des «Normal»-Seins und damit des Menschen- und Gesellschaftsbildes. Biologisch oder soziologisch ausgerichtete Theorien der «Schizophrenie» weisen auf grundverschiedene Ansichten über die «Natur» des Menschen hin. Die etablierte psychiatrische Fachwelt ist der Ansicht, dass psychische «Störungen» und «Geisteskrankheiten» auf der Grundlage der biologisch vererbten Disposition (Vulnerabilität) der Betroffenen entstehen. Psychisches Leiden, geistige Fähigkeiten, moralische Anlagen, Aggressionsbereitschaft, der Charakter, ja das gesamte menschliche Verhalten wird gemäss diesem biologischen Determinismus (Biologismus) ausschliesslich als Folge der Biochemie jener Zellen, aus denen das Individuum besteht, verstanden. Und die Funktion dieser Zellen wird durch die individuellen Gene, das heisst, durch die Erbmasse des betreffenden Menschen gesteuert. Unabänderliche Naturgesetze würden demnach sämtliche sozialen Phänomene erklären. Die Problematik unserer Gesellschaft, ihre Widersprüche und Missstände können somit nicht Ursache für die Entstehung psychischer Störungen sein. So bleibt denn als menschliche Freiheit nur noch übrig, diese menschlich-biologische «Natur» zu erkennen und sich ihr bestmöglich anzupassen. Der Versuch, durch grundlegende gesellschaftliche Veränderungen die Lebensqualität des Menschen zu verbessern, erscheint aus dieser Sicht sinnlos. Und die «Behandlung» von «Geisteskrankheiten» wie «Schizophrenie» kann niemals über eine Besänftigung oder Ruhigstellung derjenigen, die an diesen grundsätzlich unheilbaren, biologisch bedingten Erb-«Krankheiten» leiden, hinausführen.

«Geisteskrankheit» als soziale Rolle

Gemäss dem sozialen Modell der «Geisteskrankheiten» werden gesellschaftliche Prozesse, soziale Ursachen als wesentlich für die Entstehung von psychischen Störungen betrachtet.[1]

Soziale Normen oder Regeln sind Handlungsanleitungen, die als angemessen, passend, zweckmässig oder moralisch richtig gelten. Grösstenteils sind sie uns kaum klar bewusst, und dennoch bestimmen sie weitgehend den Ablauf unseres Lebens. Diese Normen, das ist grundsätzlich wichtig, regeln Kontakte, Beziehungen, Gemeinschaften und Organisationen – also beispielsweise Partnerschaften und Familiensituationen – und nicht das Leben von biologischen Individuen. Das gesamte Verhalten eines Menschen zeigt ständig – versprechend oder drohend –, ob er seinen Platz im Beziehungsgefüge kennt oder nicht und ob er ihn weiterhin einnehmen, behaupten oder verändern will. Von Regelverletzungen sind immer mindestens zwei Personen betroffen, diejenige, die zu einem bestimmten Verhalten verpflichtet ist, und diejenige, die es erwartet oder fordert. Abweichendes Verhalten, so verstanden, ist demnach nicht ein klar definierter Wert. Abweichendes Verhalten ist Verhalten, das Menschen so bezeichnen. Und der Abweichende selbst ist nichts anderes als ein Mensch, der von anderen so benannt wird.

Diese sozialen Normen oder Verhaltensregeln verändern sich im Laufe der Zeit und sind in den verschiedenen Kulturkreisen unterschiedlich. Es gibt kaum ein Verhalten – so ungewöhnlich und sonderbar es uns auch erscheinen mag –, das nicht in irgendeiner sozialen Situation, in irgendeiner Kultur als normal und verständlich betrachtet werden könnte. SchamanInnen zeichnen sich durch ihre Fähigkeit zu halluzinieren und den festen Glauben an die halluzinierten Inhalte aus. In unserem Kulturkreis, in unserer Gesellschaft dagegen bricht derjenige, der offensichtlich halluziniert und sich damit der Realität der anderen entzieht, die allgemein anerkannten, aber nicht klar definierten und ausformulierten Verhaltensregeln. Wo immer Menschen sich begegnen, werden ununterbrochen subtile Botschaften ausgetauscht. Sie regeln die Kontaktaufnahme, bestimmen den Grad der geforderten Distanz, den beanspruchten Respekt und signalisieren Abweisung oder Reserve. Der Halluzinierende ist nicht mehr in der Lage, dieses fein abgestimmte Spiel mitzumachen. Er ist ein Fremdkörper, ein Mensch, der nicht ins Gefüge passt, ein Mensch, der stört und bedroht, weil sein Verhalten unvorhersehbar und unkontrollierbar ist. Er wirkt unbeteiligt und abwesend; gleichzeitig erscheint er jederzeit dazu fähig, sich über die als lebenswichtig erlebten Grenzen unserer Territorialität hinwegzusetzen. Mit der Psychiatrisierung dieser Menschen ist die Störung und Bedrohung behoben; ihr Ausscheren aus der allgemein gültigen Ordnung ist damit endgültig erklärt. Als «Schizophrener», dies ist die übliche «Diagnose» für die beschriebene Verhaltensabweichung, finden sie wieder einen «Platz» in unserer Gesellschaft. Doch sie werden damit zu minderwertigen Wesen gemacht – für immer.

Es ist keineswegs selten, dass Menschen halluzinieren; sie sind dabei dermassen nach innen ausgerichtet, dass ihre Beziehung zur Realität zwangsläufig vorübergehend gestört ist. Unter bestimmten Belastungen wirkt jeder Mensch abwesend, unkontrolliert, stellt nicht mehr klar fest, was um ihn herum geschieht, und weiss vielleicht auch nicht mehr genau, wer er ist. Ausgelöst werden diese Zustände durch Stress, Einnahme von Drogen, andauernde Angst und Bedrängnis, Fasten, Schlafentzug, Fieber oder Monotonie der Umweltbedingungen. Indessen sind diese Regelverletzungen meist von vorübergehender Natur. Sie bleiben unerkannt, werden verleugnet oder rational erklärt. Die Umgebung «übersieht» oft sogar grobe Regelverletzungen oder bezeichnet sie als

Überspanntheit. Das Abklingen der äusseren Belastung (beispielsweise Familienkonflikte, Übermüdung, Drogeneinnahme) bedeutet meist das Ende des regelwidrigen Verhaltens. All diese Menschen leben danach ihr normales Leben wie zuvor, obschon ein Psychiater – wäre er als Experte beigezogen worden – die «Diagnose» «Schizophrenie» mit all ihren Folgen gestellt hätte. So finden Experten regelmässig einen hohen Anteil psychischer «Störungen» in der «gesunden», nichtpsychiatrisierten Bevölkerung.

Äusserst aufschlussreich sind die Beobachtungen, die Bruno Bettelheim während seiner eigenen Internierung in den deutschen Konzentrationslagern Dachau und Buchenwald in den Jahren 1938 und 1939 machte. Die Häftlinge waren machtlos, ganz und gar ohnmächtig. Sie hatten keine Möglichkeit, sich aus ihrer schrecklichen Situation zurückzuziehen; ihr dramatisches Schicksal war in keiner Weise voraussagbar, ihr Leben war in jedem Moment hochgradig in Gefahr, ohne dass sie etwas dagegen unternehmen konnten. Und die Dauer ihres Aufenthaltes an diesem Ort des Schreckens war völlig ungewiss, sie mussten damit rechnen, bis zu ihrem Tod im Konzentrationslager bleiben zu müssen. Unter diesen Lebensbedingungen, für die Bettelheim den Begriff «Extremsituation» einführte, beobachtete er das ganze Spektrum «schizophrener Symptome»: Verfolgungsideen, Realitätsverzerrungen, Wahnvorstellungen, Zusammenbruch der Ich-Kontrolle (bis zur Inkontinenz), katatone Symptome, Verlust der Erinnerung, unausgeglichene und unverhältnismässig übertriebene Gefühlserlebnisse.[2]

Die Regelverletzung, die Tatsache, dass «Symptome» bestehen, ist demnach ziemlich bedeutungs- und folgenlos. Regelverletzungen sind häufig, kaum ein Mensch, der davon ausgenommen ist. Entscheidend ist die Etikettierung, die «Diagnose» durch einen Experten. Regelverletzungen werden erst durch die Etikettierung zu «richtigen» «psychiatrischen Symptomen».

Die Übernahme der aufgedrängten sozialen Rolle des «Geisteskranken» ist in den allermeisten Fällen für den Betroffenen der einzige Ausweg, um der schwierigen Situation, nachdem die «Diagnose» ausgesprochen ist, auf irgendeine Weise gewachsen zu sein – auch wenn er vorerst selber noch nicht an die Berechtigung dieser Etikettierung glaubt. Dieser Schritt hat aber für das gesamte, restliche Leben dramatische und weitreichende Folgen. Das Etikett «geisteskrank», «schizophren» oder «manisch-depressiv» bedeutet eine Stigmatisierung. Wir alle haben die Gewissheit verinnerlicht, dass eine stigmatisierte Person unheimlich, befleckt, schlecht, gefährlich, schwach, grundsätzlich anders, ja nicht mehr ganz menschlich sei.

Die Grenze, die uns von den «Geisteskranken» trennt, ist vergleichbar mit der Rassenschranke und ihren Auswirkungen. Auch der andersfarbige Mensch (oder der Mensch anderen Glaubens) wird auf Grund seiner beängstigenden Fremdartigkeit stigmatisiert. Seine konstruierte und unbewiesene psychische «Minderwertigkeit» wird biologisch erklärt. Auch Rassismus ist Biologismus.

Im Verständnis des sozialen Modells ist «Geisteskrankheit» eine Rolle, die von einem ganz bestimmten Zeitpunkt an übernommen wird. Wichtig ist die Unterscheidung zwischen der sozialen Rolle der «Geisteskrankheit», die einem Menschen zugeschrieben wird, und der ursprünglichen Verhaltensabweichung, dem Verstoss gegen soziale Normen, der diese Zuschreibung auslöste und rechtfertigte.

Das Wissen über diese Rolle, die Kenntnis davon, wie psychisch «Gestörte» sich benehmen, wird in der Kindheit erworben und im Laufe des späteren Lebens kontinuierlich bestätigt. Auf Fragen der Kinder über «Geisteskrankheit», «Irrsinn» und «Verrücktheit» antworten Erwachsene deutlich gehemmt, ungern und ausweichend. Andererseits werden nicht selten Drohungen wie die folgende ausgestossen: «Wart nur, das gelbe Wägelchen wird dich holen.» Kinder sind empfänglich für diese Botschaften, sie sind noch nicht so klar und eindeutig in der realen und rationalen Welt integriert wie die meisten Erwachsenen. Oft leiden Kinder unter bedrückenden Ängsten, machen irrationale Erfahrungen, können Traum und Realität nicht klar unterscheiden. So verbindet sich schon früh mit dem undeutlichen Wissen über «Geisteskrankheiten» die Angst davor, selbst «verrückt» oder «irr» zu sein, oder es in Zukunft zu werden. Ausdrücke wie «verrückt», «irr», «irrsinnig», «schizophren» und viele andere mehr sind dermassen ein

Teil der Alltagssprache, dass nur Personen, die jedes Wort sorgfältig überlegen, ihren regelmässigen Gebrauch vermeiden können. Auch Witze vermitteln ein deutliches Bild des «Irrsinns»: «Geisteskranke» sind von Grund auf anders, auch wenn dies scheinbar nicht feststellbar ist. Und diese Botschaft trifft sich genau mit der Ansicht der offiziellen Psychiatrie: Auf Grund ihrer vererbten «Disposition» sind und bleiben «Schizophrene» und «Manisch-Depressive» anders als die «normalen» oder «gesunden» Menschen, auch wenn sich die «endogene Psychose» nicht immer klar erkennbar manifestiert. Das Bild des typischen «Geisteskranken» wird durch die Haltung der Massenmedien wesentlich mitgeprägt und fixiert; oft werden, vor allem in Zeitungen, Verbrechen leichtfertig und voreilig mit der psychischen «Störung» der Täter in Verbindung gebracht. Als Kinder derselben Gesellschaft haben der stigmatisierte «Geisteskranke» und der «Normale» die gleichen Ansichten über «Normalität» und Abweichung; sie können als allgemeingültiges Standardrepertoire bezeichnet werden. Deshalb begreift das stigmatisierte Individuum seine eigenen Eigenschaften als schändlich. Derjenige, der eine dieser Rollen spielen kann, hat also auch genau das Wissen, das ihm erlaubt, bewusst oder unbewusst die andere zu spielen. Abweichende sind nicht grundsätzlich anders. Wir sind alle in der Lage, äusserst rasch den Statuswechsel zwischen «normal» und abweichend vollziehen zu können. Die Begriffe «normal» und «geisteskrank» bezeichnen keineswegs unveränderliche Eigenschaften von Menschen, sie bedeuten viel eher Perspektiven, Möglichkeiten, die sich in jedem Leben realisieren können – leider. Es ist vorgesehen, ja notwendig für das Funktionieren unserer Gesellschaft, dass es immer wieder Menschen gibt, die die Rolle des «Geisteskranken» annehmen und kontinuierlich spielen.

PsychiaterInnen sind kaum in der Lage, echte «Psychosen» (was immer das sein mag) von gespielten oder Schein-«Psychosen» zu unterscheiden. Das bekannte Experiment von Rosenhan[3], bei dem sämtliche gesunden ScheinpatientInnen von den AnstaltsärztInnen als «schizophren» «diagnostiziert» wurden, zeigt dies deutlich. Psychiater sind darin geschult, «Krankheit» aufzuspüren; der psychiatrische Blick findet unweigerlich und folgerichtig hinter der «Normalität» das «Gestörte». Die Psychiatrie psychiatrisiert; keineswegs hat sie die Funktion oder Aufgabe, die Bereitschaft zur Toleranz für Abweichende zu vergrössern.

Menschen, die durch ihr Verhalten anzeigen, dass sie nicht bereit sind, die von ihren Kontaktpersonen deutlich signalisierten Grenzen einzuhalten, die ihren Wirkungskreis nicht auf das ihnen zugeteilte Territorium beschränken, stellen für andere eine unheimliche Bedrohung dar. Gerade diese offensiv wirkenden Normverletzungen werden besonders oft psychiatrisiert. Wenn die Regelverletzer durch Vollziehen einer korrektiven, rituellen Handlung zeigen, dass sie grundsätzlich bereit sind, die gültigen Regeln wieder einzuhalten, sind ihre wichtigsten Bezugspersonen jedoch sehr rasch bereit, die Störung zu vergessen. Mit einer Entschuldigung ihrerseits, mit Bitten, Sich-Distanzieren, Bereuen ist die Sache im allgemeinen erledigt und der gute Ruf der Regelverletzer wieder hergestellt. Fatal wird es, wenn die Störenden sich keine Mühe geben, ihren Verstoss gegen die Normen zu verbergen oder rituell zu neutralisieren. Die «Symptomatik», die aus der Sicht der Umgebung der Betroffenen betrachtet als «verrückt» oder «geisteskrank» erlebt wird, drückt immer Trennendes aus – Entfremdung, Rebellion, Überheblichkeit, Unzuverlässigkeit, Feindschaft, Apathie, Belästigung oder Zudringlichkeit. Ein Gefühl der Trennung, dessen Ursache nicht verstanden wird.

Wenn eine Neudefinition der Beziehungen, der Hierarchien oder der Rückzug eines der Beteiligten nicht möglich ist, dann erst wird durch die Beiziehung von Experten die Psychiatrisierung des Störenden eingeleitet. Durch Wegzug, Trennung oder Scheidung könnte dieser einschneidende und folgenreiche Schritt nicht selten vermieden werden. Jemand als «geisteskrank» zu bezeichnen ist der verzweifelte Versuch, mit einem Individuum fertig zu werden, das gezügelt werden muss, aber nicht gezügelt werden kann. Der irritierte, verunsicherte und deshalb hochgradig suggestible Betroffene, der nicht mehr weiss, wie es weitergehen soll mit ihm, achtet auf die ihm gegebenen Winke, Andeutungen und Botschaften; auch er weiss von der Rolle der «Geisteskrankheit». So beginnt er zunehmend, von sich selbst in Begriffen dieser stereotypisierten Rolle zu denken; er beginnt diese Rolle zu seiner neuen Identität zu machen. Sobald Fachleute diese Rollen-Zuordnung bestätigen, sitzt er in der Falle. Sein Verhalten beginnt zunehmend demjenigen anderer als «geisteskrank» Bezeichneter zu ähneln und stabilisiert sich im Laufe der Zeit. Ohne Etikettierung gibt es keine Chronifizierung von «Geisteskrankheiten». Soziale Prozesse, die Zuordnung der sozialen Rolle des «Geisteskranken», lassen mannigfaltige und verschiedenartige Regelübertretungen uniform werden. Diese Feststellung hat eine wichtige Konsequenz: Behandlung hat nur dann einen Sinn, wenn am Ursprung des Leidens, an der ursprünglichen Regelübertretung angesetzt wird. Ihre Bedeutung muss verstanden werden, damit derartige Situationen in Zukunft vermieden werden können. Die Eingriffe der etablierten Psychiatrie verhindern dies, schaffen dagegen neue schwerwiegende Probleme für die Betroffenen. Gleichzeitig werden die gesellschaftlichen Missstände, wesentliche Mit-Ursache der abweichenden «Symptomatik», verschleiert und endgültig vergessen.

Der «diagnostische» Blick der PsychiaterInnen ist neben ihrer Fixierung auf Halluzinationen auch auf die Aufdeckung von Wahn und Wahnsystemen ausgerichtet. Und wer wahnhaft denkt, der wird als «geisteskrank» oder «psychotisch» «diagnostiziert». Dabei wäre es leicht zu verstehen, wie diese «Symptomatik» anders als auf Grund einer organisch-biologischen Veränderung des Gehirns entstehen kann. Sobald jemand durch seine Abweichungen und Regelverletzungen als störend erlebt wird, beginnen seine Kontaktpersonen insgeheim, über ihn zu verhandeln. Sie beschäftigen sich intensiv mit der Frage, was sich da abspiele, ob eine psychiatrische «Erkrankung» vorliege, ob eingegriffen werden müsse. Sie beginnen auch in zunehmendem Masse, den Betroffenen zu beobachten. Ob sein Verhalten besonders bizarr oder sonderbar ist, ist dabei keineswegs entscheidend, er mag noch so sehr halluzinieren oder befremdliche Ansichten äussern. Beunruhigend ist es, wenn das, was sich niemals ändern dürfte, der Charakter einer geliebten Person, als absolut unzuverlässig erscheint. Indem die «kranke» Person nicht mehr verstanden wird, beginnen ihre wichtigen Kontaktpersonen, sich ihrer selbst nicht mehr sicher zu sein. Sie sind sich eventuell nicht einmal ihrer eigenen Wahrnehmungen und Einsichten sicher. Das Ergebnis ist eine tiefe allgemeine Verwirrung. Die verunsicherten, beschämten und verängstigten näheren Kontaktpersonen des störenden Menschen einigen sich – zu ihrer eigenen Beruhigung – auf ein gemeinsames Vorgehen auf der Grundlage des allgemein bekannten Vorstellungsbildes der «Geisteskrankheit». Es wird versucht, diese Aktivitäten vor dem störenden Menschen zu verbergen, und dennoch wird er sie teilweise wahrnehmen. Unheimlich, diese kollusive Überwachung zu erleben, ohne genau zu wissen, wie gross ihr Umfang ist. Unheimlich und bedrohlich, allein und unwissend seinen allernächsten Menschen gegenüberzustehen.

Mit der Beiziehung der PsychiaterInnen verschärft sich für die Betroffenen die Situation beträchtlich. Die Experten verständigen sich mit den Angehörigen, die Patienten sind selten darüber informiert, was geschehen wird; «Diagnose» und «Prognose» ihrer «Störung» kennen nur die andern. Diejenigen, die in dieser Situation das Gefühl erhalten, sie werden getäuscht und hintergangen, sie seien das Opfer einer Verschwörung, nehmen die Realität keineswegs verzerrt wahr. Und es ist auch leicht verständlich, dass das «Wahnsystem» nicht in allen Einzelheiten mit der Wirklichkeit übereinstimmen wird. Wer psychiatrisiert wird, gerät in eine Situation, in der er zwangsläufig, in geringerem oder grösserem Ausmass, sein eigenes «Wahnsystem» aufbauen wird.

In der Anamnese (der Vorgeschichte) spüren die ÄrztInnen Anzeichen von «Abnormität» im bisherigen Leben der Betroffenen auf, die «beweisen», dass sie wirklich «krank» sind. Doch Anhaltspunkte, die für «Krankheit» sprechen, finden sich in jedem Lebenslauf. Was immer die PatientInnen sagen oder tun, wird zum «Symptom» gemacht werden. Beispielsweise ziehen sich verunsicherte Menschen oft aus Angst vor der Stigmatisierung, aus Angst, als «gestört» aufzufallen, zunehmend zurück; doch gerade dieser Rückzug wird von der Umgebung und den Experten als «Symptom» der «Störung» interpretiert.

Die stigmatisierende psychiatrische «Diagnose», vor allem wenn sie von Experten gestellt wird, übt auf die Betroffenen einen dermassen starken Druck aus, dass ausschliesslich zwei Reaktionsmöglichkeiten offen bleiben: Sie können die Etikettierung annehmen und die Rolle der «Geisteskranken» erschüttert und resignierend zu ihrer eigenen Identität machen, oder sie können sie ablehnen, ihre Berechtigung zu widerlegen suchen und voller Wut dagegen ankämpfen. Leider bestätigen gerade diese beiden Reaktionsweisen den Experten die Richtigkeit ihrer «Diagnose».

In der «gesunden» Bevölkerung ist mit dem Wissen um die «Geisteskrankheiten» immer auch Angst verbunden. Die Äusserung dieser Angst wirkt provozierend. Auf unbedeutende Gesten von «Geisteskranken» reagieren «Gesunde» oft mit aufgeregter Abwehr, was den erschrockenen Betroffenen annehmen lässt, er werde angegriffen; derartige Szenen schaukeln sich nicht selten zu den wildesten Ringkämpfen auf.

Wenn die Betroffenen selbst und ihre Umgebung die erstmalige psychiatrische Etikettierung annehmen, führt dies zu einer massiven Verunsicherung der Patienten, ihres Selbstverständnisses und ihrer Identität; sie verlieren die Fähigkeit, ihre eigenen Handlungen unter äusseren Belastungen zu kontrollieren. Sie werden effektiv zu schwachen, schonungsbedürftigen Menschen, wie die Psychiatrie es beschreibt. Der Aufenthalt in einer psychiatrischen Anstalt bewirkt eine riesengrosse Verunsicherung der Betroffenen. Sie ist weitaus schwerwiegender als das Lebensproblem, das zur Einweisung führte. *Psychiatrisierte Menschen leiden hauptsächlich an der Psychiatrie.* Ihre ursprüngliche Lebensproblematik tritt in den Hintergrund, sie wird durch das neugeschaffene und unnötige Leiden weitgehend unlösbar und in ihrer Brisanz meist wesentlich verstärkt. «Geisteskranke», die regelmässig ärztlicher Kontrolle bedürfen und «Medikamente» zu sich nehmen müssen, werden kaum je erreichen, von ihrer Umgebung wieder als vollwertig und gleichberechtigt behandelt zu werden. Probleme wie Unselbständigkeit, fehlendes Durchsetzungsvermögen den Angehörigen gegenüber, verminderte Selbstsicherheit oder Aggressionshemmung werden durch die Psychiatrisierung meist nicht nur unverändert fixiert, sondern sogar wesentlich verstärkt. Klar, dass in dieser Situation nur mehr der Einsatz von «Medikamenten» einigermassen beruhigend wirken kann.

In der Anstalt werden die als abweichend Etikettierten von den ÄrztInnen und dem Personal mit Privilegien (u.a. Ausgang, Urlaub, allenfalls Reduktion der Medikamente) belohnt, wenn sie die Rolle der «Geisteskranken» widerstandslos spielen. In der Sprache der Psychiatrie wird dieses Phänomen «Krankheitseinsicht» genannt. Entlassen werden diejenigen, die sich mit ihrem stigmatisierten Status abgefunden haben. Der Wiedereintritt in nichtabweichende Rollen wird systematisch blockiert. Fehlende «Krankheitseinsicht» führt zu Verlängerung der Hospitalisation und oft zur Erhöhung der Neuroleptikadosierung.

Ob Menschen, die Verhaltensregeln verletzen, psychiatrisiert werden, hängt weitgehend von Zufallsbedingungen ab. Ausschlaggebend ist vor allem das Ausmass der Toleranz in der näheren Umgebung der Betroffenen. Schwerwiegende und auffallende Abweichungen und Normverletzungen werden oft mehr oder weniger problemlos ertragen, andererseits können schon harmlose Verschrobenheiten oder geringfügige, kurzdauernde Regelverletzungen die Zuziehung von PsychiaterInnen und damit den Beginn der lebenslänglichen Karriere als «Geisteskranke» nach sich ziehen. Bedeutungsvoll ist der gesellschaftliche Status der abweichenden Personen: Unterschichtsangehörige werden schneller und leichtfertiger psychiatrisiert; Menschen mit ähnlicher Sprachebene, Bildung und materiellem Hintergrund, wie sie die PsychiaterInnen haben, werden weitaus seltener «diagnostiziert», eingewiesen und «medikamentös behandelt».

Jeder Kontakt mit der Psychiatrie macht «krank». Ausser einer vorläufigen Beruhigung der äusseren Situation hat die Psychiatrisierung eines Menschen ausschliesslich negative Folgen. Wer von seinen Angehörigen und ganz besonders von PsychiaterInnen als «geisteskrank», «schizophren» oder «manisch-depressiv» bezeichnet wird, befindet sich in einer vergleichbaren Situation wie jemand, der von einem Spezialisten der schwarzen Magie verzaubert oder verflucht worden ist. Die «Diagnose» wirkt als Prophezeiung, die sich selbst erfüllt.[4] Die Betroffenen realisieren genau, dass nun das schreckliche und folgenreiche Ereignis stattgefunden hat, vor dem sie sich seit jeher fürchteten. Sie «wissen» auch, dass Widerstand gegen die Psychiatrisierung aussichtslos ist. Sie werden zum Opfer unseres Mythos der «Geisteskrankheit» und gleichzeitig zum lebendigen Beweis für die Gültigkeit, die «Wahrheit» dieser verhängnisvollen Mythologie. Die Schaffung von «Geisteskranken» hat die Bedeutung eines Rituals, einer heiligen Zeremonie. Sie besteht aus den Elementen «Diagnose», Einweisung und «Behandlung».

Die Macht der Experten [5)]

Die Psychiatrie bestimmt, was «Geisteskrankheit» ist. Die Psychiatrie lässt «Geisteskranke» ihr Wesen, ihre rechtlose Identität, ihre wahre «Natur» finden. Ein gutes Beispiel ist Jean Martin Charcot, Ende des letzten Jahrhunderts Herrscher in der Salpêtrière in Paris. Die «hysterische» Krise, die «Symptome», die er beschrieb, produzierte er selbst, hat sie seinen Patientinnen suggeriert. Die «Hysterikerinnen» spielten Charcot Erscheinungsbilder einer «Krankheit» vor, die der Arzt wissenschaftlich akzeptabel beschreiben konnte. Sie unterwarfen sich den Bedürfnissen ihres Beherrschers. Da Charcot Neurologe war, produzierten diejenigen, die sich unter seiner Herrschaft befanden, pseudo-neurologische Beschwerden. Unter seiner Macht entstanden «Symptome», die es ohne seine Eingriffe nie gegeben hätte. Doch Charcot ist kein Spezialfall, keine Ausnahme. Bis heute sind die Psychiater die Erzeuger und Ziehväter der wahren und richtigen «PsychotikerInnen» geblieben. Wie überzeugte Väter verbreiten sie unangefochten ihre «Wahrheit», und diese «Wahrheit» erlaubt ihnen – rechtsstaatlich sanktioniert –, gewaltsam einzugreifen. Es ist die Macht der Psychiatrie, die die «Symptome» erst produziert und die die Ausübung der psychiatrischen Gewalt rechtfertigt. Wer als Betroffener sich widersetzt, kann keine Nachsicht erwarten. Verständnisvoll und nachsichtig geht die Psychiatrie nur mit denjenigen um, die sich ihrem Gesetz unterworfen haben, mit den Gebrochenen. Und wer in einer schwierigen Lebenssituation wirklich auf Hilfe angewiesen ist, der wird erst dann unterstützt und einigermassen menschlich behandelt, wenn er die «Kranken»-Rolle und die damit verbundene Rechtlosigkeit akzeptiert hat.

Schwerwiegende Auseinandersetzungen werden oft durch die Psychiatrisierung eines der Beteiligten endgültig entschieden. Damit gelingt es seinen Gegenspielern, ihre Stellung im Beziehungsgefüge, ihren Platz im sozialen Leben zu behaupten. Die Beiziehung des psychiatrischen Experten bedeutet immer einen Akt der Gewalt, ausgeübt durch die Kontaktpersonen der Betroffenen. Wer sich durch die Aktivitäten eines nahestehenden Menschen in seiner sozialen Existenz bedroht sieht, kann jederzeit auf die Psychiatrie mit ihrem Gewaltpotential zurückgreifen. Die nötige

Auseinandersetzung mit dem störenden Menschen wird dadurch vermieden, die Aufdeckung der Ursachen der Abweichung wird umgegangen. «Diagnose», Hospitalisation und «Medikation» – als Ausdruck der psychiatrischen Gewalt – hindern den Betroffenen daran, mit Gegen-Gewalt auf das an ihm ausgeübte gesellschaftliche Unrecht zu reagieren.

Der Psychiater, wie menschlich und kritisch er auch immer an seine Aufgabe herangeht, bleibt ein Vertreter der Macht. Ohne Machtbeziehung, ohne Mächtige, die über Ohnmächtige verfügen und bestimmen, ist Psychiatrie nicht denkbar. Oder anders gesagt: Psychiatrie ohne diese Machtbeziehung ist nicht mehr Psychiatrie, sondern etwas grundsätzlich anderes.

Zunehmende Psychiatrisierung von Menschen in der modernen Sozialpsychiatrie

Die Gemeinde- oder Sektorpsychiatrie gilt als fortschrittliche, teilweise bereits realisierte Perspektive der modernen Sozialpsychiatrie. Dezentralisation und die Schwerpunktverlagerung vom stationären zum halbstationären und ambulanten Bereich sollen dazu führen, dass die grossen Anstalten alten Stils langsam verschwinden. Sicher ist es sinnvoll, wenn psychiatrische Anstalten möglichst klein gehalten, Insassen möglichst früh entlassen und Aufnahmen vermieden werden. Doch Psychiatrie bleibt Psychiatrie, auch wenn sie in ambulanten oder halbstationären Einrichtungen praktiziert wird. Frühe Entlassung dank Langzeittherapie mit Neuroleptika und ambulanter Kontrolle dieser «Behandlung» in der Gemeinde: Von aussen betrachtet sieht dies aus, als wäre es ein Fortschritt; doch durch die «Medikation» und die fortlaufende Kontrolle wird der Status dieser Menschen als «Geisteskranke» zementiert. Sie führen ein angepasstes, unauffälliges Leben; wenn ihre Lebensweise jedoch mit derjenigen nichtstigmatisierter, «gesunder» Menschen (beispielsweise ihrer Angehörigen) verglichen wird, zeigt sich klar, dass sie keineswegs als gleichberechtigt oder gleichwertig gelten und behandelt werden. Und die Idee der Prävention und Früherfassung führt dazu, dass eine grössere Zahl von Abweichenden (leichter Abweichenden als bisher) mit Instanzen der psychosozialen Kontrolle in Berührung kommen. Weitaus mehr Menschen als zuvor werden in der Gemeindepsychiatrie psychiatrisiert und etikettiert. Und auch ein grosser Teil dieser früh erfassten und etikettierten Menschen werden «medikamentös behandelt». «Fliegende» ambulante Equipen sorgen mit autoritärem Druck dafür, dass die verordneten Neuroleptika auch wirklich eingenommen werden.

Das zunehmend aktueller werdende Problem der sich laufend ausweitenden Psychiatrisierung der Gesellschaft, d.h. der Tatsache, dass immer weitere Lebensbereiche von Experten kontrolliert und allenfalls therapiert werden, wird durch die Sektorpsychiatrie verschärft. Der Normalitätsdruck oder -zwang verstärkt sich; Beziehungen, Sexualität und vieles andere werden untersucht und viele harmlose Verhaltensweisen pathologisiert. Sinnvoller wäre eine grundlegende Entpsychiatrisierung und Entpsychologisierung der sozialen Beziehungen, der Lebensprobleme ganz allgemein.

Prävention oder Prophylaxe sind gern gebrauchte Begriffe, sie tönen gut. Doch im Wirkungsbereich der Psychiatrie, der Institution, die wesentlich an der Produktion oder Erschaffung ihrer eigenen Aufgabe beteiligt ist, ist Prävention ein äusserst fragwürdiges Unterfangen. Und in gewissem Sinne hat die Psychiatrie seit jeher eine präventive Funktion: Eine Mehrzahl der Menschen verbindet Psychiatrie mit Angst, Gefahr, Androhung von eingreifenden Sanktionen und Isolation; besonders bedroht sind diejenigen, die aus der allgemein üblichen Ordnung ausscheren. Seit jeher ist die Psychiatrie auf die Früherkennung des Andersartigen spezialisiert; seit jeher verbreitet sie die Ächtung der Abweichung, die unauffällig und verborgen schon vor ihrer Entdeckung in disponierten und gefährdeten Menschen vorhanden sei. Um keinen Preis darf die Früherfassung des Andersartigen durch die Psychiatrie noch weiter ausgebaut werden.

Neuroleptika bestätigen die Psychiatrisierung und produzieren weitere «Symptome»

Um zu verstehen, was die Psychiatrie, was Psychiatrisierung wirklich bedeutet, muss auf die verbreitete Praxis der Neuroleptika-«Behandlungen» hingewiesen werden. «Schizophrene» werden routinemässig mit Neuroleptika «behandelt». Und diese «Medikation» wird meist von Anfang an als Dauer-«Behandlung» eingeleitet und geplant. Die Verschreibung von «Medikamenten» fixiert die Betroffenen in ihrer «Kranken»-Rolle. Zudem haben Neuroleptika verheerende Auswirkungen auf Psyche und Körper. Neuroleptika lassen psychiatrisierte Menschen als behindert, fremd und «gestört» erscheinen. Müdigkeit, Dösigkeit, Antriebs- und Interesselosigkeit, gefühlsmässige Indifferenz, Dämpfung der sexuellen Aktivität, Impotenz und Depression (verbunden mit Selbstmordgefährdung) sind übliche Wirkungen dieser «Medikamente». Und: «Neuroleptika können zwar psychotische Symptome ‹wegdämpfen›, verwandeln aber die psychiatrischen Patienten damit gleichsam in neurologische Patienten mit dem Aussehen und der Behinderung von Parkinson-Kranken.»[6] Dies schreibt nicht etwa ein Psychiatriekritiker, sondern der bundesdeutsche Sozialpsychiater Klaus Dörner, ohne deshalb die Verschreibung von Neuroleptika abzulehnen. Oft zu beobachten ist das Parkinsonoid – Bewegungsarmut, kleinschrittiger, vornübergebeugter Gang, fehlende Mitbewegungen der Arme, Unbeweglichkeit der Gesichtszüge und Zittern. Doch auch eine nicht unterdrückbare Unruhe, eine unerhörte innere Spannung, verbunden mit Bewegungszwang, treten nicht selten auf. Und die Spätdyskinesie – unkontrollierte Bewegungen im Bereich des Mundes und Gesichtes (Kauen, Schmatzen, Vorstrecken der Zunge), gelegentlich Schleuderbewegungen der Arme und Beine – kann nach Absetzen der Neuroleptika als Dauerschädigung des Gehirns weiterbestehen, ja sie tritt manchmal erst nach Beendigung der «Behandlung» auf. Entsetzlich, dass die psychischen und neurologischen Störungen, die Neuroleptika bewirken, fast ausschliesslich der «Geisteskrankheit» der Betroffenen angelastet werden. Und dies hat routinemässig eine Erhöhung der Neuroleptika-Dosierung und damit eine weitere Verschlimmerung der Situation zur Folge. Neuroleptika können sogar «Symptome» einer «Psychose» – Halluzinationen, delirante Zustandsbilder –, die sie unterdrücken sollten, hervorrufen. Und auch diese Wirkung kann nach Absetzen der Medikation fortbestehen oder erst auftreten. Dazu kommen körperliche Schädigungen durch die Neuroleptika, die sogar zum Tod der Betroffenen führen können. Besonders gefährlich sind Blutbildungsstörungen.[7] Der Blick und das Interesse der PsychiaterInnen ist auf die «Erkrankung» ihrer PatientInnen gerichtet und keineswegs auf die Aufdeckung gefährlicher Folgen der Neuroleptika-«Behandlung»; deshalb muss mit einer hohen Dunkelziffer schwerwiegender Zwischenfälle gerechnet werden. Es wird in psychiatrischen Anstalten kaum je geklärt, ob unklare Todesfälle allenfalls durch Neuroleptika verursacht worden sind.

Kaum zu glauben, was die PsychiaterInnen riskieren. Bei der «Behandlung» von «Störungen» und Beschwerden, die sie selbst hervorgerufen haben, gehen sie täglich die Gefahr ein, ihre PatientInnen schwerwiegend zu schädigen. Der Entscheid, ob das medizinische oder das soziale Modell der «Geisteskrankheiten» als «Wahrheit» gilt, hat entscheidende und weitreichende Folgen.

Neuroleptika bedeuten also einen wesentlichen Teilfaktor der Produktion von psychischen Störungen durch die Psychiatrie. Dasselbe gilt selbstverständlich auch für die erstaunlicherweise noch immer (zum Teil sogar in zunehmendem Masse) angewendeten Elektroschocks.[8] Wobei zu beachten ist, dass diese beiden «Behandlungs»-Methoden ihre fragwürdige Wirkung durch organische Schädigung des menschlichen Gehirns erzielen.

Vererbung, Eugenik und Humangenetik

Mit unverändertem Druck vertritt und verbreitet die offizielle Psychiatrie die Auffassung, dass «endogene Psychosen», ja sogar Sucht, Kriminalität, Aggressivität und Neigung zu Selbstmord auf Grund einer vererbten Anlage zum Ausbruch kommen würden. Dies obwohl jahrzehntelange, intensive Forschung nichts als fragwürdige und leicht zu widerlegende Hinweise für diese Behauptungen und Annahmen ergeben hat. Die Frage muss gestellt werden, wo diese penetranten und unermüdlichen Behauptungen über die Vererbung von psychischen «Störungen» denn hinsteuern, was für Folgen zu erwarten sind? Der Schaden, den diese unselige Hypothese bereits anrichten konnte, ist bekannt. Mit ihren erbbiologischen Überlegungen waren die Psychiater massgeblich an der Sterilisation und der späteren Ermordung von Hunderttausenden von «minderwertigen» Menschen im nationalsozialistischen Staat mitbeteiligt. Aus der damaligen Eugenik oder Rassenhygiene ist die heutige Humangenetik hervorgegangen. Wer «erbkrank» ist, der sollte im Sinne der heutigen Humangenetik keine Nachkommen haben. Noch besser wäre er gar nie geboren worden. Das Etikett «erbkrank» wird in Zukunft gleichsam ein präventives Todesurteil bedeuten.

Braucht es noch mehr Hinweise dafür, dass ihre theoretischen Annahmen die PsychiaterInnen dazu verleiten, schwerwiegende psychische Störungen und organische Schädigungen in grossem Ausmass zu produzieren? Doch nicht nur das. Was immer darunter verstanden wird – der «geisteskranke», der «schizophrene» Mensch soll abgeschafft werden.[9] Die Gentechnologie bereitet mit grossem Aufwand das benötigte wissenschaftliche Instrumentarium vor. Sie steht für die Ausmerzung des Abweichenden, «Entarteten», «Minderwertigen» und «Störenden». Für diejenigen, die die Geschichte kennen, kein unbekanntes Thema.[10]

Die Psychiatrie hat ihre Unschuld endgültig verloren

Von der Abstumpfung des Emil Kraepelin

«Die ersten Eindrücke, die ich von meiner neuen Tätigkeit hatte, waren entmutigend. Das verwirrende Gewimmel ungezählter verblödeter, bald unzugänglicher, bald zudringlicher Kranker, mit ihren lächerlichen oder *ekelerregenden*, bedauernswerten oder gefährlichen Absonderlichkeiten, die *Ohnmacht* des ärztlichen Handelns, (...) die völlige *Ratlosigkeit* gegenüber allen diesen Erscheinungsformen des Irreseins, für die es keinerlei wissenschaftliches Verständnis gab, liessen mich die *Schwere* des von mir gewählten Berufes empfinden. Ähnlich wie zu Anfang in Würzburg verfolgten mich die wirren und abstossenden Bilder der Tagesarbeit auch in den Nächten und liessen mich zweifeln, ob ich mich wirklich in dieser Tätigkeit werde zurechtfinden können.

Allmählich indessen halfen mir die *abstumpfende Gewöhnung* und namentlich der angenehme Verkehr mit den *gleichgestimmten Kollegen*.»[1] Dies schrieb Emil Kraepelin (1856–1926), einer der bekanntesten Psychiater überhaupt, der bis heute einen sehr guten Ruf und Namen hat, in seinen Lebenserinnerungen über den Beginn seiner Tätigkeit an der Kreisirrenanstalt in München. In Würzburg hatte er noch vor seinem medizinischen Abschlussexamen als Assistent gearbeitet. Kraepelin ertrug äusserst schlecht, was er bei seiner Tätigkeit in der psychiatrischen Anstalt wahrnahm. Abstossende Bilder verfolgten ihn bis in die Nächte hinein. Diese Eindrücke waren für ihn dermassen unangenehm, dass er sogar an seiner Eignung für die Tätigkeit eines Psychiaters zu zweifeln begann. Was war es denn, das Kraepelin so schlecht ertrug? Die Bilder der Tagesarbeit waren abstossend und wirr. Und während seiner Tagesarbeit begegegnete er vor allem seinen PatientInnen. Kraepelin ertrug also den Anblick seiner «Irren» nicht. Das Aussehen und die Wirkung dieser Menschen ist ganz wesentlich eine Folge davon, wie sie in der Anstalt behandelt werden, wie mit ihnen umgegangen wird. In ihren Blicken wäre Wut, Verzweiflung, Resignation und Klage zu lesen gewesen. Dies ist es, was der grosse Kraepelin nicht ertrug. Auch das zuweilen lächerliche, ekelerregende, gefährliche und verwirrende Wesen dieser Menschen ertrug er nicht. Ihre quere Lebendigkeit war für ihn, den Wissenschaftler, der ordnen, bestimmen, klassifizieren und beobachten wollte, eine Bedrohung. So war denn auch sein wesentliches Ziel, sich die unbedingte Herrschaft über das Gemüt des Kranken zu sichern.[2] Was er sah und anrichtete, war nur durch Abstumpfung zu ertragen – und Abstumpfung meint Dämpfung, Verleugnung der mit seiner Tagesarbeit verbundenen Empfindungen, die ihn zu erdrücken drohten. Und zudem brauchte er den Kontakt mit gleichgestimmten Kollegen. Er musste sich täglich bestätigen, dass richtige, vollwertige Menschen niemals so wirr, lächerlich, zudringlich und ekelerregend sein konnten wie seine PatientInnen. Der kontrollierte, formelle Austausch mit Kollegen war für ihn unerlässlich. Täglich musste er sich vergewissern und sich bestätigen, dass der erhoffte, immense und unüberbrückbare Unterschied zwischen den Ärzten und den Anstaltsinsassen wirklich existierte. Und dieser Unterschied bedeutet vor allem auch eine Bewertung: auf der einen Seite die wertvollen, «gleichgestimmten» Kollegen, auf der anderen Seite die wertlosen Insassen. Auf der einen Seite die lächerliche, ekelerregende, bedrohliche Lebendigkeit der «kranken» Menschen, auf der anderen Seite die kontrollierte, abgestumpfte Hohlheit und Leere der Ärzte. Auch so kann dieser Unterschied beschrieben werden. Kein Wunder, dass bis heute die Psychiatrie mit List und Gewalt die Lebendigkeit der ihr ausgelieferten, hilflosen Menschen weg-«behandelt».

PsychiaterInnen verleugnen, verdrängen und vergessen

«Abstumpfende Gewöhnung»! Ohne «abstumpfende Gewöhnung» ging es zu Kraepelins Zeiten nicht. Und heute? Kraepelin musste sich vor seinen eigenen Gefühlen, vor seiner eigenen Menschlichkeit schützen. Mit intakter Gefühlswahrnehmung hätte er seinen Beruf auf die Dauer nicht ertragen. Die Diskrepanz zwischen dem gegen aussen vertretenen Anspruch und dem effektiven psychiatrischen Alltag ist allzu offensichtlich. Das war früher so, das ist heute so. Damals wie heute war und ist die Arbeit in einer psychiatri-

schen Anstalt nur mit abgestumpften Gefühlen zu ertragen. Wem dies nicht gelingt, der wird recht rasch seine Tätigkeit in der Psychiatrie aufgeben oder einen Selbstmordversuch oder gar Selbstmord begehen.[3] Die Psychiatrie gibt vor, leidenden Menschen zu helfen; doch wer genauer hinsieht, der nimmt Schädigung, Zerstörung, Zwang und Gewalt wahr. Da werden Menschen eingesperrt und isoliert. Früher wurden sie ins Deckelbad gesteckt, mit Elektrizität, Cardiazol oder Insulin geschockt und mit dem Messer des Psychochirurgen verstümmelt; heute werden – neben den wiederum vermehrt eingesetzten Elektroschocks – vorwiegend Neuroleptika angewendet. Aber Neuroleptika sind keineswegs humaner; der Schaden, den sie anrichten, ist keineswegs geringer als derjenige, den Elektroschocks und psychochirurgische Eingriffe bewirken. Ein offener, lebendiger Mensch könnte diesen Widerspruch niemals ertragen. Seine Schuldgefühle wären allzu gross. Doch wer sich etwas umsieht in psychiatrischen Anstalten, der findet dort keineswegs leidende, von übermächtigen Schuldgefühlen gebeugte PsychiaterInnen. Was geht eigentlich in ihnen vor? Dazu gibt es nur eine Erklärung: Sie verleugnen die naheliegende, offensichtliche Realität. Wenn die Realität nicht mehr oder verzerrt wahrgenommen wird, dann sind keine emotionalen Reaktionen mehr möglich, und eine echte Auseinandersetzung mit der unerfreulichen Situation kann nicht stattfinden. PsychiaterInnen müssen demnach Menschen sein, die besonders effizient verleugnen, verdrängen und vergessen. Und dies gleich in zweifacher Hinsicht. Neben der fortwährenden Verdrängung der verheerenden Folgen ihrer «Behandlungen» ist die Verleugnung der Vergangenheit des eigenen Spezial-Faches eine wesentliche und weitverbreitete Eigenheit der allermeisten PsychiaterInnen. Es ist leicht nachzuweisen, dass vor dem Zweiten Weltkrieg die schweizerische Psychiatrie sich in ihren Ansichten in keiner Weise von derjenigen Deutschlands unterschied. Ich habe dies in einem längeren Aufsatz[4], in dem die damaligen Ansichten von führenden Schweizer Psychiatern wörtlich wiedergegeben wurden, deutlich gemacht. Als im Jahre 1939 die Massenermordung der Psychiatrie-PatientInnen im NS-Staat begann, protestierte ein einziger deutscher Psychiater. Es gibt keinen vernünftigen Grund zur Annahme, dass sich die Psychiater anderer Länder anders verhalten hätten als ihre deutschen Kollegen. Der bekannte und gewissenhafte US-amerikanische Psychiatriekritiker Peter Breggin macht dies sehr klar: «Die Psychiatrie auf der ganzen Welt akzeptierte immer mehr die Euthanasie, aber nur in Deutschland erreichte sie das Stadium des offenen Planens der Lösung. Psychiatrisch gesehen war Deutschland einfach das weitestentwickelte Land der Welt.»[5] Die «Euthanasie», wie die Ausmerzung dieser Menschen beschönigend genannt wurde, war ein Gedanke, der keineswegs nur in Deutschland diskutiert wurde. Nur im NS-Staat wurde er auch wirklich ausgeführt, weil nur dort sich die gesamte Sozialpolitik eines Landes nach den rassistischen Theorien der rassenhygienischen Bewegung richtete; dort waren Männer an der Macht, die die Notwendigkeit der Ausmerzung aller erblich «belasteten» Menschen als vordringlichste und wichtigste Aufgabe akzeptierten. Die Staatsphilosophie im Dritten Reich war voll und ganz auf die menschliche Biologie ausgerichtet. Prägnant wurde dies von Rudolf Hess, Hitlers Stellvertreter, ausgedrückt: «Nationalsozialismus ist nichts anderes als angewandte Biologie.»[6]

Dass seine Vertreter theoretisch und auch praktisch zu einem dermassen destruktiven Verhalten bereit waren, stellt das Fachgebiet der Psychiatrie grundsätzlich in Frage. Die Psychiatrie hat endgültig und für immer ihre Unschuld verloren. Wer auf der Basis der damaligen Grundlagen fortfährt, Psychiater zu sein, der kann in keiner Weise mehr ernst genommen werden. Ihre bedeutendsten Exponenten müssten sich mit den Hintergründen dieser schwerwiegendsten Ereignisse auseinandersetzen. Doch nichts dergleichen geschah. Eine riesige Mehrheit der PsychiaterInnen stellte sich bis heute dieser Herausforderung nicht. Die Ansicht, die sie mit diesem Verhalten andeuten, kann folgendermassen zusammengefasst werden: «Diese betrübliche Entgleisung einzelner Ärzte im NS-Staat darf nicht der biologischen Psychiatrie angelastet werden; sie soll nicht als Sündenbock verteufelt werden. Unnötig jedenfalls, deswegen die Psychiatrie grundsätzlich in Frage zu stellen.»[7]

Die Bearbeitung der Vergangenheit der Psychiatrie ist dringend geboten
Die Humangenetik zielt in ihrer Anlage auf eine eugenische Praxis

Die Psychiatrie ist schuldig geworden, und sie wird es solange bleiben, bis die Gründe, wieso diese Ansichten verbreitet und diese Taten begangen wurden, offiziell und eindeutig offengelegt sind. Alexander Mitscherlich und Fred Mielke haben in ihrem Buch «Medizin ohne Menschlichkeit» das Verhalten der Ärzteschaft im Dritten Reich sorgfältig untersucht; schuldig machten sich ihrer Meinung nach sowohl die Täter als auch die Mitläufer. Viele Ärzte hatten die bekannten Greuel «nur» mehr oder weniger stillschweigend gebilligt: «Bewältigung der Schuld kann nichts anderes heissen, als der Wahrheit ins Auge zu sehen; Anerkennung dessen, was war, ohne Feilschen; Einsicht in die Anteilnahme, und sei sie nur das ‹harmloseste› Mitlaufen, Mitdenken der Parolen, Mithoffen auf das Verheissene gewesen...»[8] Auch die Haltung der Psychiatrie auf der ganzen Welt angesichts der «Euthanasie»-Aktionen gegen die «Geisteskranken» im NS-Staat darf mit gutem Recht als Mitdenken der Parolen, als Mithoffen auf das Verheissene bezeichnet werden. Wer psychiatrische Publikationen aus der Zeit vor und während des Zweiten Weltkrieges studiert, der muss zum Schluss kommen, dass die Ausdrücke «Mitdenken» und «Mithoffen» für den wirklichen Sachverhalt sogar allzu harmlos tönen. Mitscherlich und Mielke gehen noch weiter. Deutlich führen sie im Jahre 1960 aus, dass von der Tatsache, ob eine echte Bearbeitung dieser traurigen Ereignisse durch das vernünftige Bewusstsein möglich werde, «unsere Zukunft» abhänge. Sie meinen damit die Zukunft Deutschlands. Dasselbe darf und muss von der Zukunft der Psychiatrie gesagt werden. Diese echte Bearbeitung wäre dringend geboten. Wohl gab es einige kritische Publikationen über die damaligen Verbrechen. Und dennoch lebt die damalige Irrlehre weiter, sie wirkt weiter – mit dem Unterschied, dass sie heute weniger deutlich und provozierend verkündet wird. Seit der Zeit des Dritten Reiches ist aus der «Wissenschaft» der Eugenik oder Rassenhygiene die Humangenetik hervorgegangen. Im Sinne der heutigen Humangenetik sollten «schizophrene» oder «manisch-depressive» Menschen keine Nachkommen haben. Heute wird das Todesurteil gleichsam präventiv ausgesprochen. Der «geisteskranke», der «schizophrene» Mensch soll abgeschafft werden. Geburtenkontrolle, Schwangerschaftsabbruch, Gentechnologie sind die dazugehörenden Stichworte. Die Eugenik als Ersatzreligion hat keineswegs ausgedient. Der Soziologe Ulrich Beck sagt es deutlich: «Die Humangenetik ist *ihrer Anlage nach* eine Erkenntnisform, die auf eine eugenische Praxis zielt, diese geradezu erzwingt.»[9] Heute sind die Humangenetiker in ihrer Ausdrucksweise vorsichtiger geworden. Ulrich Beck spricht von der Prüderie der Gentechnologen, die einen strategischen Unterton habe. «Verharmlosen belebt dieses Mal das Geschäft.»[10] 1962 war es noch nicht so weit: Josua Lederberg, der 1958 den Nobelpreis für Medizin und Physiologie erhielt, kannte diese Prüderie nicht. Am Symposium der CIBA Foundation in London hielt er einen vielbeachteten Vortrag, in dem er sich kompromisslos für die genetische Manipulation des Menschen starkmachte. Er setzte sich für die Züchtung von Keimzellen im Reagenzglas, für das Auswechseln von Chromosomenstücken und für die unmittelbare Kontrolle von DNS-Sequenzen ein. Und er forderte – mit Bezug auf drohende atomare und ökologische Katastrophen – die Verbesserung der menschlichen Intelligenz als Ziel einer «weltumspannenden eugenischen Politik». Die Möglichkeiten einer genetischen Verbesserung des Menschen dürften nicht ignoriert werden. Er stellt die rhetorische Frage: «Muss nicht dieselbe Kultur, die sich in einzigartiger Weise die Macht zu weltweiter Vernichtung geschaffen hat, ein Höchstmass an intellektuellem Scharfblick entwickeln, um ihr eigenes Überleben zu sichern? Die letzten Errungenschaften der Molekularbiologie erweitern die Möglichkeiten der Eugenik, diese Absicht zu verwirklichen.» [11] Doch Lederberg macht nicht einmal an dieser Stelle halt. 1966 schlug er die Züchtung von subhumanen Individuen vor, beispielsweise eine Kreuzung von Mensch und Affe für spezielle Aufgaben, und auch die Klonierung (Herstellung von genetisch identischen Kopien lebender Menschen) war für ihn ein Diskussionsthema. Und gleichsam zur Bestätigung, dass Humangenetik, Rassismus und Sexismus sehr viel miteinander zu tun haben, schlug Lederberg vor, Rassenunterschiede und allenfalls auch die Zweigeschlechtlichkeit des

Menschen genetisch aufzuheben. «Verharmlosen belebt dieses Mal das Geschäft», schrieb, wie gesagt, Ulrich Beck. Doch gelegentlich finden sich bis heute erstaunlich deutliche Stellungnahmen: «Die Identifizierung und Korrektur genetischer Abnormitäten ist unser höchstes Ziel.» Nachzulesen ist sie im Band «Schizophrenien» des renommierten Vielmännerwerks «Psychiatrie der Gegenwart».[12] Aufgepasst vor einer Psychiatrie, die sich heute noch nicht schämt, dieses Credo so ungehemmt und deutlich zu verkünden.

Die offizielle Psychiatrie reagierte mit Verleugnen, Verdrängen und Vergessen auf die Ereignisse der NS-Psychiatrie. Die Bearbeitung von Schuldgefühlen wird durch diese Realitätsverleugnung vermieden. Und wenn es einmal nicht vermieden werden kann, von diesen Dingen zu reden, geschieht es ausschliesslich unter Abspaltung der Gefühle, die eigentlich zu dieser grauenvollen Realität gehören würden. Es wird darüber ohne sichtbare Emotion gesprochen, auf rein intellektuelle Art und Weise. Die Verleugnung der schrecklichen Vergangenheit des Faches hat weitreichende Folgen für seine Gegenwart und Zukunft. Eine sinnvolle Entwicklung der Psychiatrie wird damit verhindert. Es ist unmöglich, entscheidend von den Grundlagen der damaligen verhängnisvollen Theorien wegzukommen. Und diese Erstarrung des Denkens verunmöglicht auch die Wahrnehmung der verheerenden Folgen der heutigen «Behandlungen». Die Psychiatrie als Wissenschaft ist in ihren zentralen Thesen, Anliegen und Ansichten von Tabus bestimmt. Gewisse Dinge dürfen ganz einfach nicht erkannt und gedacht werden. So vermeiden es die PsychiaterInnen, sich wichtige Fragen zu stellen. Sie überlegen sich nicht: Hätte das auch mir passieren können? Wie hätte ich mich unter einem NS-Regime verhalten, wenn ich plötzlich die ominösen Fragebogen hätte ausfüllen müssen, wenn gar in meinem Bereich der Abtransport und die Vergasung dieser Menschen stattgefunden hätte? Hätte ich mich gefreut, dass damit ein wichtiger Beitrag zur «Verbesserung» des Erbgutes der Menschen getan wurde? Diese Überlegungen sind keineswegs weithergeholt. Die Psychiater in Österreich waren nach dem Anschluss an das Dritte Reich mit genau diesen Fragen konfrontiert. Und sie haben sich in keiner Weise anders verhalten als ihre KollegInnen in Deutschland.

Ein Tabu ist entstanden, ein echtes Berührungstabu. Die Psychiatrie soll und darf nicht kritisiert werden, schon gar nicht von aussen. Und dieses Tabu ist mit dem Traum verbunden, dass gleichsam durch ein Wunder die Psychiatrie ihre Unschuld wiedergewinnen könnte; als wäre es möglich, das Schreckliche, das sie angerichtet hat, ungeschehen zu machen oder zu vergessen. Doch nicht nur der Leichenberg der toten Psychiatrie-PatientInnen soll vergessen werden. Auch der Massenmord an sechs Millionen Juden im NS-Staat ging auf eugenisches Gedankengut zurück, das von den PsychiaterInnen seit langem mit Nachdruck verkündet worden war. Erst nach der Vernichtung der «entarteten» Menschen der eigenen Rasse wurde der Befehl zum Genozid an einer «minderwertigen» Rasse als Ganzes möglich. Die Psychiatrie ist eng mit einem der grössten Verbrechen, das Menschen je vollbrachten, verbunden. Auch darüber wurde und wird nicht gesprochen, auch hier besteht ein Tabu.

Heute dienen die Psychopharmaka dazu, Zwang und Gewalt zu verdecken

Statt der dringend notwendigen Verarbeitung der Vergangenheit erprobten die PsychiaterInnen vor allem «Medikamente». Der neue Schlager, die neue Faszination heisst Psychopharmakologie. Neuroleptika, Tranquilizer, Antidepressiva – sie alle wurden nach dem Krieg entdeckt. Sie alle wurden in zunehmendem Masse mit grösster Begeisterung angewendet. Scheinbar hat sich damit Wesentliches verändert; doch der Ansatz blieb derselbe, die Ideologie ist unverändert. Was sich verändert hat, ist die Art der verübten Gewalt, sie ist weniger deutlich erkennbar. Zudecken, verstecken, verdrängen – diesen Zweck erfüllen die Psychopharmaka aufs allerbeste. Sie mussten einschlagen! Wenn Zwang und Gewalt noch immer so deutlich sichtbar wären, wie dies im letzten Jahrzehnt vor dem Zweiten Weltkrieg der Fall war, dann wäre es auch schwerer, am riesigen Schatten der NS-Psychiatrie vorbeizukommen. Bis in die dreissiger Jahre hinein waren Einsperren und die Ausübung von körperlicher Gewalt die wesentlichen psychiatrischen Eingriffe. Die Insassen sollten ihre Ohnmacht fühlen, Furcht sollte Heilung bringen. Der Psychiater ist der Mächtige; seine «Wissenschaft» besteht aus den Mitteln, die PatientInnen zur Vernunft zu bringen und sich die unbedingte Herrschaft über ihr Gemüt zu sichern.[13] Dies die Meinung von Emil Kraepelin. «Behandlungs»-Methoden wie das Deckelbad trugen dazu bei. In den dreissiger Jahren dieses Jahrhunderts wurden eine Reihe von neuen psychiatrischen «Behandlungs»-Methoden eingeführt. 1934 die Cardiazol-Krampf-«Behandlung», 1935 die Insulin-Kur, 1935 die erste Leukotomie oder Lobotomie (psychochirurgischer Eingriff, bei dem die weisse Substanz zwischen dem Stirnhirn und dem übrigen Gehirn durchschnitten wird), 1938 die Elektroschock-«Behandlung». Doch diese neuen «Behandlungs»-Methoden wirkten noch immer brutal – ganz besonders trifft dies für die chirurgische Verstümmelung des Gehirns von «Geisteskranken» zu. Da ereignete sich im Jahre 1952 etwas, das den PsychiaterInnen als wahrer Glücksfall erschien. Beglückt feierten sie die Einführung des ersten Neuroleptikums als Wende, als Beginn eines neuen Abschnittes der modernen Psychiatrie. Sie konnten nun «Medikamente» verordnen, in «ruhigen Spitälern» «Geisteskrankheiten» («Psychosen») «behandeln» so wie InternistInnen innere Krankheiten. Doch ist das wirklich etwas Neues, etwas Anderes, Menschlicheres, Besseres? Keineswegs. Psychiater selber bezeichnen die Wirkung der Neuroleptika ausdrücklich als pharmakologische Lobotomie oder chemische Leukotomie. Die Wirkung der Neuroleptika ist durchaus mit derjenigen des psychochirurgischen Eingriffes vergleichbar. Gehirnzellen werden geschädigt und zerstört, dieselben Nervenleitungsbahnen unterbrochen. Als Unterschied bleibt vor allem das Fehlen der Operationsnarbe, die Verstümmelung des Gehirns hinterlässt keine aussen sichtbaren Spuren. Das ist das Geheimnis des Aufschwungs der Psychiatrie nach dem Zweiten Weltkrieg. Die Schädigung, die Gewaltanwendung ist besser versteckt, «medizinisch» getarnt. Doch wer Augen hat, der schaue. Die von aussen sichtbare Gewalt ist noch immer nicht restlos verschwunden. Die drohende gentechnologische und damit endgültige und spurenlose Veränderung der menschlichen Gehirne hat glücklicherweise noch nicht stattgefunden. Bei Zwangseinweisungen von «renitenten» oder «gefährlichen» PatientInnen muss immer vorerst äusserliche Gewalt angewendet werden. Gewalt, bis das Neuroleptikum ins

Gesäss des betroffenen Menschen gespritzt ist. Gewalt, bis das persönlichkeitsverändernde «Medikament» seine Wirkung entfaltet. Dieser Unterschied zur somatischen Medizin bleibt bestehen. Für innere MedizinerInnen oder ChirurgInnen ist der für PsychiaterInnen alltägliche und gewohnte Anblick von Betroffenen, die von vier Pflegern am Boden festgehalten werden, während eine Injektion appliziert wird, unvorstellbar.

Die Einführung der Neuroleptika im Jahre 1952, von der Psychiatrie bis heute als grosser Fortschritt gefeiert, betrachte ich als ein äusserst verhängnisvolles Ereignis. Seitdem Neuroleptika eingesetzt werden, ist es für PsychiaterInnen einfacher, an der täglich ausgeübten Gewalt vorbeizusehen. Es wurde damit auch einfacher, die enge Verbindung zwischen der rassenhygienischen Bewegung und der Psychiatrie zu ignorieren, die Opfer der NS-Psychiatrie zu vergessen. Damit vermochte auch kein neuer Wind die vorwiegend biologistisch ausgerichteten «wissenschaftlichen» Arbeiten zu beleben. Und so blieben die wesentlichen Grundlagen der Psychiatrie seit dem Ende des Zweiten Weltkrieges bis in unsere Zeit unverändert weiterbestehen.

Bestimmt von Tabus und Vorurteilen, beschäftigt mit der Verleugnung von offensichtlichen Tatsachen, beharren die massgebenden PsychiaterInnen auf ihren rückständigen Ansichten. Sie vermeiden es, unvoreingenommen und offen auf menschlichere Ansätze, sinnvollere Modelle, die Wesentliches zum Verständnis von psychischem Leiden und psychischen Abweichungen beitragen könnten, einzugehen. So hat sich die Psychiatrie keineswegs grundlegend und tiefgehend mit den Modellen und Ansichten von namhaften Soziologen auseinandergesetzt.[14)] Sich mit einer Wissenschaft zu befassen, die von sozialen Rollen und Normen spricht, die das Verhalten des Menschen als gesellschaftlich bedingt betrachtet, überfordert offensichtlich die PsychiaterInnen. Ihre Kräfte erschöpfen sich in der Abwehr der Vergangenheit wie auch der Gegenwart ihres Faches. Dieser Vorgang formt die bekannten erstarrten, unflexiblen Persönlichkeiten. Was auf den ersten Blick als Überheblichkeit erscheinen mag, hat vielmehr mit ihrer Angst, die brüchigen Grundlagen des eigenen Denkens zu verlassen, zu tun.

Die Psychiatrie bleibt in ihrem Elfenbeinturm gefangen. Die Grundhaltung ihrer massgebenden Vertreter kann folgendermassen in Worte gefasst werden: Die gegenwärtige und die vergangene Realität muss geleugnet werden. Es muss geleugnet werden, dass die Psychiatrie mit ihren Eingriffen tagtäglich ungezählte Menschen körperlich und psychisch schwer schädigt, und gleichzeitig muss die düstere Vergangenheit des Faches geflissentlich übersehen werden. Die Fiktion, dass in der Psychiatrie nach bestem Wissen und Gewissen psychisch leidenden Menschen geholfen wird, darf um keinen Preis angetastet werden. Das hat mittlerweile dazu geführt, dass sich die PsychiaterInnen von gefährlichen Feinden umzingelt fühlen; sie betrachten alle Menschen, die ihr Tabu nicht beachten, als Feinde. Dieses Tabu ist hilfreich, weil es in schwierigen Situationen ein feststehendes, gleichförmiges Urteil vorschreibt. Die bürgerlich anständige Persönlichkeit der PsychiaterInnen soll nicht mit Zweifeln belastet werden. Wenn sich KritikerInnen zu Wort melden, wird, wie das für ein kindliches, infantiles Ich typisch ist, jede Schuld sofort abgewiesen: «Du bist schuld, nicht ich. Die bösen KritikerInnen sind schuld, sie verunsichern nur unsere PatientInnen, sie verhindern, dass wir wohlmeinenden PsychiaterInnen ungestört den uns anvertrauten Menschen helfen können.»

Die Abhängigkeit von autoritären Lehrern und Anstaltsdirektoren macht unselbständig und infantil

Die Psychiatrie ist belastet mit Ansichten und Vorurteilen, die seit langem überholt sein müssten. So ist das Vorurteil, dass sich «Gesunde» in «Geisteskranke» nicht einzufühlen vermögen, bis heute nicht korrigiert. Vielmehr wurde es ergänzt durch eine Schere im Kopf, die die Wahrnehmung der Schädlichkeit der psychiatrischen Eingriffe verhindert. Ein grosser Teil der seelischen Energie der PsychiaterInnen wird fortwährend in der ununterbrochenen Abwehr dieser unbewältigten Tatsachen verbraucht. Ihr kritisches Ich ist dadurch behindert, die unbefangene Aufmerksamkeit, ihre geistige Beweglichkeit massiv beeinträchtigt. Wichtig für die weitreichende Verbreitung dieser Geisteshaltung ist auch der hierarchische, autoritäre Aufbau der Psychiatrie als Institution, wie er typisch ist für die Medizin als Ganzes. Was hier ganz allgemein über PsychiaterInnen festgehalten wurde, gilt ganz besonders für die ältere Generation, für viele Professoren und Anstaltschefs. Doch die Einstellung dieser Männer kann sich relativ leicht in der nachfolgenden Generation reproduzieren, denn sie sind alle als oft strenge und autoritäre Lehrer und Ausbildner tätig. Die Abhängigkeit von autoritären Lehrern und Chefs macht unselbständig und infantil oder, anders gesagt, bewirkt eine psychische Regression. Wie gute SchülerInnen verinnerlichen die meisten unserer jungen PsychiaterInnen die Vorurteile ihrer Lehrer, sie beten nach; es ist kaum zu erwarten, dass von ihnen je eine eigene Meinung zu hören sein wird. Leider wird deshalb auch eine neue PsychiaterInnen-Generation die bestehenden, geheiligten Traditionen und Vorurteile der Vergangenheit kaum endgültig über Bord werfen.

Doch eine kritische Auseinandersetzung mit der Psychiatrie muss über die Anstaltsmauern hinausführen. So abgeschlossen und geheimnisvoll der psychiatrische Alltag immer erscheinen mag, die Vorgänge im Innern der Anstalten haben dennoch einen massgeblichen und deutlichen Einfluss auf die Meinungen und Anschauungen der Menschen, die ausserhalb dieses Bereiches leben. Was nach aussen dringt, sind dogmatische Ansichten, die immer wieder mit dem deutlich fühlbaren Anspruch auf ewige Gültigkeit vorgetragen werden. Wer sich nicht einfach auf die Informationen verlässt, die die Psychiater verkünden, der wird früher oder später feststellen, dass ihre Aussagen keineswegs als ewige Wahrheiten zu betrachten sind. Vielmehr handelt es sich um eine Ansicht unter vielen, einen Mythos, der sich nur deshalb durchzusetzen vermochte, weil er als Herrschaftsinstrument einzusetzen ist und damit zur Aufrechterhaltung von Ruhe und Ordnung beiträgt. Der Mythos der «Geisteskrankheiten» dient den Herrschenden, er trägt dazu bei, bestehende gesellschaftliche Machtverhältnisse zu erhalten und zu fixieren. Dies ist der wesentliche Grund dafür, wieso er bis heute den Umgang mit Menschen, die durch ihr Verhalten auffallen und stören, weitgehend bestimmt.

Auch Freundschaft und Liebe schliessen die verhängnisvolle «Diagnose Schizophrenie» nicht aus

PsychiaterInnen sind nicht bereit, ihr Bild der psychischen Störung, der «Psychose», «Manie» oder «Schizophrenie» zu korrigieren, was auch immer ihre Eindrücke beim direkten Kontakt mit den Betroffenen sein mögen. Und dieses psychiatrische Vorurteil ist vergleichbar mit dem Vorurteil der ethnischen RassistInnen. Wie ich das bereits ausführlich dargestellt habe, sind das mit dem ethnischen Rassismus und das mit der Psychiatrie verbundene Denken sehr ähnlich, ja sogar weitgehend identisch.[15] Der Rassismus hat mit der eigenen Erfahrung wenig zu tun. «Der Antisemit braucht zu seinem Antisemitismus keine Juden.»[16] Da mag jemand allerbeste Kontakte haben mit Juden, die er sogar sehr schätzt, und gleichzeitig die schwerwiegendsten antisemitischen Anschuldigungen verbreiten. Der Rassismus ist eine vorurteilsbeladene, unverrückbare Überzeugung, und die psychiatrische Ideologie ist es ebenso. Genauso wie die schlimmsten Rassisten im NS-Staat oft Bekanntschaften mit «anständigen» Juden hatten, hat auch der im psychiatrischen Denken gefangene Arzt seine bevorzugten «Schizophrenen». Nicht aussergewöhnlich ist sogar ein Gefühl, das einiges mit Liebe zu tun hat. C.G. Jung ist dafür einmal mehr ein gutes Beispiel. Für ihn schlossen auch Freundschaft und Liebe die «Diagnose» «Schizophrenie» nicht aus, andererseits geschah es wiederholt, dass er sich in Patientinnen verliebte, die er zuvor als «psychotisch» bezeichnet hatte. Dass jedoch eine Partnerschaft zwischen einer «schizophrenen» Frau und ihrem Psychiater kaum gleichberechtigt oder ausgeglichen verlaufen kann, braucht nicht besonders hervorgehoben zu werden. Das Aussprechen der verhängnisvollen «Diagnose» bedeutet immer auch eine ungleiche Verteilung der Macht. Als Beispiele seien Jungs Beziehung mit der russischen Ärztin Sabina Spielrein, seiner Ansicht nach eine «psychotische Hysterikerin», und seine langjährige Geliebte Toni Wolff, die er als «schizophren» bezeichnet hatte, erwähnt. Und auch den Psychiater Johann Jakob Honegger, seinen eigenen, geschätzten «Schüler», der Selbstmord beging, belegte Jung mit der «Diagnose» «Dementia praecox». Bekannt wurde vor allem auch die Leidensgeschichte des begabten Psychoanalytikers Otto Gross, dessen Leben Jung mit seiner Diagnose «Dementia praecox» endgültig eine unheilvolle Wende gegeben hatte. («Dementia praecox», «vorzeitiges Verblöden», ist der frühere, von Emil Kraepelin geprägte Begriff, der später von der auf Eugen Bleuler zurückgehenden Bezeichnung «Schizophrenie» abgelöst wurde.)[17] Und trotz der deutlich erlebten Liebesgefühle, die Jung mit diesen Menschen verband, hielt er krampfhaft am medizinisch-biologischen Verständnis der «Schizophrenie» fest, das er von seinem verehrten Lehrer Eugen Bleuler übernommen hatte. [18] So waren Jungs Vorurteile sogar stärker als seine eigenen Liebeserlebnisse und -gefühle. (Und er ist damit keine Ausnahme.) Auf die vorerst einmal erstaunliche Tatsache, dass ein Psychiater wiederholt eine eigene «psychotische» Patientin liebt, möchte ich noch weiter eingehen. Die Liebe ist schön, aber schwierig. Lieben fordert den Menschen, fordert sein ganzes Sein. Lieben kann nur, wer innerlich lebendig ist. Die «Diagnose» schützt den Psychiater vor seiner eigenen Liebe, sie hilft ihm dabei, der echten, liebenden Auseinandersetzung mit dem anderen Menschen auszuweichen. Kraepelins oben erwähnte Aussage liess die Vermutung aufkommen, dass nur diejenigen Psychiater sein und bleiben können, die in der Lage sind, laufend ihre eigenen zwischenmenschlichen Gefühle zu unterdrücken. Und dies wiederum führt zur erschreckenden Folgerung: Wer an die psychiatrische «Diagnostik» glaubt und sie auch anwendet, tötet damit seine eigene Liebesfähigkeit ab. Denn es ist unmöglich, seine eigene Seele zu teilen. Abgetötete Gefühle in der Anstalt, lebendige Liebesfähigkeit zu Hause: Das gibt es nicht. Wer die vielen Stunden in der Anstalt nur abgestumpft erträgt, der bleibt es auch in seinem Privatleben. Noch etwas: Jakob Honegger hat sich umgebracht, Otto Gross starb verwahrlost kurz vor seinem 43. Geburtstag. Jung war wesentlich in das Leben dieser beiden Männer verstrickt. Erstaunlich, dass ihn deswegen nicht schwere Schuldgefühle quälten. Die «Diagnose» «Dementia praecox» vermochte ihn vor Schuldgefühlen zu schützen. «Was vermag denn der Mensch gegen das biologische Schicksal auszurichten? In dieser Situation wird der beste Psychiater klein. Im Angesicht dieser höheren Macht ist auch er ohnmächtig.» Dies sind etwa Gedanken, wie sie PsychiaterInnen äussern. So gut diese Argumentation auch immer tönen mag, sie ist zu einfach. Ich lasse sie nicht gelten. Es ist und bleibt gerade für den Psychiater unerlässlich, immer wieder sein eigenes Verhalten zu hinterfragen. Die Lösung, sich hinter einer «Diagnose» zu verstecken, auf diese Weise die eigene Verantwortung an eine höhere Macht abzugeben, ist zu einfach. Welcher Ausflüchte hat sich wohl Jung bedient: «Ich liebe den ‹gesunden› Kern dieser Menschen, ihre ‹normalen› Seelenanteile. Ihre ‹kranke› Anlage hat leider mit der Zeit das Geschehen zu fest bestimmt. Wenn schliesslich unsere Beziehung, ja das Schicksal dieser bedauernswerten Menschen schlecht ausging, dann liegt das an der ‹Dementia praecox›, resp. der ‹Schizophrenie›.» So mag seine Argumentation gelautet haben. Kann Liebe denn geteilt werden? Ist es möglich, die «gesunden» Anteile eines «kranken» Menschen zu lieben? Groteske Fragen. Ich denke, es ist klar, dass wahre Liebe den ganzen Menschen einbezieht, seine schönen, angenehmen und schwierigen Seiten.

Allmachtsphantasien verwandeln sich schnell in Wut und Aggression

Es ist sinnvoll, hier noch einmal ausführlich auf das am Anfang dieses Aufsatzes stehende Zitat des berühmten Emil Kraepelin zurückzukommen. Kraepelin spricht von der Ohnmacht des ärztlichen Handelns und von der völligen Ratlosigkeit gegenüber allen diesen Erscheinungsformen des Irreseins, für die es «keinerlei wissenschaftliches Verständnis» gab. Die Psychiatrie war und ist gegenüber den anderen medizinischen Spezialgebieten niemals völlig gleichberechtigt. Daran leiden viele PsychiaterInnen. Und der Widerspruch zwischen dem grossen Anstaltsdirektor mit Professorentitel und dem meist erbärmlichen Alltag, den zweifelhaften Erfolgen ist bis heute nicht aufgehoben. «Reaktionäre Gesinnung entzündet sich regelmässig auf wütende Weise, wenn es zu einer Niederlage der phantasierten Allmacht kommt.»[19] Dieser Satz aus dem Buch «Die Unfähigkeit zu trauern» von Alexander und Margarete Mitscherlich hat sehr wohl auch im Bereiche der Psychiatrie seine Gültigkeit. Der Chefarzt einer psychiatrischen Anstalt besitzt enorme Macht über Menschen. Er kann sich mit gutem

Grund als kleiner König, als Beherrscher von Hunderten ihm ausgelieferten Menschen fühlen. Doch seine Allmachtsgefühle werden täglich massiv verletzt. Er ist ein Herrscher, der die mit seiner Stellung verbundenen Ansprüche niemals einzulösen vermag. Dieser Konflikt ist ganz offensichtlich geeignet, immer wieder reaktionäres und wütendes Verhalten frisch auszulösen oder zu erhalten. Doch gilt dies nicht nur für die Chefärzte; das gleiche lässt sich prinzipiell für alle MitarbeiterInnen der psychiatrischen Anstalten sagen. Sie alle sind im Besitz von Macht über Menschen, und sie alle werden täglich auf den Boden der Realität zurückgeholt. Die Resultate ihrer «Behandlungen» sind und bleiben dürftig, sie entsprechen in keiner Weise ihren Allmachtsphantasien.

Die mächtigen Anstaltschefs stellen sich wohl alle vor, dass sie die frisch eintretenden PatientInnen in kurzer Zeit von ihrem Leiden zu erlösen vermöchten; und diese PatientInnen würden danach zufrieden, glücklich, «geheilt» und dankbar nach Hause gehen. Doch wenn die ärztlichen Direktoren etwas genauer hinschauen, stellen sie fest, dass die Wahrheit wesentlich anders aussieht: In ihren Anstalten, die eher Gefängnissen ähnlich sind als Krankenhäusern, wird täglich Zwang und Gewalt angewendet. Menschen werden zum Teil bleibend geschädigt. Und wenn PatientInnen entlassen werden, gehen sie oft ängstlich, verunsichert und mit der Gewissheit, bald wieder in die Anstalt zurückzukehren, nach Hause. Die allmächtigen «Heiler» und Helfer werden täglich mit einer erbärmlichen und erniedrigenden Wirklichkeit konfrontiert. Die bedauerlichen Insassen sind der durch diese Erkenntnis ausgelösten Wut ungeschützt ausgeliefert. Vordergründig wird der Anspruch, um jeden Preis zu helfen und zu retten, niemals aufgegeben, er kann jedoch jederzeit in Wut umschlagen – diese beiden fast gleichzeitig vorhandenen Stimmungen oder Gefühlslagen ergeben eine gefährliche Mischung. Es wird verständlich, dass aus diesen Gefühlen eine Idee wachsen konnte, die eigentlich mit Leichtigkeit als allergefährlichste «Wahnidee» hätte entlarvt werden müssen. Die Wahnidee nämlich, dass die Menschheit durch hunderttausendfachen Mord vor ihrem drohenden Untergang bewahrt werden müsse. Die Wahnidee, nur mit der Ausmerzung der «geisteskranken» Menschen ein gefährlich drohendes Schicksal abhalten zu können: dies also die Situation der grossen Männer, der Anstaltschefs, der Professoren und Lehrbuchautoren. Sie waren es ja auch, die die Eugenik und die Rassenhygiene mit Überzeugung, gleichsam als heilige Mission, verkündet hatten.

Der angenehme Verkehr mit «gleichgestimmten» Kollegen ist hilfreich

Mit Hoffnung, Angst und autoritärem Glauben verfolgen die vielen kleineren Männer – die Assistenzärzte, Pfleger und Hilfspfleger – die Ideen und die Tätigkeit ihrer Über-Väter. Sie machten mit, und sie machen noch immer mit, sei es bei der Ausübung der täglichen psychiatrischen Gewalt, sei es – im NS-Staat – bei der Vorbereitung und Ausführung der Massenmorde. Wenn er die entsetzliche Wahrheit zu erkennen beginnt, ist der einzelne zu schwach, um wirkungsvoll einzugreifen; gegen die Allianz der vielen kann er nichts ausrichten. Vor allem andern ergeben sich hier zwei Möglichkeiten des Verhaltens – mitmachen oder aussteigen und resignieren. Die Psychiatrie von innen her zu verändern übersteigt die Kräfte eines einzelnen. Wer die Psychiatrie grundsätzlich kritisiert, gibt damit seine Stellung als Psychiater endgültig auf.

Wer auf dem Weg ist, Psychiater zu werden, der weiss genau, dass er in zunehmendem Mass in den Besitz von Privilegien und Macht gelangen wird, solange er mitläuft. Der Weg des Mitlaufens ist bequem und zahlt sich aus. Die Angst vor dem Alleinsein, dem Alleinstehen, vor der Ächtung ist ein starker Antrieb dafür, nicht von der üblichen Richtung abzuweichen. Kaum erstaunlich, wenn gerade PsychiaterInnen Angst vor abweichenden Vorstellungen und Handlungen haben, sind sie es doch, die abweichende Menschen isolieren, stigmatisieren und manipulieren. Unter seinesgleichen fühlt der Mensch sich sicher, ganz besonders, wenn er sich als Teil einer angesehenen Gruppe fühlen kann. Es bräuchte Kraft, Einsicht und Mut, den Konflikt mit der Gruppe zu wagen. So richtet sich, was gedacht, geglaubt und getan wird, nach dem Denken, Glauben und Tun der anderen. «Allmählich indessen halfen mir die abstumpfende Gewöhnung und namentlich der angenehme Verkehr mit den gleichgestimmten Kollegen.» Auch der grosse Kraepelin hätte ohne die regelmässige Bestätigung, ein vollwertiges Mitglied der Gruppe seiner Kollegen zu sein, die Tätigkeit in der psychiatrischen Anstalt nicht ertragen.

Das Verständnis für den anderen Menschen macht lebendig

Ja, unter seinesgleichen fühlt sich der Psychiater sicher, ganz besonders, wenn er all das Fremde, das Bedrohliche und Angst-Machende seiner eigenen Seele auf eine Gruppe «minderwertiger» Menschen projizieren kann. Affekte färben die Realität ein. Und die Stärke dieser unangenehmen Affekte verhindert, dass die falsche Einschätzung der Realität korrigiert wird. Jede Korrektur seiner verzerrten Wahrnehmung würde den Psychiater unverzüglich mit den dunklen, unverstandenen und vor allem bedrohlichen Seiten seiner eigenen Seele konfrontieren. Mit dem anderen Menschen eine Beziehung eingehen, sich in seine Lebenssituation einfühlen – dies wäre die einzig sinnvolle Haltung, wie psychisch Leidenden entgegenzutreten wäre. Einfühlung wäre eine wirksame Gegenkraft gegen die engstirnige, rationalisierende, sich dauernd rechtfertigende, autoritäts- und «wissenschafts»-gläubige Einstellung, die typisch ist im Bereich der Psychiatrie. Der andere Mensch soll ein Fremder sein und bleiben, ein Fremder, der weniger wert ist. Er wird damit zum Ausbund der eigenen, nicht bewusst wahrgenommenen Fehler und Ängste.

Sind die Psychiatrie-PatientInnen wirklich grundsätzlich anders, entsprechen all die Grenzen und Schranken, die wir als selbstverständlich annehmen, der Realität? Sind auch der Schwarze, der Jude, die Frau so grundlegend anders, dass der weisse Mann sich in sie nicht einfühlen, sie nicht verstehen kann? Sicher nicht. Ich hoffe, dass dies bereits an dieser Stelle klar geworden ist; dennoch erachte ich es als unerlässlich, weiterhin darauf hinzuarbeiten, dass die Antwort auf diese wichtige Frage für viele Menschen zunehmend klarer und eindeutiger ausfallen wird. All diese Grenzen sind künstlich erschaffen, sie sind Artefakte. Den anderen, so wie er ist, in seinem Mensch-Sein wahrzunehmen, wäre gleichzeitig die Chance, das Fremde in der eigenen Seele zu erkennen. Der «Schizophrene» und der «Manisch-Depressive» sind

Menschen wie du und ich. Ihr Erleben findet nicht in einer Welt statt, zu der wir «Gesunde» keinen Zugang haben. Ganz im Gegenteil – wir alle kennen die Gefühle, Ängste und Hoffnungen, die diese Menschen quälen. Doch kaum haben wir diese Bedrohung, die aus unserem eigenen Inneren kommt, auch nur ein kleines bisschen unter Kontrolle, tun wir so, als kennten wir sie nicht. Leider gibt es gute Gründe für dieses Verhalten. Es ist bequem, es bringt ungezählte Vorteile und Macht. Es ist zu hoffen, dass immer mehr Menschen das Gemeinsame und nicht nur das Trennende sehen. Das Aufgeben all dieser Vorteile bringt nicht nur Nachteile mit sich: *Es bringt vielmehr, zusätzlich zum Verständnis für andere Menschen, einen Gewinn an Lebendigkeit, an Erlebnismöglichkeiten, an Reichtum und Einsicht in das eigene Leben.*

Vom Verhängnis der Arzt-Patient-Beziehung

Auf einen äusserst interessanten Zusammenhang weist der Ethnologe und Psychoanalytiker Mario Erdheim hin: Nur nach seinem «*sozialen Sterben*», d.h. nach seinem Verzicht auf alle prestigebesetzten Rollen, an welchen sein Ehrgeiz hing, war Sigmund Freud in der Lage, das Unbewusste zu entdecken. «Nur in dem Masse, wie der Verfremdungseffekt des sozialen Sterbens die gesellschaftlich anerkannte Psychiaterrolle fragwürdig machte, sich also die Identifikation mit ihr lockerte und die mit dem Patienten ermöglichte, wurde die unbewusste Dimension des Geschehens fassbar.»[20] «Als Psychiater und Akademiker musste man besonders die Grenzen zwischen Vernunft und Wahnsinn betonen; wer sich mit dem Staat identifizierte, sah überall Simulanten, Betrüger, willensschwaches Gesindel und biologisch Degenerierte.»[21] Macht, soziales Prestige, die gesellschaftlich anerkannte Psychiaterrolle und die Identifikation mit dem Staat verhindern es, dass der Psychiater psychisch leidende Menschen und auch die unbewussten Hintergründe seiner eigenen Situation verstehen kann. So verpasst er die einzig sinnvolle Möglichkeit der Behandlung, die darin besteht, das Erleben seiner PatientInnen zu verstehen und zu erweitern. Solange unsere PsychiaterInnen an ihrer anerkannten Rolle und Stellung festhalten, sind sie genötigt, scharf zwischen

Vernunft und «Wahnsinn» zu unterscheiden. Dies hat wenig mit Wahrheit, viel jedoch mit ihrer eigenen Unbewusstheit zu tun. Die psychiatrische Ideologie schafft Distanz zwischen dem Patienten und seinem Arzt. Nur nach dem Schwinden dieser Distanz und dem Abbau des damit verbundenen Ungleichgewichts der Macht erscheinen die «Symptome» nicht mehr als «krankhafte» Störungen, sondern können als Ausdruck unverarbeiteter Konflikte, vielfach verflochten mit «krank»-machenden Verhältnissen, verstanden werden.[22] Der Therapeut, der seine PatientInnen und sich selber verstehen will, kann dies nur, wenn er in der Lage ist, darauf zu verzichten, die Rolle des Propheten, Seelenretters und Heilands zu spielen. Oder anders gesagt: Die Macht- und Grössenphantasien des Psychiaters verbauen ihm den Zugang zu seinen PatientInnen.[23] So einfach und sinnvoll es tönt, so selten ist es leider der Fall: Wer mit psychisch leidenden Menschen zu tun hat, darf prinzipiell keinen Unterschied machen zwischen sich selbst und seinen PatientInnen. Er darf nicht zwischen «gesunden» und «kranken» Menschen unterscheiden. Er muss sich selbst wie den Patienten – und den Patienten wie sich selbst behandeln.[24] Solange also die PsychiaterInnen die Beziehung zu ihren PatientInnen nicht grundsätzlich ändern, werden sie niemals in der Lage sein, jene als die Menschen, die sie sind, anzunehmen und zu verstehen. Die für die Psychiatrie typische Arzt-Patient-Beziehung bestimmt nicht nur die Art, wie PsychiaterInnen die Störungen der Betroffenen erleben und interpretieren, sondern sie reproduziert täglich die ihr entsprechenden «Krankheitsvorstellungen»[25] und typischen «Symptome». Der Patient ist für den Psychiater ein fremdartiges, passives Objekt, das «behandelt» werden muss. Dabei gibt es nur ein einziges, sinnvolles Ziel – dasjenige nämlich, dass der Patient selbst so weit kommt, die Hintergründe seines Leidens zu verstehen. So und nur so kann er wieder ein autonomer Mensch werden. Rehabilitation im Sinne der heutigen Psychiatrie ist eine unwürdige Sache. Ihr Resultat sind bestenfalls schlecht und recht funktionierende, wenig störende Individuen, die zeitlebens auf psychiatrische Betreuung angewiesen sind. Beitragen zur Aufhellung des Unbewussten eines anderen Menschen kann nur derjenige, der nicht in seiner eigenen Stellung gefangen ist, nur derjenige, der sich täglich bemüht, auch die unbewussten Hintergründe seiner eigenen Situation aufzudecken. Abstumpfung ist unerwünscht, der angenehme Verkehr mit «gleichgestimmten» Kollegen ist gefährlich. Beides dient der Unbewusstmachung der eigenen Situation und verhindert das Verständnis der PatientInnen.

Weitere psychiatriekritische Aussagen von Mario Erdheim: Er erklärt, wieso der «Geisteskranke» seiner Menschlichkeit so entfremdet wird, «dass er wie ein in seinen Handlungen und Äusserungen unverständliches, irrationales Wesen erscheint. Zu dieser Entfremdung kommt es dort, wo eine Gruppe die andere durch nackte Gewalt beherrscht. Der in dieser Situation entstandene Diskurs der Herrschenden über die anderen dient nur der Entfesselung und Legitimation der Gewalt und zielt gar nicht darauf, eine adäquate Beschreibung der Beherrschten zu ermöglichen.»[26] Was die PsychiaterInnen über die «Irren» zu sagen haben − ihre wissenschaftlichen Aussagen −, bezeichnet Erdheim als «Phantasmagorie» (beispielsweise über die Gewalttätigkeit der «Irren»), die u.a. aus Projektion von Eigenschaften der Herrschenden selber bestehen.[27] Die Ansichten der etablierten Psychiatrie führen demnach keineswegs zu einem verbesserten Verständnis psychisch leidender Menschen, vielmehr haben sie den Zweck, die täglich ausgeübte Gewalt zu rechtfertigen. Deutliche Worte eines international anerkannten Autors und Universitätsdozenten aus Zürich, publiziert in einem Buch, das in einem renommierten Verlag erschien: Auswirkungen hatten sie keine. Die Psychiatrie ist ihrer machtvollen Stellung offensichtlich dermassen sicher, dass ihre massgebenden VertreterInnen sich in keiner Weise genötigt sehen, kompetente Kritik zu beachten. Wieso ist das so? Dass die PsychiaterInnen sich derartigen Aussagen nicht freiwillig stellen, ist verständlich. Doch warum werden sie nicht dazu gezwungen? Wieso reagiert eine kritische und aufmerksame Öffentlichkeit nicht? Warum reagieren keine Gesundheitsminister, sind sie doch den Anstaltsdirektoren vorgesetzt? Diese Fragen sind äusserst wichtig. Ihre eingehende und ausführliche Untersuchung ist dringend notwendig. Die Stichworte, die hier relevant sind, heissen Macht, Gewalt, Angst und Information. Wie ich oben ausgeführt habe, verhindern Macht und soziales Prestige das Verständnis des anderen Menschen. Solange der Psychiater seine machtvolle Stellung innehat, die zur Durchführung von zwangsweisen Eingriffen (Zwangseinweisung, Zwangs-«Behandlung») berechtigt, ist er gar nicht in der Lage, auf kompetente Psychiatriekritik einzugehen. Er wird sie immer als Angriff auf seine persönliche Identität erleben, und er hat damit selbstverständlich recht. Um die Betroffenen zu verstehen, um eine andere Sicht der von der Psychiatrie «behandelten» «Störungen» auch nur zu versuchen, muss er es wagen, seine Rolle, seine Stellung mindestens gedanklich in Frage zu stellen. Psychiatriekritik wird demnach von PsychiaterInnen zu Recht als existentielle Bedrohung erlebt. Psychiatriekritik zielt auf eine Verunmöglichung der bekannten Projektionsmechanismen. Dadurch, dass die Betroffenen als gleichwertige Menschen betrachtet und behandelt werden, können sie nicht mehr dazu gebraucht (oder missbraucht) werden, gefährliche Projektionen aufzufangen. Die bislang auf die PatientInnen projizierten Ängste und Aggressionen müssten damit wieder zurückgenommen werden, zusammen mit den damit verbundenen unangenehmen Gefühlen. Dass PsychiaterInnen diese mit ihrem eigenen sozialen Abstieg verbundene Anstrengung niemals freiwillig unternehmen werden, ist klar.

Auch die Menschen draussen profitieren vom Mythos der «Geisteskrankheiten»

Es bleibt die Frage, wieso Psychiatriekritik so wenig Widerhall findet. Auch wenn ein Mensch niemals direkten Kontakt mit psychiatrisierten Menschen hatte oder gar im Bereiche der Psychiatrie beruflich tätig ist, haben ihre Anschauungen und Aussagen eine kontinuierliche Wirkung auf sein Leben. Auch hier heissen die Stichworte Angst und Macht. Jedes Mitglied unserer Gesellschaft weiss von der Existenz der Psychiatrie, es weiss, dass es Anstalten, Zwangseinweisungen und Zwangs-«Behandlungen» gibt. Die Projektion eigener Ängste und Bedrohungen ist somit auch für diejenigen gegeben, die niemals als Besucher in einer Anstalt waren, die niemals direkten Kontakt mit «Geisteskranken», diesen Objekten der kollektiven Verachtung, hatten. Das Zurücknehmen dieser Projektionen wäre auch für sie mit unangenehmen und gefährlichen Gefühlen verbunden. Genau so, wie sie die Stellung und die

Macht der PsychiaterInnen gegenüber ihren PatientInnen erhält und festigt, festigt die psychiatrische Ideologie (der Mythos der «Geisteskrankheiten») vorbestehende Machtpositionen auch ausserhalb der Anstalt in privaten Beziehungen bis in die Familien hinein. Menschen, die nicht an die psychiatrische Ideologie glauben, können sich als gleichwertige begegnen. Dies würde eine Abkehr vom Mythos der «Geisteskrankheiten» bedeuten. Dagegen wehrt sich jedoch ein grosser Teil der Bevölkerung, denn viele hätten dabei etwas zu verlieren. Gleichzeitig verbaut die Aufrechterhaltung dieser Ungleichheit – sei es in der Anstalt oder in der Familie – die Chance, dass Menschen sich gegenseitig verstehen können. Bei schwerwiegenden Auseinandersetzungen kann jederzeit auf die Möglichkeit der Zwangseinweisung zurückgegriffen werden. Und es ist immer auch klar, wer es denn wäre, der allenfalls eingewiesen werden müsste. Es wird sich kaum je um den mächtigeren der Konfliktpartner handeln. Und damit beantwortet sich auch die Frage, wieso Gesundheitsminister oder PolitikerInnen psychiatriekritische Gedanken nicht aufnehmen. Sie alle befinden sich in einer gehobenen, mit Privilegien verbundenen gesellschaftlichen Stellung. Sie profitieren von der ungleichen Verteilung der Macht. Und deshalb werden sie kaum etwas gegen die etablierte Psychiatrie, die als Herrschaftsinstrument zu verstehen ist, unternehmen.

Sicher gibt es Menschen, die trotz allem offen wären für psychiatriekritische Gedanken. Doch muss beachtet werden, dass psychiatriekritische Information hierzulande nicht eben leicht zugänglich ist. In den Massenmedien fristet sie deutlich ein Schattendasein. ÄrztInnen und PsychiaterInnen benehmen sich, als hätten sie die einzige mögliche «Behandlung», den einzig möglichen Umgang mit psychischem Leid zu bieten. Wer nie mit der entsprechenden Gegeninformation konfrontiert wurde, wird den allgemein anerkannten Experten Glauben schenken. Unkritisch vertraut somit ein grosser Teil der Bevölkerung der von der offiziellen Psychiatrie vertretenen Ideologie. Noch ein weiterer Punkt muss beachtet werden. Wer Aussenseiterpositionen einnimmt, der riskiert, allein und einsam dazustehen. Es braucht Kraft, dem Druck einer grossen Mehrheit zu widerstehen, ganz besonders, wenn die damit verbundenen Inhalte in der Lage sind, grosse Ängste hervorzurufen. Auch dies gilt ganz allgemein, nicht ausschliesslich für Menschen, die in der Psychiatrie tätig sind.

Unsinniger Medicozentrismus
Fundierte Psychiatriekritik wird kaum beachtet

Noch vor Mario Erdheim ist Paul Parin durch seine ethnopsychoanalytischen Studien und Arbeiten bekannt geworden (die er teilweise zusammen mit Fritz Morgenthaler und Goldy Parin-Matthèy durchgeführt und publiziert hatte). Auch Parin kritisierte die Psychiatrie wiederholt mit deutlichen und scharfen Worten. Wer sich kritisch mit der Ethnologie auseinandersetzt, ist ganz offensichtlich auch in der Lage, offen und kritisch die psychiatrische Ideologie zu hinterfragen. Die beiden Fachgebiete haben viel miteinander zu tun. Der psychisch auffällige Mensch wurde und wird genau so als biologisch «minderwertig» erklärt wie der Angehörige einer fremden Kultur. Im Sinne dieses Denkens gilt letztlich einzig der weisse, fleissig arbeitende Familienvater als «gesunde Norm». Eine Frau beispielsweise wird niemals in der Lage sein, dieselbe «hochstehende» «Normalitäts»-Stufe zu erreichen. Und nach diesem Massstab müssen auch alle Angehörigen anderer Kulturen als psychisch «krank» bezeichnet werden. Diese Überlegung entspricht dem von mir[28] ausführlich beschriebenen Gedankengang, dass ethnischer Rassismus, Sexismus und psychiatrisches Denken weitgehende Übereinstimmungen aufweisen. Parin betont, dass gerade das Forschen nach der Erblichkeit jeden anderen Zugang zum Verständnis der psychischen «Störungen» verbaut habe.[29] Und er geisselt wiederholt den psychiatrischen «Krankheits»-Begriff, der von der Theorie ausgeht, dass ein Individuum in einer Gesellschaft lebe, die für die Entstehung der Leiden als irrelevant beurteilt und deshalb als gleichförmig angesehen werde.[30] Parin prägt für die Ausrichtung des Denkens auf «Krankheit», «Gesundheit», «Heilung» und «Normalität» den wichtigen Begriff «*Medicozentrismus*».[31] Der «Medicozentrismus» wirke wie ein Gewebe von Vorurteilen, das dem Erkenntnisinteresse im Wege stehe.[32] Parin plädiert dafür, die psychiatrische «Diagnostik» aufzugeben.[33] Gleichzeitig setzt er dem medizinischen Ziel der «Heilung» die sinnvolleren Begriffe Verständnis, Emanzipation und Befreiung gegenüber.[34] Auch Paul Parin also, ein weiterer renommierter Autor aus Zürich, kritisiert die Psychiatrie mit harten und treffenden Worten. Leider wird seine Kritik kaum zur Kenntnis genommen. Einerseits ist die fundierte und radikale Psychiatriekritik von Parin wie diejenige von Erdheim in Büchern enthalten, deren Titel in keiner Weise darauf hinweisen. Wer sich speziell für die Psychiatrie interessiert, der wird kaum auf eines der Werke der beiden Autoren stossen. Parin und Erdheim sind demnach kaum als Psychiatriekritiker zu bezeichnen. Sie würden sich wohl von dieser einseitigen «Etikettierung» distanzieren. Ihre Psychiatriekritik kann gleichsam als Nebenprodukt ihrer Arbeit angesehen werden. Ihrem gewissenhaften und fundierten Denken konnte die Fragwürdigkeit der medizinisch-psychiatrischen Ideologie dennoch nicht entgehen.

Es gibt weitere Gründe, wieso fundierte Psychiatriekritik kaum Auswirkungen hat. Ich bin in diesem Aufsatz (und auch an anderer Stelle) bereits auf diese wichtige Frage eingegangen und werde sie in einer weiteren Arbeit noch ausführlicher untersuchen. *Theorie und Praxis der Psychiatrie, so offensichtlich fragwürdig und gefährlich die beiden auch sind, entsprechen einem intensiven Bedürfnis vieler Menschen. Sie würden den Alltag, ihre Beziehungen, ihre Auseinandersetzung ohne den beruhigenden Rückhalt dieser Ideologie nicht ertragen. Für sie bedeutet das Wissen um die Psychiatrie eine wichtige Grundlage und Stütze ihres Lebens.*

«Das Verständnis der Motive eines Individuums bringt uns schrittweise an die unbekannte Welt des anderen heran.» Dies schreiben Alexander und Margarete Mitscherlich.[35] Ihr Satz ist allgemein gültig. Als Beispiel führen sie die Hexenverfolgung im Mittelalter an. «Es mag viele Argumente gegen die Existenz von Hexen gegeben haben (und sie mögen auch vorgebracht worden sein), das hat nicht den Tod einer Unzahl angeblicher Hexen im Mittelalter verhindert; denn hier konnte sich eine von Verbotsängsten und äusseren Katastrophen – wie Epidemien und Hungersnöten – bedrängte Bevölkerung beim zuschauenden Teilnehmen an hochnotpeinlichen Verhören und öffentlichen Hinrichtungen eine kollektive Befriedigung ihrer in die Hexen projizierten sexuellen und destruktiven Phantasien verschaffen.»[36] Die Ähnlichkeit des hier beschriebenen Vorganges mit den Ereignissen in der heutigen Psychiatrie ist offensichtlich. Das Verständnis der Motive und Hintergründe des Verhaltens unserer Psychiatrie-PatientInnen soll um jeden Preis vermieden werden. Die fortwährende und ungehemmte Projektion der Phantasien und Ängste der «Gesunden» muss gewährleistet bleiben. Es ist interessant, wie die Psychiatrie in der letzten Zeit eine Klippe elegant umgangen hat, die diesen Mechanismus hätte in Frage stellen können. Dass Umwelteinflüsse sich auf das Ausbrechen und den Verlauf von «endogenen Psychosen», «Schizophrenien» usw. auswirken, war nicht mehr länger zu leugnen. Doch gemäss der offiziellen und etablierten Psychiatrie sind «PsychotikerInnen» organisch-biologisch «krank», ihr Gehirn funktioniert grundlegend anders als dasjenige der «Gesunden». Wie war dieser Widerspruch aus der Welt zu schaffen? Not macht offensichtlich erfinderisch. Bestechend einfach die Lösung, die gefunden wurde: Die entscheidende Grundlage oder Voraussetzung für das Auftreten einer «endogenen Psychose» ist und bleibt die vererbte Disposition oder Vulnerabilität (Erkrankungsbereitschaft, Verletzlichkeit) der betroffenen Menschen. Auslösend für das Ausbrechen der geheimnisvollen «Erkrankung» seien jedoch diese nicht mehr länger zu verschweigenden Umwelteinflüsse. *Mit einem schon fast als genial zu bezeichnenden Trick wurde es möglich, diese Umwelteinflüsse als weitgehend bedeutungslos hinzustellen: Sie wurden ganz einfach als «unspezifisch» bezeichnet.*[37] Umwelteinflüsse sind nun also ins medizinische Modell einbezogen. Weil sie als «unspezifisch» gelten, bleiben die «endogenen Psychosen» unverständlich. Wenn kein direkter Zusammenhang besteht zwischen den Erlebnissen eines Menschen und seinem Leiden, dann sind diese Erlebnisse aus der Sicht des «behandelnden» Arztes bedeutungslos, die Anstrengung, sich in seine PatientInnen einzufühlen, braucht er nicht auf sich zu nehmen. Für PsychiaterInnen bleibt damit einzig und allein die organisch-biologische Grundlage des Geschehens wichtig und interessant. Ausschlaggebend ist und bleibt die Biologie: die Maschine Mensch. Die einen Maschinen sind aus besserem Material; die anderen sind fehlerhaft konstruiert, ihr Material ist anfällig, es muss geschont werden. Traurig die Botschaft, die uns die Spezialisten der menschlichen Seele und ihrer «Störungen», die PsychiaterInnen, zu bieten haben. «Wenn wir bedenken, dass wir einen Mechaniker brauchen, wenn der Vergaser unseres Autos spukt, so ist es nur selbstverständlich, dass man einen Fachmann aufsucht, falls die eigenen seelischen Apparate nicht mehr störungsfrei funktionieren.» Dieser Satz des Zürcher Psychiaters Emil Pinter, den ich bereits in meinem Buch «Irrsinn Psychiatrie»[38)] zitiert habe, erscheint damit gar nicht mehr so absurd. Als ich ihn das erste Mal las, war ich schockiert. Doch im Grunde ist die Aussage ehrlich, sie entspricht dem mechanistischen Denken der Psychiatrie.

Konsequenterweise wird in der Praxis ausschliesslich die biologische «Störung» behandelt: mit Neuroleptika, Lithium, Antidepressiva oder allenfalls mit den erneut zunehmend beliebter werdenden Elektroschocks. Auf die «unspezifischen» Umweltfaktoren kann bestenfalls «unspezifisch» eingegangen werden. Wer zuviel belastet war, der soll sich weniger zumuten. Es wird Schonung verordnet, eine reizarme, von Aufregungen abgeschirmte Lebensweise. Das ist es, was die Psychiatrie in diesem Bereich zu bieten hat. Das Fremde soll fremd sein und bleiben. Um diese dogmatische Grundannahme zu retten, ist jeder Gedankengang gut genug – so absurd er bei objektiver Betrachtung auch immer erscheinen mag.

Waren August Forel und Eugen Bleuler «schizophren»?

Um das Phänomen Psychiatrie noch weiter zu erhellen und zu durchschauen, muss unbedingt ein weiterer Punkt beachtet werden. Fachleute, die PsychiaterInnen, «diagnostizieren» täglich «Wahnsinn» und «Normalität». Sie haben das letzte Wort, sie entscheiden über den Wahrheitsgehalt der Äusserungen ihrer PatientInnen. Und ihre Entscheide haben schwerwiegende Folgen: Freiheit oder Freiheitsentzug, lebenslängliche Stigmatisierung durch die «Diagnose» und Zwangs-«Behandlung». Doch wo endet die Wahrheit, der realistische Bezug zum Leben, und wo beginnt der Wahn, die «Krankheit», die «Psychose»? Ist irren menschlich? Wie oftmals darf geirrt werden? Schwierige Fragen. Ich bin der festen

Überzeugung, dass hier keine Grenze gezogen werden darf, schon gar nicht von unseren SeelenärztInnen, von Angehörigen eines Berufsstandes, der selbst in höchstem Grade ver-irrt und verwirrt ist, von Menschen, die, belastet von Vorurteilen, damit beschäftigt sind, ihre eigenen Gefühle abzutöten und vor allem den Schein ihrer eigenen «Normalität» zu wahren.

Die folgenden Sätze stammen von August Forel, noch heute anerkannter, geschätzter und kaum kritisierter Psychiater und Wissenschaftler: «Laut schrie in mir eine Stimme, die dem Psychiater sagte: Hinaus aus deinen Mauern, zur Verkündigung jener Wahrheiten an die Öffentlichkeit sowie zum Studium der Seelenabnormitäten ausserhalb der Anstalten. Du musst *Apostel der Wahrheit* werden. Was nützt es denn, ewig da zu bleiben, um die verlorenen Opfer des Unverstandes der Menschheit als *Trümmer* in geschlossenen Irrenhäusern zu pflegen und dabei die Ursachen dieses ganzen Elendes ruhig weiterbestehen zu lassen? Das ist Feigheit. Die *soziale Hygiene* erfordert eine totale Umwälzung unserer Anschauungen, um das Übel an der Wurzel zu fassen, vor allem eine *rationelle menschliche Zuchtwahl*.»[39)] Ich möchte nicht noch weiter auf August Forel und seine betrüblichen Äusserungen zu Eugenik und Rassenhygiene eingehen, das habe ich bereits ausführlich getan.[40)] Hier geht es mir um etwas anderes. Forel predigt, er verkündigt der Menschheit seine Wahrheit: Die verlorenen Opfer des Unverstandes der Menschheit würden als «Trümmer» in den Irrenhäusern gepflegt. Was er damit meint, wird spätestens einige Zeilen weiter unten sehr klar. Diese menschlichen «Trümmer» gebe es, weil sich leider die falschen Menschen fortpflanzten. Die «soziale Hygiene» allein führe zur Rettung, und diese Rettung sei die «rationelle menschliche Zuchtwahl». Forel verwendet hier Worte, wie sie für Menschen typisch sind, die in den psychiatrischen Anstalten als «schizophren» «diagnostiziert» und «behandelt» werden. Forel fühlt sich als Apostel, er kann nicht anders, er muss seine Wahrheit, seinen Glauben hinausschreien. Gemäss Professor Hans Binder sind psychisch «normale» Menschen nirgends in völlig einseitige Verzerrungen, unkorrigierbare Verkehrtheiten und starre Masslosigkeiten verrannt.[41)] Mit gutem Gewissen darf gesagt werden, dass sich Forel mit seiner fanatischen Fixierung auf die «rationelle Zuchtwahl» starr, masslos und einseitig verzerrt verrannt hat. Forel in einer «wahnhaften Überzeugung» gefangen? Fraglos kann dieser Satz ohne innere Gewaltanstrengung unterschrieben werden. Forel also ein «Geisteskranker»? Forel «schizophren»? Wer an die psychiatrische Wahrheit glaubt, der kann sehr wohl zu diesem Schluss kommen. Dennoch ist für mich diese Folgerung unsinnig. Unsinnig ist es, wenn Psychiater leidende Menschen als «schizophren» oder «psychotisch» bezeichnen; doch es wäre genauso unsinnig, wenn ich als Kritiker der Psychiatrie nun zu beweisen begänne, dass die PsychiaterInnen selbst «krank» sind. Sinnvoller ist es, das ganze Begriffssystem der «Geisteskrankheiten», «Psychosen», «Schizophrenien» und «Manien» usw., (d.h. die gesamte psychiatrische «Diagnostik») endgültig zu verwerfen, es hat der Menschheit bis heute viel geschadet und nichts genützt. Beruhend auf Ursachen aus ihrer persönlichen Geschichte, vermischt mit Ansichten und Stimmungen ihrer Zeit, sind viele Menschen in realitätsfremden Überzeugungen gefangen. Das wird es immer wieder geben. Diese Tatsache ist nichts anderes als eine «normale» Äusserung der menschlichen Psyche. Wo jedoch beginnt der Wahn, und wo endet die Wahrheit oder die Wirklichkeit (der Gegensatz zum Wahn), welche realitätsfremden Überzeugungen sind sinnvoll und nützlich, welche gefährlich? Dies zu bestimmen ist weitaus schwieriger. Allenfalls kann dieser Entscheid rückblickend im Laufe der Zeit gefällt werden. Doch absolut sicher wird diese Frage niemals beantwortet werden können; sie wird niemals restlos auflösbar sein, denn wer sich an sie heranmacht, bleibt bei aller Redlichkeit ein in seiner individuellen Subjektivität gefangener Mensch. Und selbstverständlich wird seine Subjektivität immer auch von kollektiven Anschauungen der Gesellschaft, in der er lebt, beeinflusst. Genau hier zeigt sich deutlich ein weiterer wichtiger Gesichtspunkt. Urteile sind immer subjektiv, so wahr und richtig sie immer erscheinen mögen. Und gerade psychiatrische «Diagnosen» sind subjektive Urteile (oder Verurteilungen), die besonders gefährlich sind, weil sie mit dem «wissenschaftlich» abgesegneten Anspruch der ewigen Wahrheit verkündet werden. Was es dringend braucht, das ist Toleranz, keine voreingenommenen Urteile und Verurteilungen. Seit jeher gibt es Menschen, die sich irren, und Menschen, die verwirrt sind: Das ist so, und das wird immer so bleiben. Doch all diese sich irrenden und verwirrten Menschen sind nicht «krank»; sie sind vielmehr genauso «gesund» wie du und ich.

«Man hat deshalb davon gesprochen, aus der *Rassenhygiene* die ‹*Religion*› *der Zukunft* zu machen. Es ist keine Frage, dass eine solche Religion die Lebensfähigkeit eines Volkes steigern würde, wie nichts anderes.(...) Sagen wir, dass die Existenz und noch mehr das Glück unserer ganzen Rasse in Gegenwart und Zukunft davon abhängt, wie wir Hygiene treiben, dann predigen wir die Wahrheit, ohne zu verletzen, und wenn wir ein Echo finden, sei es im Verstand, sei es im Herzen der Mitmenschen, so werden wir für uns das tun, was Moses für das Volk Israel getan hat, das durch seinen Glauben an seine Unsterblichkeit auch für so lange unsterblich geworden ist, als es ihn behält.»[42] Auch Eugen Bleuler predigt, er vergleicht seine rassenhygienische Botschaft mit derjenigen des Moses. Religiöser Wahn: Diese «Diagnose» haben Psychiater schnell zur Hand. War demnach auch Eugen Bleuler «schizophren»? Eugen Bleuler, derjenige, der den Begriff «Schizophrenie» geprägt hat, «schizophren»? Nein, dieser Meinung bin ich selbstverständlich nicht. «Schizophren» sind wir alle oder noch besser: Niemand ist «schizophren»! Dass gerade die beiden überzeugten Verfechter der psychiatrischen «Wahrheit», August Forel und Eugen Bleuler, ohne grosse intellektuelle Verrenkungen als «schizophren» bezeichnet werden könnten, ist für mich ein weiterer überzeugender Grund dafür, das Denksystem der Psychiatrie endgültig aufzugeben.

Der Balken im Auge: Rassismus und Psychiatrie

Zur Geschichte und Aktualität der Erbbiologie in der Schweizer Psychiatrie

«Es gibt jedoch keine einzige Krankheit, die in so hohem Grade erblich ist, wie der Irrsinn.» (August Forel, 1880)

«Entweder Hygiene oder Entartung der Rasse» (Eugen Bleuler, 1910)

«Psychopathologie und Genetik sind weiterhin das Grundgerüst aller klinischen Forschung in der Psychiatrie.» (Christian Scharfetter, 1985)

Die enge Verbindung von Rassismus, Faschismus und Psychiatrie ist ein Thema, das selbst nach den Holocaust-Diskussionen von 1979/80 übersehen wurde und bis heute immer wieder verharmlost wird.[1)] Bekannt ist, dass der «volksbiologische» Rassismus keine Erfindung nationalsozialistischer Ideologen ist, sondern eine Vorgeschichte hat, die bis ins 19. Jahrhundert zurückreicht.[2)] Als entschlossene und beharrliche Vorreiter des «wissenschaftlichen» Rassismus traten besonders führende Psychiater mit ihren eugenischen und rassenhygienischen Vorstellungen auf.

In der Bundesrepublik erschienen in den letzten Jahren zunehmend Publikationen, in denen eine Auseinandersetzung mit der Medizin und Psychiatrie der NS-Zeit stattfindet.[3)] In der Schweiz hingegen wird dieses brisante Problem weder in der Fachwelt noch in der Öffentlichkeit ernsthaft thematisiert. Dies erstaunt um so mehr, als doch gerade die massgebenden Psychiater in der Schweiz sehr früh schon die Durchführung von rassenhygienischen Massnahmen propagierten. Die dramatischen Folgen der damaligen Fehleinschätzungen erfordern dringend eine kritische wissenschaftliche Aufarbeitung. Sie findet aber nicht statt. Die Gründe hierfür müssen aufgedeckt werden, sie sind eng mit der Geschichte der Psychiatrie in der Schweiz verknüpft.

August Forel und Eugen Bleuler als Vorkämpfer der «Rassenhygiene»

August Forel (1848–1931) und *Eugen Bleuler* (1857–1939) waren beide lange Zeit als Chefärzte an der zürcherischen Universitätsklinik, dem berühmten Burghölzli, tätig. Bleuler (1886–98 Rheinau, 1898–1927 Burghölzli) gilt als einer der bedeutendsten Psychiater seiner Zeit und gehört wohl mit Philippe Pinel, Benedict Augustin Morel, Wilhelm Griesinger und Emil Kraepelin zu den bekanntesten Psychiatern überhaupt. Auf Bleuler geht der Begriff «Schizophrenie» zurück; viel Ruhm erwarb er sich mit seinem Buch «Dementia praecox oder die Gruppe der Schizophrenien», das 1911 erschien. Er ist auch Autor des bekanntesten Lehrbuchs der Psychiatrie, das bis heute unter seinem Namen herausgegeben wird; 1983 in der 15. Auflage, neubearbeitet von seinem Sohn Manfred Bleuler. Vorgänger von Bleuler als ärztlicher Direktor des Burghölzli war August Forel (1878–98). Er war als Sozialist und Pazifist bekannt, ebenso als Ameisenforscher; er hatte die Idee der «Vereinigten Staaten der Erde» lanciert und war an der Gründung des Völkerbundes beteiligt. Sonderbarerweise, so lässt sich heute feststellen, gelang es ihm, seine politischen Überzeugungen mit seinen «wissenschaftlichen» als Psychiater zu vereinbaren. Auch nach seinem Rücktritt als Anstaltsdirektor 1898 war er bis zu seinem Tode 1931 unermüdlich für die Sache der «Rassenhygiene» publizistisch tätig.

Bis heute werden in Lehre und Forschung erbbiologische und eugenische Thesen und Äusserungen dieser beiden angesehenen Psychiater nicht kritisiert und damit hingenommen. Versuchen wir im folgenden aufzuzeigen, wie sich in der Psychiatrie der «wissenschaftliche» Rassismus entwickelt hat – und wie dieser weiterbesteht.

Für Bleuler und Forel war die Degenerationshypothese elementarer Bestandteil ihres Denkens. So schreibt Eugen Bleuler 1904:

«Je mehr die Medizin fortschreitet, je bessere Dienste sie dem Individuum leistet, um so gefährlicher wird sie der Rasse, weil sie die Schwachen auf Kosten der Starken erhält; und man braucht nicht gerade Nietzscheaner zu sein, um ernsthafte Besorgnis für die Zukunft der Kulturvölker zu hegen. So erscheint es mir nicht anders möglich, als dass, wenn nicht durch künstliche Auslese dem künstlichen Schutz der Schwachen ein Gegengewicht gesetzt wird, der beste Teil der Menschheit, die Kulturvölker, an der Schwäche gegenüber ihren eigenen Mängeln zugrunde gehen wird. (...) Wie man der Degeneration begegnen sollte, das bleibt noch zu studieren. *Etwas anderes als der Ausschluss der Schwachen von der Zeugung ist aber nicht wohl denkbar. An der Wissenschaft ist es, die Wege dazu zu finden, ohne Rücksicht auf Anschauungen und Gefühle, die einer vergangenen Kultur entstammen und unter jetzigen Verhältnissen schädlich sind.*»[4]

Auch August Forel ging es um Präventivmassnahmen gegen die Degeneration der Rasse:

«Unsere Altvordern hatten ein einfacheres und radikaleres System. Bei der ersten, oft nicht einmal besonders schweren Tat hängten sie die Schuldigen ohne viele Umstände auf. In gewissen Beziehungen war das menschlicher, weil dies schnell ausgeführt wurde. Nur der Mangel an Unterscheidung hat oft zahlreiche Unschuldige aufhängen und zahlreiche Schuldige entschlüpfen lassen. Aber im grossen und ganzen *verhinderte* man die *Wiedererzeugung der schlechten Brut*. Die allzu einseitige, schwache und blinde Humanität unserer gegenwärtigen Gesellschaft begnügt sich zu oft damit, freizusprechen und laufen zu lassen, ohne den Mut zu haben, Präventivmassnahmen zu ergreifen, die sich immer dringender notwendig machen gegen das Verbrechen und seine Ursachen, wie gegen die *Degeneration der Rasse*.»[5]

Auf der Grundlage seiner Überzeugungen leitete Forel soziale Pflichten ab: Die «obere, brauchbarere und gesündere» Hälfte der Menschheit soll sich kräftig vermehren, die «sozial unbrauchbarere, weniger gesunde oder unglücklichere» dagegen die «Erzeugung von Kindern» vermeiden.

«Wir müssen die Menschheit in ungefähr zwei Hälften teilen: eine obere, sozial brauchbarere, gesundere oder glücklichere und eine untere, sozial unbrauchbarere, weniger gesunde oder unglücklichere. Ziehen wir zwischen beiden eine mittlere Durchschnittslinie, so können wir folgenden Satz aufstellen: Wer selbst, mitsamt dem Mittel seiner bekannten Aszendenz, unzweideutig zur oberen Hälfte gehört, hat die Pflicht, sich kräftig zu vermehren; wer ebenso zweifellos zur unteren Hälfte gehört, besonders wer mit Bezug auf körperliche Gebrechen, Dummheit, Geistesstörung, Verbrechen und Nervenkrankheiten ein verfehlter, unglücklicher und sozial schädlicher Mensch ist, sollte gehalten sein resp. es als soziale Pflicht betrachten, unter allen Umständen die Erzeugung von Kindern zu vermeiden, ganz besonders, wenn seine Gebrechen individuell ausgesprochen und in seiner Aszendenz deutlich familiär erblich sind; wer endlich auf der mittleren Durchschnittslinie steht, soll sehen, mässig in der Vermehrung seiner Art zu bleiben.»[6]

Doch Forel wird noch deutlicher: Erst nach der «definitiven Beseitigung» des «körperlichen und geistigen Proletariats» würden für ihn die Lehren der Neomalthusianer eine gewisse Geltung haben. (Gemäss den Ansichten der Neomalthusianer sollte die drohende Überbevölkerung durch sexuelle Enthaltsamkeit vermieden werden.)

«Es ist hohe Zeit, dass (...) eine rationelle und wohlüberlegte Zuchtwahl Platz greift. Den *Kranken, Unfähigen, Blöden, Schlechten,* den *inferioren Rassen* muss man den Neomalthusianismus konsequent beibringen. Den Kräftigen, Guten, Gesunden und geistig höher Stehenden dagegen muss man (...) eine kräftige Vermehrung ans Herz legen.(...) Ist es bis dahin gelungen, ihre Qualität erheblich zu erhöhen und die heutige, mit Hunger und Elend einhergehende Verblödung des körperlichen und geistigen Proletariats durch dessen *definitive Beseitigung* zu zerstören, dann erst werden die heutigen Lehren der Neomalthusianer auch für den bessern Teil der Menschheit eine gewisse Geltung haben (...) Ein geistiger oder körperlicher Krüppel nimmt dagegen meist mehr, als er leistet, und bedeutet daher nationalökonomisch ein Defizit.»[7]

Für Forel war selbstverständlich, dass die geistigen Qualitäten und der soziale Status der Menschen ausschliesslich biologisch determiniert sind:

«Auf der anderen Seite darf man nicht vergessen, dass jetzt geistig und sozial hochstehende Menschen in der Regel das Produkt einer günstigen und glücklichen Zuchtwahl sind, und dass, wenn sie zu Ansehen und Vermögen gekommen sind, dies meistens durchaus nicht nur äusseren Glückszufällen und guter Erziehung, sondern vielmehr zu einem oft gewaltigen Teil der *guten Qualität des Spermatozoons* und des *Eies* zu verdanken sind, denen sie entsprossen sind.»[8]

Kaum erstaunlich, dass jemand, der von der «definitiven Beseitigung des geistigen Proletariats» spricht, auch vor der Kastration und Sterilisation «minderwertiger» Menschen nicht zurückscheut. Forel war der erste Psychiater, der 1892 eine «geisteskranke» Frau unfruchtbar machen liess. [9] Forel verkündete seine Botschaft der «rationellen Zuchtwahl» mit grossem Eifer. Er verband die «Rassenhygiene» mit der «sozialen Hygiene» (Verhütung von Alkoholismus, Prostitution, Landstreicherei) und forderte eine «totale Umwälzung der Anschauungen».

Während er sich für die «geistig und sozial hochstehenden Menschen» seiner eigenen Rasse einsetzte, dachte er an die Ausmerzung der niedrigsten Rassen.

«Endlich die menschlichen Rassenfragen. Welche Rassen sind für die Weiterentwicklung der Menschheit brauchbar, welche nicht? Und wenn die niedrigsten Rassen *unbrauchbar sind, wie soll man sie allmählich ausmerzen?*»[10]

Eugen Bleuler setzte sich für die Verbreitung des rassenhygienischen Gedankenguts an den Schulen und in den Familien ein, besonders die Frauen sollten gewonnen werden:

«Die Hygiene gehört also an die Schule, und zwar nicht als Nebenfach. Das Fach hat sich in zwei Richtungen zu teilen, die Individualhygiene und die *Rassenhygiene*.(...) Man soll auch vor Rassenmischung warnen. (...) Man hat deshalb davon gesprochen, aus der *Rassenhygiene* die ‹*Religion*› *der Zukunft* zu machen.(...) Sagen wir, dass die Existenz und noch mehr das Glück unserer ganzen Rasse in Gegenwart und Zukunft davon abhängt, wie wir Hygiene treiben, dann predigen wir die Wahrheit, ohne zu verletzen, und wenn wir ein Echo finden, sei es im Verstand, sei es im Herzen der Mitmenschen, so werden wir für uns das tun, was Moses für das Volk Israel getan hat, das durch seinen Glauben an seine Unsterblichkeit auch für so lange unsterblich geworden ist, als es ihn behält.(...) Ich betrachte es als ein gutes Omen, dass es gerade Frauenvereine waren, die mir das heutige Thema gestellt haben. Die berufenen Hüterinnen der Nachkommenschaft, der Religion und der Hygiene sind ja die Frauen.»[11]

So war die Eugenik (Erbgesundheitspflege) das wesentliche Lebensziel der beiden Psychiater geworden. Eine sinnvolle Zukunft der Menschheit war für sie ohne die Verwirklichung von einschneidenden eugenischen und rassenhygienischen Massnahmen unvorstellbar. Als Mediziner mit Professorentitel sahen sie sich berufen, in religiöser Ergriffenheit die Welt aufzuklären. Im 1.Mai-Aufruf von 1916 hielt Forel fest:

«Doch vergebens suche ich die Laterne des Diogenes anzuzünden und mit ihr Europas und Amerikas Machthaber aufzuklären, ich finde unter ihnen bis heute keinen Mann. Vielleicht ersteht ein solcher noch!» [12]

Nun, dieser «Mann» fand sich ein. Nach der nationalsozialistischen Machtergreifung 1933 in Deutschland wurden die bis dahin von den Psychiatern und weiteren Rassenhygienikern feurig verkündeten eugenischen Ideen rasch und zielstrebig verwirklicht. Im Jahre 1933, also nur 17 Jahre nach Forels feurigem Aufruf, erliess Hitler das «Gesetz zur Verhütung erbkranken Nachwuchses». In den darauffolgenden Jahren wurden im NS-Staat mindestens 400'000 Menschen zwangssterilisiert und 30'000 Schwangerschaftsunterbrechungen aus eugenischer Indikation durchgeführt. 5000 bis 6000 Frauen und 600 Männer überlebten diese Eingriffe nicht. [13] Bereits 1925, noch zu Lebzeiten Forels, hatte Hitler in «*Mein Kampf*» die erbbiologische «Gesundung des Volkskörpers», die «Rassenreinheit» und «Rassentüchtigkeit» gefordert:

«Der völkische Staat hat die Rasse in den Mittelpunkt des allgemeinen Lebens zu setzen. Er hat für ihre Reinerhaltung zu sorgen.(...) Er hat die modernsten ärztlichen Hilfsmittel in den Dienst dieser Erkenntnis zu stellen. Er hat, was irgendwie ersichtlich krank und erblich belastet und damit weiter belastend ist, zeugungsunfähig zu erklären und dies praktisch auch durchzusetzen.(...) Der völkische Staat hat hier die ungeheuerste Erziehungsarbeit zu leisten (...), dass es keine Schande, sondern nur ein bedauernswertes Unglück ist, krank und schwächlich zu sein.» [14]

Die psychiatrische Eugenik war die wissenschaftliche Grundlage für die Durchführung aller Massenvernichtungsprogramme im NS-Staat

Bereits 1920 war das Buch «Die Freigabe der Vernichtung lebensunwerten Lebens. Ihr Mass und ihre Form» des Psychiatrieprofessors Alfred Hoche und des Juristen Karl Binding erschienen. Die beiden Professoren sprachen darin von «leeren Menschenhülsen», «Ballastexistenzen», «Defektmenschen», «geistig Toten» und «furchtbaren Gegenbildern echter Menschen». Und die Tötung dieser Menschen wird als eine «in Wahrheit reine Heilbehandlung», als «unverbotenes Heilwerk von segensreichster Wirkung» dargestellt.[15ced] Binding war vor Erscheinen des gemeinsamen Werkes gestorben: In einem Nachruf schrieb Hoche, die Fragen, mit denen sich die Abhandlung beschäftige, seien dem Verstorbenen Gegenstand eines von «lebhaftestem Verantwortungsgefühl und tiefer Menschenliebe getragenen Nachdenkens» gewesen.[16] Und Binding selbst hatte geschrieben, die Tötung müsse «Ausfluss freien Mitleids mit den Kranken» sein.[17] Für Hoche war der staatliche Organismus im selben Sinne ein Ganzes mit eigenen Gesetzen und Rechten, wie etwa ein in sich geschlossener menschlicher Organismus, der, «wie wir Ärzte wissen, im Interesse der Wohlfahrt des Ganzen auch einzelne wertlos gewordene oder schädliche Teile oder Teilchen preisgibt und abstösst.»[18]

Bereits vor 1939 wurden heimlich die ersten «Euthanasiemassnahmen» durchgeführt. Also schon Jahre, bevor Hitler die entsprechende Anweisung gab, Morde in einzelnen Heimen und Irrenanstalten.[19] Am 18. August 1939 begann die «Kinderaktion», die Ermordung von «missgebildeten und geistig unterentwickelten Kindern».[20] Ebenfalls im August 1939 wurde die Erwachsenen-«Euthanasie» mit einer Beratung von vierzehn «politisch zuverlässigen» Psychiatern eingeleitet. Ende Oktober 1939 unterzeichnete Hitler einen von den führenden Psychiatern vorbereiteten und auf den 1. September zurückdatierten Geheimbefehl: «Reichsleiter Bouhler und Dr. med. Brandt sind unter Verantwortung beauftragt, die Befugnisse namentlich zu bestimmender Ärzte so zu erweitern, dass nach menschlichem Ermessen unheilbar Kranken bei kritischer Beurteilung ihres Krankheitszustandes der Gnadentod gewährt werden kann.» Dieser Geheimbefehl war auf Hitlers privatem Briefpapier niedergeschrieben. Hitler lehnte damals, wie noch einmal ein Jahr später, eine gesetzliche Regelung ausdrücklich ab.[21]

Anlässlich von weiteren Besprechungen wurde ein immer grösserer Kreis von Psychiatern über diese sogenannte «Aktion T4» informiert. Ein einziger Psychiater lehnte den geplanten Massenmord ab. Ein Zeuge sagte dazu aus: «Es herrschte insbesondere bei den jüngeren Kollegen eine wie von einem Missionsgedanken getragene Begeisterung.»[22]

Es wurde ein Runderlass an alle Heil- und Pflegeanstalten verschickt:

«Zu melden sind sämtliche Patienten, die 1. an den nachstehenden Krankheiten leiden und in den Anstaltsbetrieben nicht oder nur mit technischen Arbeiten (Zupfen u.ä.) zu beschäftigen sind: Schizophrenie, Epilepsie (wenn exogene Kriegsbeschädigung oder andere Ursachen angeben), senile Erkrankungen, Therapie-refraktäre Paralyse u.a. Lues-Erkrankungen, Schwachsinn jeder Ursache, Encephalitis, Huntington und anderen neurotischen Endzuständen, oder die sich 2. seit mindestens fünf Jahren dauernd in Anstalten befinden, 3. als kriminelle Geisteskranke verwahrt sind oder 4. nicht die deutsche Staatsangehörigkeit besitzen oder nicht deutschen oder artverwandten Blutes sind unter Angabe von Rasse und Staatszugehörigkeit.» [23]

Mehr und mehr «Wissenschaftler» bemühten sich darum, von den «Euthanasieaktionen» zu profitieren. Sie untersuchten fleissig die Gehirne der ermordeten Menschen.[24]

Bald wurde die Aktion T4 durch die «Sonderbehandlung 14f13» ergänzt. Es handelte sich dabei um die «Beseitigung» von Insassen der Konzentrationslager. Dieselbe Ärztekommission wie bei der «Aktion T4» war für die Selektion der Opfer zuständig. Schon von 1933 an wurden all die widerspenstigen, «asozialen» Menschen, die als Aussenseiter auf ihre Art leben wollten, nicht «nur» sterilisiert; sie wurden von da an systematisch zu KZ-Häftlingen gemacht. Es handelte sich um *Arbeitsscheue, Gewohnheitsbettler, Landstreicher, Trinker, Rauschgiftsüchtige, Prostituierte, um Wandertypen, Behinderte, Kommunisten, Sozialisten, Freidenker, Zigeuner, Landfahrer, Müssiggänger, Querulanten, Raufbolde, «Psychopathen», Homosexuelle* usw. Alles «Minderwertige», «Krankhafte», vom Erscheinungsbild der gewohnten «Normalität» Abweichende musste verschwinden, alle das Wohlbefinden des «gesunden» Betrachters Störenden wurden sterilisiert, inhaftiert, die meisten «selektiert» und «ausgemerzt».

Auch nach dem durch Hitler 1941 offiziell verfügten Stopp der «Aktion T4» wurde in den psychiatrischen Anstalten weitergemordet, dabei wurden die Methoden etwas verfeinert, die «humane Tötungsart» griff um sich: Todesspritzen, Hungerkost, «Vernichtung durch Arbeit».[25] Dass im Laufe der Herrschaft der Nationalsozialisten schliesslich ungefähr 270'000 «Minderwertige»,

Insassen von psychiatrischen Anstalten, Heimen und Konzentrationslagern, ermordet wurden, war wesentlich eine Folge des Eifers der beteiligten Ärzte.[26]

Als Angehörige eines Berufsstandes, der besonders privilegiert ist, war es den Medizinern möglich, ungestraft schwerste Verbrechen zu begehen. Der weisse Mantel verleitet leicht zu schrecklichen und verbrecherischen Taten. Erleichtert wurde das fortgesetzte und unbegrenzte Morden im NS-Staat, weil die beteiligten Ärzte glaubten, im Dienste der «Volksgemeinschaft» «delegierte Kompetenzüberschreitung» zu begehen. Gleichzeitig waren sie davon überzeugt, in vollkommenem Einklang mit der medizinischen «Wissenschaft» zu handeln. Wie der «Führer» als Heiler und Reiniger der «arischen Erbmasse» auftrat, so konnten die Mediziner, Genetiker und Rassenkundler stellvertretend als «Volksführer» für den NS-Terror vereinnahmt werden.[27] Der beinahe freiwillige Einsatz der Ärzte passte gut ins NS-Programm, wobei ihr mörderischer Tatendrang dem SS-Wirtschafts- und Verwaltungshauptamt mit der Zeit sogar zu weit ging. Die sich zusehends verschlechternde Kriegslage machte den Einsatz aller KZ-Häftlinge für die Rüstungsindustrie notwendig.[28]

Im Juli 1941 hatte Göring Heydrich den Auftrag zur «Endlösung der Judenfrage» erteilt. Ohne die vorausgegangenen Erfahrungen der Aktion T4 wäre diese «Aktion Reinhard» nie möglich geworden. So wurde in den Vernichtungslagern Belzec, Sobibor, Treblinka u.a.m. dasselbe Personal eingesetzt, das schon in den «Euthanasie»-Anstalten gemordet hatte. Die Aktion T4 war Modell für alle späteren, im NS-Staat geplanten und industriell organisierten Massenvernichtungen.[29]

Die beiden Vernichtungsprogramme sind sogar noch enger miteinander verbunden. Nur ein Volk, das bereits seine eigenen «minderwertigen» Elemente ausgemerzt hat, kann sich das Ziel setzen, eine ganze fremde Rasse zu vernichten.[30] Erst nach der Vernichtung der «Degenerierten», «Entarteten» oder «Asozialen» in den Anstalten und Heimen des eigenen Landes konnte der Befehl zum Genozid an der «niedrigen», «minderwertigen» und «degenerierten» Rasse der Juden als Ganzes erteilt werden.

Der führende Rassenhygieniker Deutschlands war der Schweizer Psychiater Ernst Rüdin. In den Jahren 1925 bis 1928 war er Direktor der Psychiatrischen Universitätsklinik in Basel gewesen.[31] Während der Zeit der «Aktion T4» war er der Vorsitzende der Gesellschaft Deutscher Psychiater. Bekannt wurde Rüdin auch als Verfasser des offiziellen Kommentars zum 1933 erlassenen deutschen Sterilisierungsgesetz (zusammen mit dem Juristen Falk Ruttke und Dr. med. Arthur Gütt). Selbstverständlich hatte sich Rüdin schon in Basel seinem Spezialgebiet der Erbforschung gewidmet. Ernst Peust, Stadtarzt und Nervenarzt in Magdeburg, charakterisierte Rüdin 1939 kurz und prägnant:

«Der Name *Rüdin* bedeutet ein Programm. Er bedeutet die praktische Anwendung der Erblehre auf die Psychopathologie, insbesondere auf die schweren Formen der vererblichen Krankheitsanlagen des Geistes- und Seelenlebens mit dem Ziel, die schwersten Formen durch Anwendung des Darwinschen Auslesegedankens in Form der Fortpflanzungsauslese zur Abnahme und nach Möglichkeit zum Verschwinden zu bringen, da sie durch ärztliche Behandlung allein nicht mit ausreichendem Erfolg für die innere Gesundheit und den Fortbestand des Volkes zu beseitigen sind.» [32]

Im Januar 1937 wurde in der psychiatrischen Anstalt in Basel eine Abteilung für Erblichkeitsforschung eröffnet. Dort wurde ein Arbeitsgebiet wieder aufgenommen, dem bereits der frühere Anstaltsdirektor *Rüdin* grosse Wichtigkeit beigemessen hatte. Der Psychiater PD Dr. C. Brugger beabsichtigte eine Zusammenarbeit dieser Abteilung mit der Basler Eheberatungstelle. Dem Schularztamt stand bereits ein eugenisches Tafelwerk für Vorträge und Ausstellungen zur Verfügung. Es wurde mit einer Mitarbeit der Lehrer und Erzieher gerechnet. Mit dem Zürcher Heilpädagogischen Seminar waren bereits erfolgversprechende Verhandlungen im Gang. Brugger forderte die systematische Zuziehung eines Erbbiologen in allen Erblichkeitsfragen. [33]

Nicht mehr überraschend ist eine Bemerkung des Psychiaters *Oscar L. Forel,* die sich in dem von ihm herausgegebenen Buch seines Vaters A. Forel «Die sexuelle Frage» findet. Zum Satz: «Minderwertige müssen, soweit es irgend geht, von der Fortpflanzung ausgeschlossen werden», merkt er noch 1946 an: «Vgl. die deutschen Gesetze zur Verhütung erbkranken Nachwuchses von

1933.» [34)] Dieses Gesetz war bereits 1934 von Gütt, Rüdin und Ruttke als Beginn eines neuen Zeitalters in der Medizin gefeiert worden:

«So ist das Gesetz zur Verhütung erbkranken Nachwuchses als der *Beginn eines neuen Zeitalters* im öffentlichen Gesundheitswesen und in der Medizin überhaupt anzusehen. So wie es gelungen ist, die Gefahr der Seuchen zu verringern und die Krankheiten im grossen Umfange zu heilen, so muss es auch gelingen, die Gefahr der Erbkrankheiten zu bannen und diese von Geschlecht zu Geschlecht seltener zu machen.»[35)]

Biologismus in der «psychiatrischen Diagnostik» heute

Die biologistische Betrachtungsweise des Menschen in der Psychiatrie und das damit verbundene sozialdarwinistische Gesellschaftsbild ist bis heute nicht überwunden. Und dies, obschon der Biologismus die Besserstellung der unteren sozialen Schichten und den Kampf gegen Hunger und Armut verhinderte, Kriege rechtfertigte und die millionenfache Tötung von «Minderwertigen» und «Asozialen» ermöglichte. Wie sich zeigen lässt, bestimmt die Erbbiologie noch heute deutlich das Denken und Handeln von vielen Ärzten und Psychiatern. Was ist denn die psychiatrische «Diagnostik» anderes als angewandte Biologie? Wieso wird noch immer auf der Grundlage dieses medizinisch-biologischen Modells «diagnostiziert» und «behandelt», selbst wenn sogar bei der für die herrschende Psychiatrie so entscheidend wichtigen «Schizophrenie» eine «Erkrankung» des menschlichen Gehirns bis heute nicht nachgewiesen werden kann? Die psychiatrische «Diagnostik» nach dem Vorbild der Körpermedizin ist fragwürdig geworden und überholt; sie wird ihrem Anspruch in keiner Weise gerecht.[36)] Die heutige psychiatrische «Diagnostik» ist im wesentlichen dieselbe geblieben wie zu Zeiten von Eugen Bleuler. Es ist den Vertretern der offiziellen Psychiatrie ganz offensichtlich unmöglich, die unselige Hypothese der Vererbung der «Geisteskrankheiten», speziell der «Schizophrenie», fallen zu lassen:

«*Die Annahme ist zwingend*, dass ausser einer ungünstigen Lebenserfahrung noch weitere schädliche Einflüsse in der Genese der Schizophrenien eine ursächliche Rolle spielen. Offensichtlich handelt es sich zur Hauptsache – oder ausschliesslich? – um ungünstige vererbte Entwicklungstendenzen.» (So zu lesen in der massgeblich von Manfred Bleuler unter der Mitarbeit von Jules Angst, Klaus Ernst, Rudolf Hess u.a. redigierten 15. Auflage des von Eugen Bleuler begründeten «Lehrbuches der Psychiatrie» aus dem Jahre 1983.)[37]

In seinem Artikel «Theoretische und klinische Erbpsychiatrie» erwähnt Manfred Bleuler 1942 das Verdienst von Rüdin und Mitarbeitern, die endlich die Diskussion über eugenisch-psychiatrische Fragen auf wissenschaftliche Grundlagen gestellt hätten:

«Wieder ist es vor allem das Verdienst von Rüdin, Luxenburger und Schulz, dass sie sich durch die Misserfolge der Mendelforschung nicht entmutigen liessen, sondern entschlossen neue Wege gegangen sind, die sich ihnen in der Erforschung der empirischen Erbprognose erschlossen. Sie legten dar, dass das Wissen um die Krankheitshäufigkeiten im Erbkreis der Konstitutionskranken auch dann – oder gerade dann – von grundlegender praktischer Bedeutung ist, wenn wir uns noch kein theoretisches Bild über den Erbgang machen können. Auf Grund dieser Zielsetzung ist nach langwierigen Arbeiten endlich Klarheit über die Krankheitshäufigkeiten unter den verschiedenen Verwandten verschiedener Geisteskranken geschaffen worden. Diese Klarheit hat die Diskussion über eugenisch-psychiatrische Fragen zum erstenmal auf wissenschaftliche Grundlagen gestellt.»[38]

Im selben Artikel aus dem Jahr 1942 hatte Manfred Bleuler mit Genugtuung das schweizerische Gesetz über die Ehefähigkeit erwähnt. Und dieses Gesetz war seiner Meinung nach eindeutig ein Ausdruck eugenischen Gedankenguts.

«Als die Erbpsychiatrie vor 35 Jahren bei der Fassung des Gesetzes zu Rate gezogen wurde, hat sie mitgeholfen, *der Eugenik* durch die klar und eindrucksvoll formulierte Bestimmung *Geltung zu verschaffen*: ‹Geisteskranke sind in keinem Falle ehefähig.›»[39]

Und so wird denn bis heute psychisch auffälligen Menschen «Ehefähigkeit» eher bescheinigt, wenn sie sterilisiert oder aus einem anderen Grunde zeugungsunfähig sind:

«Die Beurteilung der Ehe und der ehelichen Verpflichtungen ist einfacher, wenn es sich um eine *unfruchtbare* Ehe handelt, als wenn Kinder zu erwarten sind. (...) *Unter diesen Umständen kann Ehefähigkeit, die vorher nicht bestanden hat, eintreten, wenn eine Sterilisation erfolgt, wenn die Braut das*

Klimakterium erreicht oder wenn eines der Ehewilligen aus einem anderen Grunde zeugungsunfähig ist. (...) Wenn der Gesetzgeber die Eheschliessung Geisteskranker verbot, so geschah das zum Schutze höchster menschlicher Werte. (...) Unheilbarkeit im Sinne des Scheidungsrechtes ist aber schon gegeben, wenn nach allgemeiner ärztlicher Erfahrung eine Heilung nicht mehr zu erwarten ist – selbst wenn Heilungen im Gegensatz zu dieser Erfahrung nicht sicher auszuschliessen sind.[40]

Sinngemäss sind Sterilisationen von Psychiatriepatientinnen – auch ohne dass diese Frauen genau wissen, was mit ihnen geschieht – bis heute keine Seltenheit. Die Autoren des «Lehrbuchs der Psychiatrie» argumentieren also 1983 noch immer ähnlich wie Rüdin 1933 als Kommentator des deutschen «Sterilisationsgesetzes»:

«Denn ob ein Erbkranker einmal oder mehrere Male einen Anfall oder eine Phase seiner Krankheit gehabt hat, ob er sich gerade in der Krankheitsphase selbst oder in der krankheitsfreien Phase befindet, stets ist er gleich erbgefährlich. (...) Daraus folgt, dass *Besserungen, Remissionen*, ja selbst ‹*Heilungen*› (...) *kein Gegengrund zur Unfruchtbarmachung* sind, sondern das Gegenteil. Da ein Erbkranker um so fortpflanzungsgefährlicher ist, je besser es ihm gesundheitlich geht, um so dringender ist die Unfruchtbarmachung geboten.»[41]

Sieht man sich in der heutigen Psychiatrie weiter um, lassen einige Sprachregelungen aufhorchen. Der Basler Psychiatrieprofessor W. Pöldinger bekennt sich zu der «biologischen Psychiatrie» als wichtiger Hauptrichtung der heutigen Psychiatrie – neben der psychodynamischen Psychiatrie und der Sozialpsychiatrie.[42]
Der Basler Psychiatrieprofessor Hans Feer geht in einem Artikel näher auf die biologische Psychiatrie ein: Tiermodelle «endogener Psychosen», so Feer, sind wichtig für die «Psychoseforschung». Tiermodelle sind nur auf dem Boden der Evolutionstheorie möglich, sie ist ein Grundprinzip der biologischen Psychiatrie. Zu den unverzichtbaren Voraussetzungen der Evolutionstheorie gehört die Erblichkeit von anatomischen, physiologischen und psychischen Merkmalen. Ein Unterschied zwischen «anatomischen Merkmalen» einerseits und «Verhaltensmerkmalen» und «Kognition» andererseits wird nicht gemacht. Zu den Grundprinzipien der Evolution gehört auch die «natürliche Selek-

tion».[43] Es muss deutlich festgehalten werden, dass die biologische Betrachtungsweise die Voraussetzung für jeden Einsatz von Psychopharmaka in der Psychiatrie darstellt. Und umgekehrt gaben die Psychopharmaka der biologischen Psychiatrie einen starken Auftrieb.[44] Die «grosszügige» und konsequente Anwendung dieser «Medikamente» förderte zusätzlich die Vorliebe der Psychiater für biologische Modelle und Erklärungsmöglichkeiten.

Zur Ursache der Massenmorde an den Psychiatrie-PatientInnen im NS-Staat findet sich eine Stellungnahme des Zürcher Psychiatrieprofessors Christian Scharfetter. Sein Artikel vermittelt einen Einblick darüber, wie die offizielle Psychiatrie dieses grauenhafte Geschehen bewertet und deutet. Scharfetter unterscheidet sich von seinen Fachkollegen in der Schweiz dadurch, dass er dieses Thema überhaupt zur Kenntnis nimmt und an Erklärungen interessiert ist. Aufschlussreich ist Scharfetters Auseinandersetzung mit dem Buch von Bernhard Pauleikhoff «Ideologie und Mord»[45]. Er beruft sich auf ein «aggressiv-destruktives Potential» im Menschen und ist bemüht, die «biologische Psychiatrie» von jeder Verantwortung und Schuld reinzuwaschen. Er wehrt sich gegen eine Verteufelung der biologischen Psychiatrie als Sündenbock. Er schreibt:

«Sind diese ‹Abgründe der Unmenschlichkeit› (der NS-Psychiatrie) wirklich unmenschlich? (...) Was Einzelne in Ehrgeiz und Machthunger, in der Simplifizierung auf einen positivistischen Empirismus, in der Reduktion auf einen materialistischen Utilitarismus daraus machen, das darf man nicht der Biologie anlasten.(...) Die Stammesgeschichte der Menschheit ist voller Belege für Destruktion innerhalb der Art und gegenseitige Ausrottung. Die Geschichte ist eine Kette von grausamen Zerstörungsakten an Völkern, Kulturen, Religionen.(...) Die psychosozialen Bedingungen für Massenmorde ohne Schuldgefühle sind aufgezeigt worden. Das Milgram-Experiment zeigte die grosse Bereitschaft der ‹normalen› Versuchspersonen, anderen grausame Schmerzen und Schocks zuzufügen.»[46]

1972 bedauern die beiden Professoren Jules Angst und C. Scharfetter in der Psychiatrischen Universitätsklinik Zürich, dass es nach dem Krieg zu einem fast totalen Zusammenbruch der psychiatrischen Erbforschung gekommen sei:

«Einen grossen Fortschritt in der psychiatrischen Erblehre bedeuteten 1916 die von Rüdin eingeführten Berechnungen empirischer Häufigkeitsziffern für Sekundärfälle. (...) Das weitere Schicksal der Erbforschung war unglücklich. Die Kriegswirren und die kriminelle Anwendung missbrauchter Erbhypothesen führten zu einem fast totalen Zusammenbruch der Forschung. Das Wort ‹hereditäre Belastung› wurde vielerorts aus dem Vokabular gestrichen, und die Untersuchungen wurden eingestellt.(...) So kam es, dass sich in der Psychiatrie in den letzten 25 Jahren nur noch wenige Forscher mit der Genetik endogener Psychosen beschäftigten und dass in weltbekannten Forschungszentren für Psychiatrie die genetischen Experten ein kümmerliches Dasein in Dachkammern oder Baracken fristeten.(...) Seit wenigen Jahren ist nun glücklicherweise die Forschung auf dem Gebiete der endogenen Psychosen durch verschiedene genetische Arbeiten im Sinne von Familienuntersuchungen zum Thema der Klassifikation, der Diagnostik und des Zusammenwirkens von Anlage und Umwelt wieder stark in Gang gekommen; in vielen Schriften über die Ursachen dieser geistigen Störungen werden jedoch diese empirischen Befunde geflissentlich übergangen, obwohl sie zu den gesichertsten Aussagen über die Entstehung endogener Psychosen gehören.» [47]

Für die Entstehung der «Schizophrenie» ist für Angst und Scharfetter nur die Erbanlage wesentlich:

«Ein wie weites Spektrum von ‹Umwelt› man immer untersucht hat – es wurde bisher nichts spezifisch Pathogenes gefunden, weder im biologischen noch im psychologischen Bereich. So wird man zur *Annahme gedrängt*, dass die durch ihre Erbanlage zur Schizophrenie disponierte Persönlichkeit unter Umwelteinflüssen, die sich kaum von dem unterscheiden, was auch vielen Gesunden widerfährt, zur psychischen Desintegration kommt, die sich dann als der psychotische Phänotyp zeigt.» [48]

PsychiaterInnen behaupten unermüdlich, dass *Adoptions-* und *Zwillingsstudien* die Vererbung der «Schizophrenien» bewiesen hätten. Ich habe anderswo die Fragwürdigkeit dieser Untersuchungen eingehend besprochen.[49] Sie beweisen in erster Linie, dass Umweltbedingungen wesentlich die Entstehung «schizophrener Symptome» bewirken. Alles übrige bleibt Spekulation. Aber nicht nur das: Immer wieder werden die Untersuchungen von Kallmann, Kety und Rosenthal zitiert. In einer sorgfältigen Untersuchung kommen Lewontin und Mitarbeiter zum Schluss, dass die Daten von Kallmann unglaubwürdig seien.[50] Und die Adoptionsstudien der Gruppe von Rosenthal und Kety «bewiesen» die

Vererbung der «Schizophrenien» auch nur dank verschiedener fragwürdiger Kunstgriffe.[51]

Eine Parallele zu den unermüdlichen Versuchen, die Erblichkeit der «Geisteskrankheiten» zu «beweisen», findet sich in der Intelligenzforschung. Die eindeutigsten «Belege» für die genetische Determiniertheit des Intelligenz-Quotienten lieferte das Lebenswerk des Sir Cyril Burt. Burt hatte die Intelligenz von Zwillingen und weiteren biologischen Verwandten untersucht. Später stellte sich heraus, dass Burt Daten *erfunden* und *gefälscht* hatte.[52]

Um zu «beweisen», dass die «Schizophrenien» und die Intelligenz genetisch determiniert seien, schrecken «Forscher» nicht davor zurück, Kunstgriffe anzuwenden und Resultate zu fälschen. Was genetisch determiniert ist, hat keine oder allenfalls unwesentliche gesellschaftliche Ursachen: Offensichtlich ist es diesen «Wissenschaftlern» äusserst wichtig, immer wieder «nachzuweisen», dass die gesellschaftlichen Verhältnisse für die Ausbildung der menschlichen Persönlichkeit und ihrer «Störungen» unwichtig seien.

Trotz alledem hält sich die etablierte Psychiatrie und ganz besonders die Schweizer Psychiatrie zäh und verbissen an das Konzept der «Schizophrenien» von Eugen Bleuler.

«Das Konzept der Schizophrenien, wie es Eugen Bleuler 1911 entwickelte, hat sich durch mehr als ein halbes Jahrhundert bewährt. Es waren gerade die Erbforschung, zusammen mit Verlaufsuntersuchungen über viele Jahrzehnte (Bleuler, 1941, 1972), die seine Auffassung von der Zusammengehörigkeit vielgestaltiger Geistesstörungen – vielgestaltig hinsichtlich des klinischen Bildes und des Verlaufes – gestützt haben.»[53]

Es lohnt sich, noch etwas ausführlicher auf die Geschichte dieses Konzeptes einzugehen. Die bekannten psychiatrischen «Krankheits»-Bilder sind in keiner Weise vergleichbar mit körperlichen Erkrankungen wie beispielsweise Lungenentzündung. Im Gegenteil: «Endogene Psychosen», die «Schizophrenien» und die «manisch-depressiven Erkrankungen» sind Konstrukte. Emil Kraepelin fasste 1899 gewisse Erscheinungsbilder und Verläufe, die er bei den Insassen seiner Anstalt beobachtet hatte, unter dem Namen «Dementia praecox» zusammen. Es war dann Eugen Bleuler, der im Jahre 1911 den neuen Namen «Schizophrenie» einführte und damit die «Dementia praecox» Kraepelins verdrängte. Die «Schizophrenie» ist mit anderen Worten eine Erfindung, ein Konstrukt oder eine Definition. Und noch wichtiger: Die Begriffe «Dementia praccox» und «Schizophrenie» wurden von Psychiatern am Ende des letzten und zu Beginn des jetzigen Jahrhunderts geschaffen. Ihr «Material» waren Menschen, die unter den damaligen Bedingungen in psychiatrischen Anstalten lebten. Heute ist es unbestritten, dass diese Lebenssituation schwerwiegende Auswirkungen hatte und hat. Kraepelin und Bleuler haben damit im Wesentlichen den «Hospitalismus» ihrer PatientInnen beschrieben.[54)] Erstaunlich, dass PsychiaterInnen immer wieder die Vererbung des Konstruktes «Schizophrenie» beweisen.

Gegen jede Bewertung des Menschen auf Grund seines «Erbgutes»

Die offizielle Psychiatrie auf der ganzen Welt hält eisern am Dogma der Vererbung der «endogenen Psychosen» («manisch-depressive Psychose» und «Schizophrenie») fest. Wurde wirklich vergessen, dass gerade diese krampfhafte Fixierung auf die Vererbung den wesentlichen ideologischen Hintergrund der «Euthanasie-Aktionen» im NS-Staat darstellte? Ohne das Modell der Vererbung der «Geisteskrankheiten» wäre die Aktion T4 nicht möglich geworden. Wohl ist der heutige psychiatrische Alltag dank dem Einsatz der Psychopharmaka relativ befriedet, die Therapien erscheinen korrekt und medizinisch abgesichert. Es gibt sogar psychotherapeutische Abteilungen in psychiatrischen Anstalten, wobei nur für einen kleinen, auserwählten Teil der PatientInnen die Aufnahme in eine dieser Renommierabteilungen «indiziert» ist. Die Grundlagen des psychiatrischen Rassismus bleiben jedoch unverändert bestehen. Am verhängnisvollen Dogma der Vererbung wird erstaunlicherweise noch immer festgehalten. Die Erbhypothese, wie verhalten und zurückhaltend sie auch immer vorgebracht wird, führt grundsätzlich dazu, dass «minderwertigere» von «vollwertigen» und «lebenstüchtigen» Menschen geschieden werden. Selbstverständlich zählt sich der «diagnostizierende» Experte nicht zur Gruppe der «Minderwertigen». Harte, schädigende, «medizinische» Formen der «Behandlung» (Neuroleptika, Elektroschocks) machen den wesentlichen Teil der Psychiatrie aus, wie sie heute betrieben wird. Und es darf nicht vergessen werden, dass dasselbe medizinische Modell der «Geisteskrankheiten» sowohl die Grundlage für die medizinische «Behandlung» von psychisch abweichenden Menschen wie auch für die Ausmerzung von «kranken» Genen darstellt.

Im Gegensatz zur BRD blieb in der Schweizer Psychiatrie nach dem Krieg alles unverändert.[55] Die Schweizer Psychiater hatten ja nichts verbrochen, sie stimmten «nur» mit den «wissenschaftlichen» Grundlagen der NS-Psychiatrie überein.[56] Dieselben Professoren leiteten weiter ihre Anstalten und bestimmen so bis heute, zusammen mit ihren damaligen Untergebenen und heutigen Nachfolgern, Lehre, Forschung und Praxis ihres Faches.

Wieso klammern sich die Psychiater so sehr an die «zwingende Annahme» der Erblichkeit der «endogenen Psychosen»? Wenn die Vererbung gesichert ist, ist zugleich die Familie und die Gesellschaft gerettet. Und es muss nicht mehr nach Ursachen ausserhalb des «kranken» Individuums gesucht werden. So schreibt denn Scharfetter: «Gefährlich ist es, den Patienten als Beleg für die eigene Ideologie zu benutzen oder gar eigene Probleme auf ihn abzuwälzen, indem man ihn zum Opfer krankhafter Familienstrukturen oder gesellschaftlicher Missstände hochstilisiert.»[57] Wer der Meinung ist, dass gesellschaftliche Missstände psychisches Leiden verursachen können, der ist in seiner eigenen Ideologie befangen, er wälzt eigene Probleme auf den Patienten ab. Scharfetter pathologisiert diejenigen, die die gesellschaftliche Situation oder die bei uns üblichen Familienverhältnisse kritisieren.

Die Psychiater, die mit religiöser Ergriffenheit die eugenische «Wahrheit» predigten, waren überzeugt, dass die Degeneration der Erbmasse und damit der Untergang der Menschheit drohte. Offensichtlich erschien ihnen eine rationelle Zuchtwahl, eine Züchtung von guten und besseren Menschen nur mehr die einzige Rettungsmöglichkeit. Dieser Gedanke war Ausdruck ihrer grenzenlosen Resignation. Den heutigen PsychiaterInnen ist die Überwindung der damaligen verhängnisvollen Ansichten in keiner

Weise gelungen. Ihr fanatisches Festhalten an der Erbhypothese der «Geisteskrankheiten» zeigt dies deutlich. Der einzige Unterschied zu der Wortwahl eines August Forel besteht darin, dass die heutigen Aussagen weniger leicht zu durchschauen sind. Die Formulierungen tönen «wissenschaftlicher», sie sind geprägt von der kalten Laboratmosphäre, die den Geist der heutigen Humangenetik prägt. Doch auch die moderne Humangenetik, das darf nicht vergessen werden, zielt auf eine eugenische Praxis.[58] Dennoch können gesellschaftliche Ursachen des menschlichen Leids nicht mehr ignoriert, «krank»-machende Familienstrukturen nicht mehr geleugnet werden. Wer aber nicht an die Möglichkeit konstruktiver Veränderungen glauben will, der bleibt gefangen in einem verhängnisvollen Biologismus, der mit der fatalen Ideologie des «überlebenswerten Tüchtigen» und des «Erbschicksals» verbunden ist.

Ethnischer und psychiatrischer Rassismus im Vergleich

Im Artikel «Der Balken im Auge: Rassismus und Psychiatrie, zur Geschichte und Aktualität der Erbbiologie in der Schweizer Psychiatrie»[1] bin ich bereits auf die enge Verbindung von Rassismus und Psychiatrie eingegangen. Dort konzentrierte ich mich vorwiegend auf historische Gesichtspunkte. Der Massenmord an den Psychiatrie-PatientInnen im NS-Staat kann und darf nicht als spezifisch und ausschliesslich deutsches Problem abgetan werden. Dieses «unverbotene Heilwerk von segensreichster Wirkung»[2] wurde von anerkannten und geachteten Psychiatern geleitet und durchgeführt – Psychiater, die keineswegs verblendet einer Irrlehre anhingen: Sie bewegten sich auf dem Boden von «gesichertem» Fachwissen. Und ihr Vorgehen wurde von ihren Kollegen im Ausland nicht kritisiert. Auf keinen Fall vergessen werden darf die enge Verbindung der Vernichtung von «minderwertigen Elementen» der eigenen Rasse mit dem Versuch der Ausmerzung einer «minderwertigen» Rasse als Ganzes. Der Genozid an den Juden fand auf der Grundlage derselben eugenischen Vorstellungen statt wie die Ermordung der Psychiatrie-PatientInnen.

Doch mit der Aufdeckung dieser historischen Verbindung ist das Thema Rassismus und Psychiatrie keineswegs erschöpft. Die Frage muss gestellt werden, wie weitgehend ethnischer Rassismus und Theorie und Praxis der Psychiatrie grundsätzlich miteinander übereinstimmen. Im folgenden werde ich ausführlich auf diese Frage eingehen.

Willkürliche Bewertung von Unterschieden zur Rechtfertigung von Privilegien und Aggressionen

Die Analyse des Rassismus entnehme ich dem Buch «Rassismus»[3] von Albert Memmi. Memmi, Dozent an der Universität Paris-Nanterre, hat die Definition des Rassismus für die Encyclopedia Universalis verfasst.

Der Rassismus ist die verallgemeinerte und verabsolutierte Wertung tatsächlicher oder fiktiver biologischer, psychologischer oder kultureller Unterschiede zum Nutzen des Anklägers und zum Schaden seines Opfers, mit der Privilegien oder Aggressionen gerechtfertigt werden sollen.[4]

Der Vergleich dieser Definition des ethnischen Rassismus mit der Theorie und Praxis der Psychiatrie ist interessant und aufschlussreich.

Er trägt wesentlich zum besseren Verständnis der mächtigen Psychiatrie bei: Auch die Psychiatrie wertet tatsächliche oder fiktive Unterschiede zum Nutzen des Anklägers und zum Schaden des Opfers. Dass die Psychiatrisierung einen Menschen entwertet, ihm kurz- und langfristig schadet, ihn recht- und wehrlos macht, bestätigt sich immer wieder. Wer sich in psychiatrischen Anstalten und auch unter ehemaligen PatientInnen nur etwas umsieht, wird diese bedauerliche Tatsache leicht erkennen können. Wer aber ist der Ankläger? Bei der Psychiatrisierung eines Menschen sind private und offizielle, oft staatliche AnklägerInnen beteiligt: Familienmitglieder, Ehepartner, Freunde, Lehrer usw. stossen sich am Verhalten eines Menschen. Die Einweisung wird eingeleitet, wenn die eigene Stellung dieser Bezugspersonen durch das veränderte Verhalten des Betroffenen gefährdet ist. Die Psychiatrisierung hat in dieser Situation vor allem das Ziel, Privilegien und Macht zu sichern oder wiederherzustellen. Doch auch der einweisende Arzt und der «diagnostizierende» Psychiater profitieren von der Psychiatrisierung. Wenn einmal die entwertende, stigmatisierende «Diagnose» gestellt ist, dann wird die Ausübung von Gewalt zur selbstverständlichen und «sinnvollen Behandlung»: Zwangseinweisungen, Schläge, Zwangs-«Behandlungen» mit hirnschädigenden Elektroschocks oder Neuroleptika sind effektiv Eingriffe von massiver Gewalt in das Leben von verwirrten, leidenden und hilflosen Menschen. Unbestreitbar, dass Psychiatrie-PatientInnen wissenschaftlich begründet Opfer der Aggressionen ihrer BetreuerInnen werden können.

Immer wieder gibt es Menschen, deren Verhalten von anderen als störend erlebt wird. Gewisse soziale Normen werden von ihnen nicht konsequent genug befolgt.[5] Diese Unterschiede des Verhaltens werden von ihren mächtigeren Kontaktpersonen betont, aufgeblasen und bewertet. Weitere Abweichungen werden dazuerfunden. Bedeutsam ist vor allem, wie die PsychiaterInnen die Entstehung dieser «Störungen», der «Psychosen» oder «Geisteskrankheiten» erklären. Die Betonung ihrer biologischen Natur ist das wesentliche Element des psychiatrischen Rassismus. Psychische Auffälligkeiten werden auf eine fiktive biologische Ursache zurückgeführt. Seit Jahrzehnten wird intensiv nach dem Beweis des biologischen Ursprungs der «endogenen Psychosen» gesucht, obwohl gleichzeitig unermüdlich behauptet wird, dass dieser Beweis schon längst erbracht sei. Und was organisch-biologisch verursacht und schon beim Säugling als Anlage vorhanden ist, muss – wenn es nicht auf eine Schädigung während Schwangerschaft oder der Geburt zurückgeführt wird – vererbt sein. Die Fiktion oder der Mythos der Vererbung der «Geisteskrankheiten» dienen der Rechtfertigung von Macht, Privilegien und Aggressionen. An anderer Stelle habe ich bereits ausführlich beschrieben, dass die Psychiatrie bis heute bei der Frage der Vererbung der endogenen Psychosen nicht über leicht zu widerlegende Behauptungen hinausgekommen ist.[6] Memmis Definition des ethnischen Rassismus ist tatsächlich auch auf die Psychiatrie übertragbar. Der psychiatrische Rassismus entspricht dem ethnischen Rassismus, der sich zwischen Menschen derselben Hautfarbe abspielt.

Die biologische Beschuldigung

Typisch für den Rassismus sind demnach nicht nur Macht, Unterdrückung und Abwertung. Typisch für den Rassismus ist ganz besonders die «biologische Beschuldigung» (Memmi). Sie ist bequem und perfid: «Die Unterlegenheit ist dem Kolonisierten, dem Schwarzen oder der Frau ins Fleisch eingeschrieben, man möchte gar nicht, dass sich daran etwas ändert. Es ist ein Schicksal, und welches Schicksal wäre unabänderlicher als das der Biologie. Der Schwarze ist unwiderruflich schwarz, die Frau unwiderruflich Frau: *Die Biologie ist in der Tat eine Abbildung der Schicksalshaftigkeit.* Das Opfer des Rassisten war hierzu vorherbestimmt und dazu verdammt, es bis ans Ende aller Tage zu bleiben – welch bessere Garantie für die Privilegien gäbe es als die Ewigkeit?»[7] In diesen Aussagen zeigt sich sehr deutlich, dass ethnischer und psychiatrischer Rassismus wie auch Sexismus nah verwandte Phänomene sind. Gemeinsam ist ihnen die biologistische Begründung der «Unterlegenheit» der Betroffenen. Andersrassige, Frauen und «Schizophrene» sind anders als die «normalen», «gesunden», erfolgreichen und leistungsfähigen Männer der westeuropäischen und US-amerikanischen Welt. Doch sie sind nicht nur anders, sie sind auch «minderwertiger» – mit der Feststellung der Andersartigkeit ist stets auch ein negatives Werturteil verbunden. Biologie als Schicksal. Biologische Unterschiede werden hervorgehoben, betont oder – falls sie nicht vorhanden sind – erfunden. Und wenn sie wirklich vorhanden sind, wird damit alles erklärt. Für den Sexismus tönt die «wissenschaftlich» verschleierte Unrichtigkeit dann etwa so: «Weil Frauen sich biologisch von Männern unterscheiden, sind sie für die Hausarbeit und für die Betreuung der Kinder vorbestimmt. Diese Tätigkeiten entsprechen ihrer wahren Natur.» Selbstverständlich wird auch ein Zusammenhang zwischen dieser «natürlichen Begabung» der Frau und ihrem «minderwertigeren» intellektuellen und künstlerisch-kreativen Niveau angenommen. *In der biologistischen Argumentation werden Vorurteile zu «wissenschaftlichen» Aussagen.* So wie der tatsächliche biologische Unterschied die Unterdrückung der Frauen «rechtfertigt», so «rechtfertigt» der fiktive biologische Unterschied die Unterdrückung der «Geisteskranken». Und auch die Unterdrückung der Angehörigen fremder Rassen wird mit derselben fadenscheinigen Argumentation begründet. Ihre Abweichungen vom psychischen Verhalten der westlich-europäischen Menschen werden auf Grund von tatsächlicher oder fiktiver biologischer Andersartigkeit als schicksalshaft vererbte «Minderwertigkeit» betrachtet.

Zwischenbemerkung

Zweifellos ist die Theorie und Praxis der Psychiatrie rassistisch. Dennoch soll diese Aussage noch präzisiert werden. Exakter ist die folgende Feststellung: Die «biologische Psychiatrie» ist rassistisch, die Psychiatrie also, die den Umgang mit psychischem Leid, psychischen Auffälligkeiten usw. auf vererbte medizinisch-biologische Ursachen zurückführt, die Psychiatrie auch, die diese «Störungen» oder «Abnormitäten» medizinisch-biologisch «behandelt» – mit Psychopharmaka, mit Elektroschocks usw. Es werden in der heutigen Psychiatrie jedoch auch «Behandlungs»-Methoden angewendet, die nicht rassistisch sind. Dies ist sicher dort der Fall, wo versucht wird, die Ursachen von psychischem Leiden psychologisch zu verstehen und psychotherapeutisch zu verändern. In der Ergotherapie haben die Betroffenen die Möglichkeit, ihre psychische Problematik bildnerisch-gestalterisch darzustellen und aufzuarbeiten; auch sie ist eindeutig nicht-rassistisch. Doch für die offizielle und anerkannte Psychiatrie, die an unseren Universitäten gelehrt und in unseren Anstalten praktiziert wird, sind dies nebensächliche, unbedeutende Hilfsmittel. Im von Zwang, Gewalt und Unfreiheit geprägten Umfeld unserer «Irren»-Häuser verlieren auch sinnvolle, nicht-biologistische, theoretische und therapeutische Ansätze weitgehend ihre Wirksamkeit. Die Schädigungen, hervorgerufen durch die «Diagnose», die Hospitalisation und die «Medikamente», überwiegen in jeder Hinsicht.

Die Angst vor dem Andersartigen und Unverständlichen

Memmi verweist auf das Unbehagen, das Erschrecken vor dem Andersartigen als eine der Quellen oder Ursprünge des Rassismus. Was anders ist, befremdet, macht Angst. «Und vom Erschrecken zur Feindseligkeit und von der Feindseligkeit zur Aggression ist es immer nur ein kleiner Schritt.»[8] Wer sich fürchtet, der ist gefährlich. Die sich fürchtenden «Normalen» bedeuten für Menschen mit abweichendem Verhalten eine fortwährende Bedrohung. Der Mythos der «Geisteskrankheiten», die «Diagnostik» und die medizinisch-biologischen «Behandlungs»-Methoden der Psychiatrie können als Versuch verstanden werden, Angst zu bewältigen, die Angst vor Menschen, die sich nicht so benehmen, wie wir das erwarten und wünschen. *Die Psychiatrie bannt eine Angst.* Und diese Menschen, die Anstoss erregen wegen ihrer Andersartigkeit, verhalten sich nicht nur anders, sondern sie erleben auch anders; ihr Innenleben unterscheidet sich offensichtlich von demjenigen der «Gesunden». Speziell und ausserordentlich erscheint mir die Tatsache, dass dieses andersartige Verhalten und Erleben der «Geisteskranken» im Grunde gar nicht unverständlich ist. Vielmehr wird klar, dass es sich dabei um allgemein menschliche Möglichkeiten des Erlebens und Verhaltens handelt. Wer offen, ruhig und unvoreingenommen in sich hineinhorcht, der wird mit Sicherheit Tendenzen dieser Art in und an sich selbst feststellen. Der «Geisteskranke» steht uns näher als beispielsweise der dunkelhäutige Mensch, weil das Schicksal des «Geisteskranken» ein Schicksal ist, das jeden und jede jederzeit einholen kann. Fremd und nah zugleich sind uns die «Geisteskranken»; ihre Nähe macht sie ganz besonders bedrohlich. Doch wenn dieses Schicksal biologisch-genetisch im «Kranken» verankert ist, kann es den «gesunden» Teil der Bevölkerung nicht mehr behelligen. Ihre Angst, ihre Aggressionen können die «Gesunden» auf die «manifest oder latent Kranken» projizieren. Von der Angst zur Feindseligkeit und von der Feindseligkeit zur Aggression ist es nicht weit! Menschen mit «schizophrenem» oder «manisch-depressivem» «Erbgut» sind gefährdet, Opfer der psychiatrischen Aggression zu werden. Doch was kümmert das die «Gesunden»; sind sie doch Träger des «makellosen» genetischen Materials, das die Gesellschaft der Zukunft auszeichnen soll.

Doch die Angst der ethnischen und psychiatrischen Rassisten vor dem Unbekannten, Fremden und Ungewohnten hat selbstverständlich auch Auswirkungen auf die andere Seite hin, auf die Angehörigen fremder Ethnien und auf die «Geisteskranken». Der Rassist quält seine Opfer real, doch er zielt mit seiner unheilvollen Botschaft auch auf ihr inneres Erleben. Seine biologistischen Theorien, seine «wissenschaftlich» formulierten Erfindungen über den Minderwert der Juden, Türken und auch der «Geisteskranken» haben Folgen. Sie alle sind dieser unheilvollen Botschaft ausgeliefert. Der Schwächere und Abhängige müsste übermenschliche Kräfte haben, um sich auf die Dauer erfolgreich gegen diese Mythen zu wehren. Es ist kaum möglich, sich diesem hartnäckig und sich stetig verbreitenden Vorurteil zu widersetzen.

Die Angst des Rassisten vor dem Fremden hat dramatische Auswirkungen auf das Selbstgefühl und auf die Identität der Angehörigen anderer Ethnien und der «Geisteskranken». Diese

Angst ist ein wesentlicher Ausgangspunkt für die Erzeugung des schwierigen und unverständlichen Verhaltens derjenigen Menschen, die, getarnt durch pseudowissenschaftliche Theorien, diskriminiert und unterdrückt werden.[9] Damit bewirken die sich fürchtenden Mächtigeren genau dasjenige Phänomen, das sie unermüdlich und unerbittlich auszumerzen versuchen.

Hilflosigkeit lähmt, Widerstand ist lebenswichtig

Überlegungen von *Erich Fromm* können diese Zusammenhänge noch weiter erhellen: «Der Mensch kann die Wahrheit erkennen und kann lieben; wird er aber – nicht nur körperlich, sondern in seiner Totalität – durch eine ihm überlegene Gewalt bedroht, wird er also hilflos und verängstigt, dann ist auch sein Geist, dessen Funktion gestört und gelähmt wird, davon betroffen. Die lähmende Wirkung der Macht beruht nicht nur auf der Furcht, die sie erweckt, sondern gleichermassen auf einem von ihr ausgehenden Versprechen: dem Versprechen, dass die Machthaber auch in der Lage seien, die ‹Schwachen›, die sich unterordnen, zu schützen und für sie zu sorgen; dass sie dem Menschen die Bürde der Ungewissheit und der Verantwortung für sich selbst abnehmen können, indem sie die Ordnung garantieren und dem einzelnen einen Platz innerhalb dieser Ordnung zuweisen, der ihm ein Gefühl der Sicherheit gibt.(...) Indem er (der Mensch, mr) sich der Macht unterwirft, verliert er *seine* Macht. Er verliert die Kraft, alle seine Fähigkeiten zu gebrauchen, die aus ihm erst wirklich einen Menschen machen.»[10] Wer von einer überlegenen Gewalt bedroht wird, wer hilflos und verängstigt ist, der ist davon nicht nur in seiner körperlichen Existenz betroffen, nein, auch sein Geist, sein Fühlen und Denken werden dadurch verändert, unterdrückt und gelähmt. Genau dies ist die Situation, in der sich Psychiatrie-PatientInnen befinden. Ich will hier nur die Stichworte Zwangseinweisung und Zwangs-«Behandlung» nennen. Jeder Insasse weiss davon und hat solche Eingriffe selbst erfahren oder miterlebt. Wer sich mit seinem Anstaltsdasein und der damit verbundenen fortwährenden Bedrohung abgefunden hat, wer keine bewusste Widerstandshaltung einnimmt, hat damit die Verantwortung an

Mächtigere abgegeben. Er ist auf das Versprechen, dass für ihn bestmöglichst gesorgt wird, eingegangen. Aber damit hat er weitgehend die Möglichkeit des eigenständigen Denkens und Fühlens aufgegeben und verliert auch bald die Fähigkeit, sein Leben, seine Zukunft selbständig zu beurteilen und zu planen: Neben der Gewalt, neben der zum Teil bleibenden Hirnschädigung durch Neuroleptika findet etwas statt, das häufig übersehen wird. Dadurch, dass der Psychiatriepatient sich einer ihm überlegenen Macht unterworfen hat, verliert er seine eigene Macht, seine Individualität und Autonomie. Er wird entscheidend in seinem eigensten und innersten Bereich getroffen. Es bleibt ihm nichts anderes übrig, als die biologistischen Vorurteile, die die PsychiaterInnen über seine Person, über sein Denken, Fühlen und Erleben haben, zu übernehmen. «Seine eigene Stimme kann ihn nicht auf sich selbst zurückrufen; er hört sie nicht, da er nur noch auf diejenigen hört, die über ihn Macht haben.»[11] Dieser Zustand der extremen, durch äussere Macht erzwungenen Fremdbestimmtheit ist genau das, was als «irr», «verrückt», «geisteskrank» oder «psychotisch» bezeichnet wird. Den hochgradig verwirrenden und verunsichernden Vorgang, bei dem einem abhängigen Menschen von aussen der Inhalt seiner Gefühle, seiner Wahrnehmungen, ja seiner Identität mitgeteilt und aufgezwungen wird, hat Ronald D. Laing Mystifizierung genannt und als Ursache für die Entstehung von «schizophrenen Symptomen» erkannt.[12] Perfid ist dieser Vorgang ganz besonders, weil der Stärkere immer auch um Verständnis wirbt. Zusätzlich zu den Mythen über ihren eigenen Minderwert sollen die Ohnmächtigen gleich auch noch glauben, dass alles, bis hin zur Gewalt, gutgemeint sei. Und selbst die verwirrende Feststellung, dass seine BetreuerInnen sich vor ihm fürchten, muss der Schwächere respektieren und sogar voller Verständnis verstehen. Eine verwirrendere, unwirklichere Situation als diejenige der Psychiatrie-PatientInnen ist kaum vorstellbar. Die Gesetze ihrer äusseren und inneren Wirklichkeit werden restlos von den PsychiaterInnen bestimmt. Mit dem Ausdruck «Selbst-Auflösung» kann dieser Vorgang zusammengefasst werden. Und diese Feststellung deckt sich mit der Aussage, dass die Psychiatrie «krank» oder «verrückt» macht; sie verstärkt oder erschafft zu einem wesentlichen Teil das Leiden ihrer PatientInnen.

Aus diesen Überlegungen ergibt sich eine wichtige und schwerwiegende Konsequenz. Auch Menschen, die in den Machtbereich der Psychiatrie geraten, dürfen das Ziel, eine Widerstandshaltung zu erlangen, nie aufgeben. Es darf nicht vergessen werden, dass auch unter extremen Bedingungen die Möglichkeit besteht, sich zu wehren. Widerstand, so schwierig und unwahrscheinlich seine praktische Durchführung auch erscheinen mag, ist nötig, ist unumgänglich. Nur so kann der Fiktion der Schicksalshaftigkeit der biologischen «Minderwertigkeit» begegnet werden. Denn derjenige, der keinen Widerstand leistet, übernimmt das Gesetz, die Theorien und die Ansichten derjenigen, die Macht über ihn ausüben; er wird innerlich verändert, gleicht sich ihren Vorstellungen an, wird gleichsam ihr Geschöpf. Doch dieses Schicksal kann überwunden werden; die Aufgabe allerdings ist äusserst anspruchsvoll und gefährlich. Tröstlich ein Satz von Hannah Arendt, den sie im Zusammenhang mit dem mutigen Aufstand der Juden im Warschauer Ghetto niederschrieb: «Es ist offenbar: Wenn man das, was als ‹Schicksal› auftritt, nicht akzeptiert, ändert man nicht nur dessen Gesetzmässigkeiten, sondern auch die Gesetze des Feindes, der Schicksal spielt.»[13] Als Folge des Widerstandes würde sich demnach nicht nur die innere Situation der PsychiatriepatientInnen verändern, sondern auch die Gesetze der mächtigen PsychiaterInnen. Wer weiss? Denn mit der Zeit verliert der sich wehrende «Minderwertige», der siegreiche Schwache, der erfolgreiche Ohnmächtige seine Stigmata, und er gewinnt unübersehbar eine neue Identität. Die «Minderwertigkeit» einer Menschengruppe kann kaum weiterhin verkündet werden, wenn es einer zunehmenden Anzahl dieser «Minderwertigen» gelingt, sich zu wehren, sich durchzusetzen und unabhängig und selbstbestimmt zu leben.

Das rassistische Vorurteil verhindert die kreative Austragung von Auseinandersetzungen und Konflikten

«Als konkrete Erfahrung ist er (der Rassismus, mr) ein Verhältnis zwischen zwei bestimmten Individuen, die in eine zerstörerische Auseinandersetzung verwickelt sind und jeweils einer eigenen Welt angehören. Obwohl er für sich ein gänzlich negatives Bild des anderen beansprucht, wie es durch den verzerrenden Nebel der Vorurteile erscheint, ist der Rassismus doch auch die Erfahrung des anderen, in dessen Unergründlichkeit und Reichtum.»[14)] Auch diese Aussage von Memmi über den ethnischen Rassismus ist auf die Psychiatrie übertragbar. Bevor ein Mensch psychiatrisiert wird, finden intensive, hochgradig emotionale, zerstörerische und oft auch chaotische Auseinandersetzungen statt. Für seine Angehörigen bedeutet der Mythos der «Geisteskrankheiten» kein abstraktes, theoretisches «Wissen». Sie greifen aktiv auf die Psychiatrie, auf ihre Erklärungen und Deutungen wie auch auf ihre tatkräftige Hilfe zurück, wenn sich Lösungen des gesunden Menschenverstandes nicht mehr leichthin ergeben; dann auch, wenn sie das Verhalten einer Bezugsperson nicht mehr einornden und verarbeiten können und wenn sie keine Hoffnung mehr haben, durch eigenes Handeln die Situation wieder erträglich zu gestalten. Was noch erträglich ist, entscheiden die Angehörigen auf Grund ihrer subjektiven und willkürlichen Beurteilung der Situation. Der Betroffene hat kaum je etwas dazu zu sagen. Meistens suchen diejenigen, die die Einweisung fordern und einleiten, nach einer Möglichkeit, die alte Situation, das alte Beziehungsgefüge, ihre Macht und ihre Privilegien wiederherzustellen; sie versuchen, das störende Individuum soweit zu bringen, dass es seine Rolle, seine Aufgaben und Verantwortungen wieder so übernimmt, wie dies vor dem Ausbruch des aktuellen Konflikts der Fall war. Die Hilfe, die der beigezogene Psychiater zu bieten hat, ist destruktiv. Vorurteile bestimmen von da an den Gang der Dinge. Und diese Vorurteile verhindern die Lösung der Konflikte durch konstruktive Auseinandersetzungen zwischen den Beteiligten. Genau hier müsste angesetzt werden. Zur Vermeidung destruktiver Entwicklungen von Konflikten sollten brauchbare Modelle und Unterstützung angeboten werden. Wenn der Ausweg, den die Psychiatrie anbietet, gar nicht existieren würde, müssten kreativere Wege ins Auge gefasst werden. Folgende Möglichkeiten bieten sich an: Die Beziehung zwischen den Beteiligten kann verstanden und, wo nötig, verändert werden. Doch auch grössere Distanz oder gar der Abbruch jeglichen Kontaktes vermögen nicht selten die gefährliche Situation wesentlich zu entspannen. Menschen können sich auseinanderleben. Beziehungen werden nur dann zerstörerisch, wenn die

Beteiligten sehr eng miteinander verbunden sind. Die Psychiatrisierung des schwächeren Partners (des Kindes, der Mutter usw.) bietet den «Vorteil» der Fixierung des ursprünglichen Zustandes. Schwach bleibt schwach, unselbständig bleibt unselbständig. Doch nicht nur das. Psychiatrisierung bedeutet Verunsicherung – durch die Isolation in der Anstalt, durch die stigmatisierende «Diagnostik», durch die invalidisierenden «Medikamente». So muss denn die obenstehende Aussage sogar noch verschärft werden: Schwach wird zusätzlich geschwächt, der Unselbständige wird noch unselbständiger und hilfloser. Die mögliche Änderung, der mögliche Ausbruch aus hemmenden und blockierenden Lebenssituationen wird verhindert. Es ist deshalb unerlässlich, die Hintergründe des psychiatrischen Rassismus von allen möglichen Seiten zu beleuchten und zu analysieren. Nur so, nachdem dessen Hintergründe verstanden sind, wird eine Veränderung, ein konstruktiverer und menschlicherer Umgang mit psychisch Abweichenden möglich. Aber die herrschende Situation – gestützt und gefestigt durch pseudowissenschaftliche, biologistische Theorien – ist zu verlockend; sie bietet emotional denjenigen, die davon profitieren können, zuviel. Und profitieren können davon alle ausser den Betroffenen selbst. Dass dies nur eine Schein-Lösung ist, dass der Weg, den die Psychiatrie anbietet, letzlich auch die psychische Entfaltung der Menschen, die eng mit den Betroffenen verbunden sind, blockiert und zerstört, zeigt sich erst später. Der gängige Weg ist bequem, der Weg der echten und aufrichtigen Auseinandersetzung zwischen Menschen, die sich zu verstehen versuchen, ist anstrengend; er bietet vor allem keine einfachen und schnellen Lösungen an. So argumentieren die Vertreter der offiziellen, biologisch ausgerichteten Psychiatrie mit Sachzwängen: Irgend etwas muss doch gemacht werden, gefährliche Situationen und Auseinandersetzungen können nicht einfach sich selbst überlassen werden. Ich sehe dies anders: Wenn endlich einmal auf die stigmatisierenden und invalidisierenden psychiatrischen «Diagnosen» und die hirnschädigenden medizinisch-biologischen «Behandlungs»-Methoden verzichtet würde, dann würden sich kontruktivere und kreativere Formen des Umgangs mit psychischen «Störungen» viel leichter finden und auch durchführen lassen. Die Möglichkeiten und Fähigkeiten, ohne fremde Hilfe mit schwierigen Konflikten umzugehen, würden deutlich zunehmen. Viele Menschen müssten gar nicht mehr psychiatrisch «behandelt» werden. Zudem wäre das nicht-psychiatrische Betreuungsangebot für kompliziertere und weiter fortgeschrittene Situationen und Konflikte viel leichter aufzubauen. In solchen Fällen braucht es vorerst Distanz zwischen den beteiligten, ineinander verbissenen Menschen. Wohn- und Lebensraum, gesichertes Essen sollte demnach verfügbar sein. Hilfe müsste angeboten werden für die Aufarbeitung der Zustände, die auslösend waren für die Entstehung der bestehenden, gespannten, quälenden und unerträglichen Situation. Dies nur als Angebot – aufgezwungene Hilfe ist immer schlechter als keine Hilfe. Was vor allem nicht geschehen darf: Es dürfen keine stigmatisierenden «Diagnosen» gestellt, keine «medizinisch»-biologischen «Behandlungs»-Methoden angewendet werden. Und dann müsste um jeden Preis vermieden werden, dass die ehemaligen Insassen sozial absteigen. Damit dieses Ziel überhaupt einmal erreicht werden kann, muss unermüdlich gegen den Mythos der schicksalshaft ausbrechenden «Geisteskrankheiten», der «endogenen Psychosen» angekämpft werden. Die Biologie als dämonisierendes Schicksal – die biologistische Betrachtungsweise menschlichen Verhaltens, der menschlichen Psyche und ihrer «Störungen» – ist Ausdruck einer unheilvollen Ideologie: Sie fixiert Ungleichheiten, Ungerechtigkeit und die Unterdrückung vieler Menschen. Jeder Schritt, der sich von der verhängnisvollen Ansicht der biologischen Determiniertheit der menschlichen Psyche absetzt, ist ein Schritt hin zu mehr Menschlichkeit. Mit dem Verzicht auf das biologisch-medizinische Modell der «Geisteskrankheiten» kann psychisches Leiden nicht mehr als ein unverständlicher und unerklärlicher Schicksalsschlag verstanden werden. Damit erscheint nicht nur das Leiden, sondern die menschliche Existenz als Ganzes in einem hoffnungsvolleren Licht. Und diese hoffnungsvolle Wende ist letztlich gar nicht so unmöglich, wie es heute erscheinen mag, denn der rassistische Umgang mit psychischen «Störungen», Auffälligkeiten und Abweichungen, wie auch derjenige mit fremden Ethnien, ist eindeutig ein gesellschaftliches Phänomen. Unser Verhalten all diesen Menschen gegenüber könnte anders sein, wie dies in früheren Zeiten und anderen Kulturkreisen tatsächlich der Fall war und ist. «Alles in allem *ist der Rassismus eine kulturelle – ge-*

sellschaftliche und geschichtliche – Gegebenheit.»[15] Und was aus gesellschaftlichen, geschichtlichen und damit auch klar verständlichen Gründen entstanden ist, kann verändert werden – dann nämlich, wenn die gesellschaftliche Situation, das gesellschaftliche Bewusstsein dies erlaubt. Doch vorläufig verhindert die «wissenschaftliche» Untermauerung des psychiatrischen Rassismus leider weitgehend eine Veränderung der bestehenden unerfreulichen Situation.

Den anderen in dessen Unergründlichkeit und Reichtum wahrzunehmen, wie Memmi es sehr schön ausgedrückt hat, wäre das wichtige und lohnende Ziel; doch für den Rassisten wird der andere zu einem als «minderwertig» vorbestimmten, unveränderlichen, kaum mehr menschlichen Etwas. Mit diesem bedauerlichen Vorgang wertet er, ohne sich dessen bewusst zu sein, genauso sich selbst ab. Das klassifizierende, vorurteilsbeladene, biologistische Denken des Rassisten macht den Menschen zu einem armseligen und starren Wesen.

Verdrängung der Schuldgefühle

Ein wichtiger Antrieb für den Rassismus sind Schuldgefühle oder das schlechte Gewissen. Privileg und Unterdrückung sind ein guter Nährboden für den Rassismus.[16] Der Rassismus rechtfertigt ein Verhalten, das sonst als nicht vertretbar und unmenschlich erscheinen würde. Der Rassismus ermöglicht es dem Rassisten, seine eigene Schuld auf sein Opfer abzuwälzen: Das Opfer ist dermassen «minderwertig», dermassen niederträchtig, dass es ein anderes Verhalten des Rassisten gar nicht verdienen würde, ja, in der gegebenen Situation gibt es gar keine andere Möglichkeit; der Rassist tut sein Bestes, im Grunde meint er es gut mit den Juden, den Schwarzen oder den Türken. Die Ursache der Unterdrückung oder der Anwendung von Gewalt ist nicht etwa in der psychischen Verfassung des Rassisten zu suchen; er kann nicht anders, die Umstände zwingen ihn dazu. Ein wesentliches Element dieser Rechtfertigung ist die biologisch-«wissenschaftliche» Theorie, ohne sie könnten all die Unmenschlichkeiten auf die Dauer niemals ausgeübt werden. Dies gilt für den ethnischen Rassismus, und in der

Psychiatrie ist es nicht anders. Mit Hilflosigkeit und Angst steht unsere Fachwelt vor psychischen Abweichungen, Auffälligkeiten und Leidenszuständen. Dies ist, wie gesagt, eine wesentliche Ursache dafür, dass die Ausübung von Gewalt einen bedeutenden Teil des psychiatrischen Alltags darstellt. Wer als «schizophren» oder «manisch-depressiv» «diagnostiziert» ist, muss mit dem Schlimmsten rechnen. Er kann gewaltsam festgenommen, eingesperrt und «behandelt» werden. Die Fiktion der biologischen Ursache der «endogenen Psychosen» bedeutet die wesentliche Rechtfertigung für die Anwendung der medizinisch-biologischen «Behandlungs»-Methoden. Und auch die Fiktion der vererbten Schicksalhaftigkeit dieser «Erkrankungen» ist unverzichtbarer Bestandteil dieser Rechtfertigung. Die psychiatrische Anwendung von Gewalt, die fortgesetzte Schädigung von Menschen durch psychiatrische «Behandlungs»-Methoden wäre ohne diese medizinisch-biologische Begründung niemals zu vertreten. Deshalb werden die PsychiaterInnen unterbrochen ihre dilettantischen Forschungsprojekte weitertreiben und gleichzeitig fortwährend behaupten, dass die biologische Ursache und die Vererbung der «endogenen Psychosen» seit langem eindeutig nachgewiesen sei. Und deshalb auch wird die offizielle Psychiatrie niemals ernsthaft auf nichtbiologische Erklärungsmöglichkeiten dieser psychischen «Störungen» eingehen. Wenn die Psychiatrie-PatientInnen nicht mehr als medizinisch-biologisch «krank» bezeichnet, wenn ihre «Störungen» als gesellschaftlich bedingtes und psychologisch verständliches Leiden gelten würden, dann müssten die organisch schädigenden Eingriffe schlicht und einfach als Verbrechen bezeichnet werden. Dann müsste mit grossem Einsatz versucht werden, die gesellschaftliche Situation zu verändern. Gleichzeitig würde klar, dass sinnvolle Hilfe für die Betroffenen darin besteht, die individuelle psychologische Ursache ihrer «Störung» zu verstehen und auch sie, wenn immer möglich, zu verändern. Die Schuld an der unerfreulichen Situation, an Durcheinander, Verwirrung und Leid könnte nicht mehr einseitig den Schwächsten angelastet werden. Die psychiatrisch sanktionierte Erzeugung von Sündenböcken wäre damit zu Ende − für immer.

Dem Schicksal gegenüber sind Menschen machtlos, da wird es verständlich, wenn die Ansprüche zurückgeschraubt werden, da wird ein resignatives Verhalten logisch und sinnvoll. Es kann als Erfolg gewertet werden, wenn die äussere Situation beruhigt wird, wenn Betroffene «medikamentös» gedämpft und gelähmt und lebenslang betreut werden. Da wird es auch vertretbar, dass das Risiko der bleibenden Hirnschädigung leichthin eingegangen wird. Es sieht nicht so schlimm aus, wenn biologisch «minderwertige» menschliche Gehirne durch Neuroleptika oder Elektroschocks zusätzlich geschädigt werden. Bei vollwertigen Menschen könnten diese «Therapien» kaum angewendet werden. Die Fiktion der biologischen Schicksalhaftigkeit entschuldigt die Erfolglosigkeit, die Hilflosigkeit und Angst der PsychiaterInnen. Ja, sie macht sogar die unselige Idee der Ausmerzung verständlich. Biologisch «minderwertige» Rassen würden am besten vom Erdboden verschwinden. Sie nützen nichts, sie schaden nur. Auch biologisch «minderwertige» «Schizophrene» oder «Manisch-Depressive» würde es besser gar nicht geben; sinnvoll jedenfalls, wenn «einsichtige» WissenschaftlerInnen darum besorgt sind, dass diese Menschen sich nicht fortpflanzen. Denn das biologische Schicksal, die vererbte «Minderwertigkeit» dieser Menschen, bleibt unverändert weiterbestehen, auch wenn sie sich so «gesund» und «normal» fühlen und verhalten, wie das nur immer möglich ist. Die Gefahr ist auch dann noch nicht endgültig gebannt. Biologisch unterscheiden sie sich kaum von akut erkrankten «PsychotikerInnen»; auch ihre Nachkommen sind gefährdet. Im Sinne dieser rassistischen Ideologie hat derjenige, der biologisch «minderwertige» «schizophrene» oder andersrassige Menschen ausmerzen will, im Grunde eine gute Absicht: Er will die Menschheit verbessern und überlebensfähiger machen; gleichzeitig will er den Betroffenen Leiden und ein unvorteilhaftes Schicksal ersparen. Er wird im Verständnis seiner fiktiven, «wissenschaftlichen» Theorie zu einem richtiggehenden Wohltäter der Menschheit. Die biologische Verursachung der «Geisteskrankheiten» und der Mythos ihrer Vererbung sind dermassen wichtige Grundpfeiler der Psychiatrie, dass sie aus ihr nicht wegzudenken sind. Eine Psychiatrie, die auf diesen beiden Grundannahmen nicht mehr stur und starr beharren würde, könnte gar nicht mehr als Psychiatrie bezeichnet werden.

Hass erstickt Schuldgefühle

Doch nicht nur die Privilegien und die nicht zu übersehende Tatsache der Unterdrückung von Menschen verlangen nach Rechtfertigung. Auch der nicht zu übersehende Hass des Rassisten muss als gerechtfertigt erscheinen. Denn Hass gilt als unmoralisch; in unserer Kindheit wird uns immer wieder mitgeteilt, dass Hassen verboten ist. «Die herrschende Minderheit dagegen hasst aus Furcht vor der Rache der Unterdrückten, aber auch, weil sie die Massen hassen *muss*, um ihr eigenes Schuldgefühl zu ersticken und die Richtigkeit ihres ausbeuterischen Verhaltens zu beweisen.»[17] Erich Fromms Aussage beschreibt treffend Gegebenheiten des ethnischen Rassismus: Eine weisse Minderheit beherrscht und unterdrückt beispielsweise eine schwarze Mehrheit. Das Risiko ist ziemlich gross, dass sich bei den weissen Kolonisatoren früher oder später Schuldgefühle einstellen werden. Denn sie wissen genau, was sie tun. Auch weisse SüdafrikanerInnen haben Augen, auch sie sehen ihre Lebenssituation neben derjenigen der Eingeborenen. Doch für sie ist auch die Gefahr evident, dass sich die Unterdrückten rächen könnten. Die weisse Minderheit hat also guten Grund, sich zu fürchten. Und wer mir Angst macht, den hasse ich; kaum erklärlich, wenn ich denjenigen, der mich jederzeit ermorden könnte (auch wenn dies kaum je vorkommt), lieben und achten würde. Leicht nachvollziehbar dieser Mechanismus: Verständlicher und einfühlbarer Hass erstickt Schuldgefühle. Und der Biologismus unterstützt auch diesen Vorgang. Wenn die Schwarzen prinzipiell und für immer biologisch «minderwertige» Menschen sind, dann darf ihre äussere Lebenssituation ruhig deutlich erbärmlicher sein als diejenige der rassisch «hochwertigen» Weissen. Hass und Verachtung sind also leicht erklärlich; sie sind hier eine direkte Folge der Verletzung der Prinzipien von Gleichheit und Gerechtigkeit.

Wie steht es nun aber mit der Gültigkeit der oben zitierten Aussage von Fromm für die Psychiatrie? Fürchten sich die PsychiaterInnen vor der Rache ihrer «Schützlinge»? Ist es so, dass PsychiaterInnen ihre PatientInnen hassen *müssen*, um ihre eigenen Schuldgefühle zu ersticken? Wenn erst einmal fachmännisch festgestellt ist, dass sie «behandlungs»-bedürftig sind, dann haben die

Psychiatrie-PatientInnen ihr Selbstbestimmungsrecht weitgehend verloren. Sie können zwangsweise eingesperrt werden, und sie können vor allem auch gegen ihren Willen «medikamentös behandelt» werden. Zur weiteren Erhellung von Schuld und Hass der PsychiaterInnen soll noch einmal präzisierend auf die Wirkungsweise der bereits erwähnten Neuroleptika eingegangen werden. Neuroleptika, wie prinzipiell alle medizinisch-biologischen «Behandlungs»-Methoden der Psychiatrie, entfalten ihre Wirkung ausschliesslich durch unspezifische (vorübergehende oder bleibende) Hirnschädigung.[18] Anders als bei den Methoden der körperlichen Medizin verändern psychiatrische «Behandlungen» direkt und zum Teil bleibend die Persönlichkeit der PatientInnen. Neuroleptika wirken gezielt auf die menschliche Psyche: Die Gefühlswahrnehmung, die Kreativität, die intellektuelle Leistungsfähigkeit, die Entscheidungsfähigkeit der Betroffenen wird beeinträchtigt; sie sind nicht mehr in der Lage, ihr Leben zu geniessen oder zu erleiden. Sie sind in ihrem Mensch-Sein verändert. Und dies ist in keiner Weise vergleichbar mit den Nebenwirkungen der medikamentösen Therapie von körperlichen Erkrankungen. Was die tägliche Konfrontation mit PatientInnen, die unübersehbar deutliche Anzeichen von Hirnschädigung aufweisen, für die PsychiaterInnen bedeutet, ist nicht einfach abzuschätzen. Denn diese Symptome sind unwiderlegbar die Folge ihrer «Behandlung», ihrer Verordnungen. Und sie wissen genau, dass die Gefahr besteht, dass diese PatientInnen lebenslang hirngeschädigt bleiben – auch dies als Folge der «Behandlung».[19] Die Anwendung der Neuroleptika ist umstritten. Es gibt in verschiedenen Ländern ernstzunehmende Fachleute, die sich gegen die Verwendung dieser «Medikamente», ja sogar für ein Verbot aussprechen. Auch überzeugte Vertreter der «biologischen Psychiatrie» wissen und geben zu, dass unter anderen Bedingungen, als sie in psychiatrischen Anstalten möglich sind, sogar sogenannt «psychotische» Zustände ohne den Einsatz von «Medikamenten» (oder anderer medizinisch-biologischer «Behandlungs»-Methoden) zu überstehen sind. Gründe für Schuldgefühle der PsychiaterInnen wären also reichlich vorhanden. Allerdings habe ich nie gelesen oder gehört, dass diese Schuldgefühle wahrgenommen oder gar zugegeben werden. Ist es Hass, Hass der PsychiaterInnen auf ihre PatientInnen, der diese

Schuldgefühle erstickt? Hassen PsychiaterInnen? Kann prinzipiell nur derjenige, der hasst, diese hirnschädigenden und gelegentlich auch tödlichen «Behandlungs»-Methoden anwenden? Braucht es Hass, um auf die Idee der dringenden Notwendigkeit von eugenischen Massnahmen zu kommen? Schon sehr früh vertraten PsychiaterInnen die Meinung, dass die Menschheit durch selektive Fortpflanzung verbessert werden müsse. Schon sehr früh wollten sie «Erbkrankheiten» ausmerzen. Zu den auszumerzenden «Erbkrankheiten» gehören die «endogenen Psychosen». Bis heute ist diese Grundhaltung deutlich auszumachen.

Memmi ist der Meinung, dass die Endstation des rassistischen Unternehmens der Friedhof sei.[20] Im NS-Staat endeten die Hunderttausende und Millionen Opfer des psychiatrischen und des ethnischen Rassismus nicht einmal auf dem Friedhof. Durch Hass verdeckte Schuldgefühle gäben eine plausible Erklärung ab für all die destruktive Gewalt, die PsychiaterInnen ausübten und noch immer täglich ausüben. «Man bezichtigt das Opfer des absoluten Bösen, weil man ihm das absolut Böse wünscht. Der Jude wird des Tötens beschuldigt, weil man ihm den Tod wünscht.»[21] Diese Überlegung von Memmi macht verständlich, wieso auch Psychiatrie-PatientInnen immer wieder als gefährlich und gewalttätig bezeichnet werden; dies, obwohl längst verschiedene seriöse Untersuchungen das Gegenteil bewiesen haben. Als im NS-Staat die Massenermordung von genetisch «minderwertigen» Insassen von Heimen, psychiatrischen Anstalten und Konzentrationslagern geplant und auch durchgeführt wurde, protestierte ein einziger deutscher Psychiater. Die meisten waren von den «Euthanasie»-Aktionen begeistert: «Es herrschte, insbesondere bei den jüngeren Kollegen, eine wie von einem Missionsgedanken getragene Begeisterung.»[22] Ungezählte seriös ausgebildete, anerkannte Psychiater (darunter Professoren) waren aktiv an der Durchführung der «Euthanasie»-Aktionen beteiligt. Waren diese Morde ein Ausdruck des Hasses der Psychiater?

Durch Hass verdeckte Schuldgefühle, die Ursache des Verhaltens vieler PsychiaterInnen? Diesem Gedanken möchte ich noch weiter nachgehen. Wie werden denn eigentlich PsychiaterInnen ausgebildet? Im Laufe des Studiums erhalten zukünftige ÄrztInnen wenig Einblick in die alltägliche Wirklichkeit der Psychiatrie. Sie werden kaum je mit kritischer Information über die Theorie und Praxis dieses Faches konfrontiert. Das Wissen der jungen AssistenzärztInnen, die ihre Tätigkeit in einer psychiatrischen Anstalt beginnen, beschränkt sich auf den Inhalt von Kompendien und Lehrbüchern. Sehr rasch stehen sie im aufregenden und turbulenten Alltag der «Klinik», wo sie zwangsläufig die Angaben, Richtlinien und Anordnungen ihrer Vorgesetzten, vor allem diejenigen der OberärztInnen, ausführen. Die AssistentInnen müssen froh sein, wenn keine grösseren Pannen auftreten, wenn der Anstaltsbetrieb mehr oder weniger rund weiterläuft. Für kritische Gedanken, für eine gewissenhafte Verarbeitung ihrer Situation und Tätigkeit bleibt weder Zeit noch Energie. Doch jahrelang können sie kaum die Augen vor den schädlichen Auswirkungen ihrer täglich durchgeführten Eingriffe und Verordnungen verschliessen. Sie werden nicht daran vorbeisehen können, dass sie mit ihrem Wirken, mit der routinemässigen Verabreichung von Neuroleptika gesunde Menschen zu behinderten Kranken machen, dass sie dort, wo sie ursprünglich zu helfen meinten, ausschliesslich schaden. Schuldgefühle wären die zu erwartende Reaktion auf diese Feststellung. Doch Schuldgefühle würden sie lähmen, Schuldgefühle wären mit einer Fortsetzung der Arbeit in der Anstalt nicht vereinbar. Denn die «Behandlung» von psychisch leidenden Menschen in einer psychiatrischen «Klinik» besteht fast ausschliesslich in der Verabreichung von Psychopharmaka. 90 Prozent der PatientInnen einer grösseren psychiatrischen Anstalt wie der Zürcher Psychiatrischen Universitätsklinik werden mit Neuroleptika «behandelt».[23)] Irgendwie müssen diese Schuldgefühle verschwinden, sonst verlieren die PsychiaterInnen ihre Leistungsfähigkeit. Denn sie bleiben leistungsfähig, die Anstalten funktionieren, Neuroleptika werden millionenfach verabreicht: Hass könnte bei diesem Vorgang der Überdeckung von sinnvollen, berechtigten und nötigen Schuldgefühlen eine wichtige Rolle spielen; Hass der PsychiaterInnen auf ihre unangenehmen und widerspenstigen PatientInnen, weil diejenigen, die psychiatrisch «behandeln», Schuld auf sich laden – rein dadurch, dass sie ihren Beruf ausüben.

Kontrolle über hilflose Menschen

Weitere Gedanken von Erich Fromm helfen mit, die genauere Ausprägung und die Hintergründe dieses Hasses zu verstehen. Fromm spricht von einer rein menschlichen Form der Aggressivität, einer Aggressivität, wie sie beim Tier nicht vorkomme. Und den Charakter von Menschen, deren ganzes Leben von dieser Form der Aggressivität geprägt ist, bezeichnet er als «sadistisch». (Unter «Sadismus» wird gewöhnlich die sexuelle «Perversion» verstanden, Fromm verwendet diesen Begriff in erweitertem Sinn.) «Sadismus», «sadistische Tendenzen» oder ein «sadistischer Charakter» entstehen – wie später noch eingehender beschrieben wird – auf Grund von gesellschaftlichen und familiären Ursachen. Keineswegs dürfen diese Begriffe als psychiatrische «Diagnose» verwendet werden. Fromms Ausführungen helfen dabei, psychische Eigenschaften und Verhaltensformen, die in unserer Gesellschaft weit verbreitet sind, besser zu verstehen. «Das Wesen des ‹Sadismus› liegt jedoch darin, dass ein Mensch *Kontrolle* über ein anderes lebendes Wesen haben will, vollständige, absolute Kontrolle. Das kann ein Tier sein, ein Kind, ein anderer Mensch; immer kommt es darauf an, dass dieses andere lebende Wesen zum Besitz, zum Ding, zum Herrschaftsobjekt des ‹sadistischen› Menschen wird.»[24]

Und weiter schreibt Fromm über den «Sadisten»: «Wieder ein anderer Zug ist, dass ihn nur der Hilflose reizt, nicht der, der nicht hilflos ist. Der Sadist ist gewöhnlich einem Überlegenen gegenüber feige, *aber der, der hilflos ist, oder den er hilflos machen kann* – wie ein Kind, ein Kranker oder unter bestimmten politischen Umständen ein politischer Gegner –, reizt seinen Sadismus. Er spürt nicht (...) Mitleid, und dass man einen hilflosen Menschen nicht auch noch schlägt. Seine Hilflosigkeit reizt ihn vielmehr, weil sie die Basis ist, die vollständige Kontrolle über ihn auszuüben.»[25] Fromm weist auch darauf hin, dass besonders Insassen von Gefängnissen und psychiatrischen Anstalten Opfer des «Sadismus» ihrer Betreuer werden können. «Das Erlebnis der absoluten Herrschaft über ein anderes Wesen, das Erlebnis der Allmacht gegenüber diesem Wesen schafft die Illusion, die Grenzen der menschlichen Existenz zu überschreiten, besonders für jemand, dessen wirklichem Leben Schöpferkraft und Freude abgehen. (...) *Er* (der «Sadismus», mr) *ist die Verwandlung der Ohnmacht in das Erlebnis der Allmacht.* Er ist die Religion der seelischen Krüppel.»[26)] Die psychiatrischen Anstalten sind geeignete Orte für die Zelebrierung dieser Religion.

«Sadisten» versuchen ausschliesslich bereits hilflose und ohnmächtige Menschen noch weiter zu unterdrücken. Und dies entspricht in jeder Hinsicht dem Rassismus. Er richtet sich immer gegen Schwache und Unterdrückte, er bedeutet ein Ventil, eine Möglichkeit des Abreagierens. Die Aggressionen des Rassisten sind äusserst selten gegen mächtige Angehörige anderer «Rassen» gerichtet. Seine Wut trifft den hilflosen Asylanten, den Tamilen, Afrikaner, Türken oder Jugoslawen. Und auch der Antisemit hat primär nicht die anerkannten, prominenten oder privilegierten Juden im Visier. Diese Ausnahme- oder Vorzeigejuden stehen, ähnlich wie die sogenannten Alibifrauen, die in politischen oder wirtschaftlichen Positionen mit hohem Sozialprestige wirken, gewissermassen in einem gesellschaftlichen Schonraum. Sie geraten erst dann in die «Schusslinie» eines breit abgestützten Rassismus, wenn dazu das «Feuer» von demagogisch vorgehenden Führerfiguren freigegeben wird, wie dies im NS-Staat der Fall war. Auch der psychiatrische Rassismus trifft die Schwachen, die Aussenseiter, die Ohnmächtigen. Schwerwiegende psychiatrische «Diagnosen» wie «Schizophrenie» werden öfter bei Angehörigen der niedrigen sozialen Schichten gestellt. Bei vergleichbaren «Störungen» werden gesellschaftlich tiefer stehende Menschen vermehrt psychiatrisch hospitalisiert, vermehrt «medikamentös behandelt»; und die Psychiatrisierung hat für sie schwerwiegendere soziale Folgen: Ihnen widerfährt Arbeitslosigkeit, Kündigung der Wohnung, Abbruch von Beziehungen, Entmündigung, Invalidisierung (nicht selten werden sie Empfänger von Invalidenrenten). Psychisch auffällige oder «gestörte» Menschen aus besseren Kreisen werden zurückhaltender eingewiesen, vermehrt psychotherapeutisch «behandelt», und ihre «Erkrankung» hat weniger einschneidende soziale Folgen. Die typischen Opfer des psychiatrischen wie auch des ethnischen Rassismus sind also Menschen, die bereits hilflos, schwach und ohnmächtig sind.

«Schliesslich ist für den sadistischen Charakter seine Unterwürfigkeit typisch. Man wünscht den Schwachen zu kontrollieren, aber man hat zu wenig Leben in sich, um ohne die Unterwerfung unter einen Stärkeren leben zu können.»[27] Rassisten unterwerfen sich oft einem starken Führer. Himmler zum Beispiel hat Hitler zu seinem Idol gemacht. «Wenn es nicht ein Mensch ist, dem sich der Sadist unterwirft, dann ist es die Geschichte, die Vergangenheit, sind es die Naturmächte, die stärker sind als man selbst. Immer gilt: Ich muss mich ihnen unterwerfen, ich unterwerfe mich der höheren Macht – wie die auch heissen mag –, aber die, die schwächer sind, die kontrolliere ich.»[28] Hitler, grosse Namen, Staatschefs, Professoren, die Naturmächte, die Biologie, die Vererbung: Solchen Übermächten unterwerfen sich sowohl ethnische RassistInnen wie auch viele PsychiaterInnen. Ihr Denken und dessen Grenzen werden restlos von diesen Leitbildern oder -figuren bestimmt. Deshalb ist es unwahrscheinlich, dass PsychiaterInnen ihr Fach je schöpferisch weiterentwickeln werden. Sie bewegen sich fortwährend auf Argumentationslinien, die schon seit langer Zeit bekannt und geläufig sind. Die Kritik von autoritären und anerkannten Lehrmeinungen ist nicht ihre Stärke. Die Resultate ihrer Forschung bestätigen fortlaufend die alten Dogmen. Was bleibt, ist damit vor allem die Berechtigung der Kontrolle über die Schwachen und Hilflosen.

Sadistische Menschen fühlen sich wohl in der Psychiatrie

AnstaltspsychiaterInnen haben effektiv eine Verfügungsgewalt über ihre PatientInnen, die absoluter Herrschaft nahekommt. PsychiaterInnen entscheiden über Aufnahme und Entlassung in die Anstalt, sie entscheiden über die «Behandlungs»-Bedürftigkeit, über den Einsatz von Psychopharmaka, Elektroschocks usw. Und dies alles können sie gegen den Willen der Betroffenen unternehmen. PsychiaterInnen sind ÄrztInnen, und als ÄrztInnen können sie feststellen, dass die PatientInnen zu «krank» sind, um diese Entscheide in eigener Verantwortung zu fällen. PsychiaterInnen können diese Zwangsmassnahmen völlig legal, im Namen der helfenden Menschlichkeit, anordnen. Verlockend dieser Beruf für

Menschen mit «sadistischen Tendenzen». Ist nun das Phänomen Psychiatrie einfach dadurch erklärbar, dass alle PsychiaterInnen «Sadisten» sind? «Sadistische Charaktere» finden in der Psychiatrie jedenfalls geeignete Möglichkeiten, ihre Problematik auszutragen. Und genau diese Menschen werden die psychiatrische Lehrmeinung, die biologistische Ideologie und den Mythos der Vererbung mit Nachdruck vertreten und verteidigen. «Ordnung ist alles, Ordnung ist das einzig Sichere, das einzige, was man kontrollieren kann. Menschen, die einen übertriebenen Ordnungssinn haben, haben gewöhnlich Angst vor dem Leben; denn das Leben ist nicht ordentlich; es ist spontan, bringt Überraschungen. (...) Der Mensch jedoch, der sadistisch ist, der selbst unbezogen ist, für den alles zur Sache wird, dieser Mensch hasst das Lebendige, weil es ihn bedroht, aber er liebt die Ordnung.»[29] Ordnung ist alles: Wer halluziniert, ist «schizophren», wer traurig ist, ist «depressiv»; psychische Störungen und Auffälligkeiten müssen eingeordnet, schematisiert, phänomenologisch erfasst und festgehalten werden. Die Mannigfaltigkeit des Lebens ist erschreckend, sie muss gebändigt werden. Das ist «gesund», dies «krank», das ist «anormal» und dies «normal». Das muss «behandelt» werden, Ordnung muss sein. In der Psychiatrie hat der «Sadist» die Möglichkeit, das Lebendige, das ihn bedroht und das er hasst, zu bändigen, zu zähmen und zu unterwerfen. Und es werden in der Psychiatrie, mit ihrem mechanistisch-biologistischen Denken, effektiv lebendige Menschen zu Sachen gemacht. «Sadistische Charaktere» fühlen sich wohl in der Psychiatrie; menschenfreundliche oder «biophile» (Fromm) Persönlichkeiten dagegen haben es dort schwerer. Das Begriffssystem, Theorie und Praxis der Psychiatrie kann sie kaum begeistern. Fortwährend werden sie von Zweifeln gepeinigt, müssen sich überlegen, ob denn ihre Tätigkeit überhaupt sinnvoll sei. ÄrztInnen können versuchen, in einer privaten Praxis vorsichtig gegen die Institution zu arbeiten, Einweisungen wenn immer möglich zu vermeiden, Psychopharmaka nur niedrig dosiert anzuwenden. Doch die Zusammenarbeit mit der Anstaltspsychiatrie können auch sie nicht abbrechen, für besonders schwierige Situationen müssen sie sich die Möglichkeit der Einweisung offenhalten. Oft zweifeln Psychiatrieschwestern und -pfleger an ihrem Beruf. Viele sind unsicher und unglücklich, sie geben ihre Tätigkeit in der

Psychiatrie nach wenigen Jahren auf. Sie können sich mit der «sadistischen», die Lebendigkeit der Menschen unterdrückenden Grundstimmung in der Psychiatrie niemals abfinden. Andere sind zwiespältig, sehen an der Psychiatrie gute und auch schlechte Seiten, versuchen das Beste daraus zu machen. Sie geben sich Mühe, auf die ihnen anvertrauten Menschen einzugehen, versuchen der kalten und unpersönlichen Abgabe der «Medikamente» (deren Verordnung in die Kompetenz der ÄrztInnen fällt) Menschlichkeit und Bezogenheit entgegenzustellen. Doch es gibt auch diejenigen, die sich zurechtfinden, die aktiv und überzeugt mithelfen, die Anstaltsordnung aufrechtzuerhalten; sie werden damit zu WärterInnen, die kontrollieren und disziplinieren.

Zwei Arten von PsychiaterInnnen also und weiterer im Umfeld der Psychiatrie tätigen Menschen. Die einen fühlen sich dort wohl, weil sie die Möglichkeit haben, im grossen Rahmen ungestraft ihre «sadistischen Tendenzen» auszuleben. Bei den anderen ist die Situation weniger klar. Sie weisen auch, wie dies ein allgemeines Kennzeichen unserer Gesellschaft ist, gewisse «sadistische Tendenzen» auf. Doch ist bei ihnen dieser Charakterzug weniger deutlich ausgebildet. Ihr «Sadismus» wird durch die Tätigkeit im hierarchischen und autoritären Klima der Psychiatrie verstärkt und begünstigt. Zudem spielt bei ihnen der oben geschilderte Vorgang der Abwehr oder der Verdeckung von Schuldgefühlen durch Hass eine wesentliche Rolle. Je berechtigter das Auftreten von Schuldgefühlen, je grösser die objektiv vorhandene Schuld, desto härter, gefühlloser und kälter wird notgedrungen ihr Auftreten und Verhalten den PatientInnen gegenüber. Diejenigen dagegen, die nicht auf diese Weise ihre Schuldgefühle zu verdrängen vermögen, ertragen grösstenteils nach relativ kurzer Zeit die kalte und unterdrückerische Atmosphäre unserer psychiatrischen Anstalten nicht mehr und geben schon bald ihre dortige Tätigkeit auf.

Fromm führt die Ausbildung oder Entstehung eines «sadistischen Charakters» auf gesellschaftliche und individuelle Ursachen zurück. «Sadistische Tendenzen» entwickeln sich als Resultat der Unfähigkeit, Isoliertheit, Vereinsamung und Schwäche zu ertragen. Wer es nicht schafft, allein auf sich gestellt zu leben, der ist versucht, sich Untertanen zu schaffen. Über Menschen zu herr-

schen kann in ihm Gefühle der Kraft und Sicherheit erwecken.
Die Lust, der Genuss an der völligen Beherrschung eines Menschen ist der Kern des «Sadismus». Und diese Machtbegier wurzelt nicht in Stärke, sondern in Schwäche. «Sadistische» Eigenschaften, die Bereitschaft, die Herrschaft über Menschen, wenn immer sich die Möglichkeit dazu ergibt, auch wirklich auszuüben, werden im Laufe der Sozialisation in der Familie erworben. «Individuelle Faktoren, die dem Sadismus Vorschub leisten, sind all jene Bedingungen, die dem Kind oder dem Erwachsenen ein Gefühl der Leere und Ohnmacht geben. (...) Zu jenen Bedingungen gehören solche, die Angst hervorrufen, wie zum Beispiel ‹diktatorische› Bestrafungen. (...) Die andere Bedingung, die zu einem Gefühl vitaler Machtlosigkeit führt, ist eine Situation psychischer Verarmung. Wenn keine Stimulation vorhanden ist, nichts, was die Fähigkeit des Kindes weckt, wenn es in einer Atmosphäre der Stumpfheit und Freudlosigkeit lebt, dann erfriert ein Kind innerlich. Es gibt dann nichts, worin es einen Eindruck hinterlassen könnte, niemand, der ihm antwortet oder ihm auch nur zuhört, und es wird von einem Gefühl der Ohnmacht erfasst.»[30] Sind PsychiaterInnen solche, innerlich erfrorene, gefühllose Menschen, die die Gefühle, die Lebendigkeit ihrer PatientInnen weg-«behandeln», unterdrücken und zerstören? Ist dies das Geheimnis der Psychiatrie und der dort arbeitenden Menschen? Wer eine «sadistische Charakterstruktur» aufweist, der muss sich von der Psychiatrie, besonders von der Situation, wie sie in psychiatrischen Anstalten herrscht, angezogen fühlen, und er wird sie auch besser ertragen als andere Menschen. Demzufolge darf auch angenommen werden, dass Menschen mit mehr oder weniger deutlichen «sadistischen Tendenzen» im Bereich der Anstaltspsychiatrie zahlenmässig im Übergewicht sind.

Schlussgedanke

Ethnischer und psychiatrischer Rassismus sowie Sexismus basieren auf biologistischen Theorien. Pseudowissenschaftliche, biologistische Begründungen ermöglichen die Unterdrückung von ungezählten Menschen. Die obenstehenden Ausführungen haben ergeben, dass Vergleiche zwischen dem ethnischen Rassismus und der Theorie und Praxis der biologischen Psychiatrie zur gegenseitigen Erhellung dieser nah verwandten Phänomene beitragen. Es darf somit mit Fug und Recht von psychiatrischem Rassismus gesprochen werden.

«Sadomasochismus» und Psychiatrie

Noch immer wird über die Psychiatrie in der Öffentlichkeit viel zu wenig diskutiert. Die dringend notwendige, breit angelegte Auseinandersetzung wird durch das dogmatische Auftreten der Fachleute, das die Ängste, Vorurteile und Projektionen der breiten Bevölkerung bestätigt und verstärkt, weitgehend verhindert. Wichtig und unerlässlich deshalb, jede Gelegenheit zu ergreifen, diese tabuisierte Institution von allen möglichen Seiten zu untersuchen und zu beleuchten. Im folgenden werde ich weiter auf die Psychologie der Menschen eingehen, die beruflich im Bereiche der Psychiatrie tätig sind. Und es ist auch sinnvoll, die Psychologie der Menschen auf der anderen Seite, der Schützlinge, PatientInnen oder Opfer der PsychiaterInnen, besser zu verstehen. Als wichtig erachte ich ganz besonders die Frage, warum sich PatientInnen kaum je gegen ihre Unterdrückung wehren.

Hat Psychiatrie etwas mit «Sadismus» zu tun? In meinem Artikel «Rassismus und Psychiatrie: Ethnischer und psychiatrischer Rassismus im Vergleich» bin ich auf diese Frage bereits eingegangen.[1] Es soll hier ausführlicher untersucht werden, ob dieser Begriff zur Erhellung des Phänomens Psychiatrie beitragen kann. (Gemeint ist «Sadismus» oder der «sadistische Charakter», wie Erich Fromm diese Begriffe an verschiedenen Stellen seines Werkes verwendet und definiert. Unter «Sadismus» wird gewöhnlich die sexuelle «Perversion» verstanden; Fromm dagegen verwendet diesen Begriff in erweitertem Sinne.) Gleich zu Beginn möchte ich nochmals erwähnen, dass «Sadismus», «sadistische Tendenzen» oder ein «sadistischer Charakter» – genauso wie «Masochismus», «masochistische Tendenzen» oder ein «masochistischer Charakter» – aufgrund von gesellschaftlichen und familiären Ursachen entstehen. Keineswegs sind diese Begriffe als «Diagnosen» zu verstehen.

Verlockend die psychiatrische Macht für «sadistische» Menschen

«Alle seine (des »Sadismus«, mr) verschiedenen Formen, die wir beobachten können, gehen auf den einen wesentlichen Impuls zurück, einen anderen Menschen völlig in seiner Gewalt zu haben, ihn zu einem hilflosen Objekt des eigenen Willens zu machen, sein Gott zu werden und mit ihm machen zu können, was einem beliebt. Ihn zu demütigen, ihn zu versklaven, das sind Mittel zur Erreichung dieses Ziels, und das radikalste Ziel ist, ihn leiden zu lassen, denn es gibt keine grössere Macht über einen Menschen als die, dass man ihn zwingt, Leiden zu erdulden, ohne dass er sich dagegen wehren kann. Die Freude an der völligen Beherrschung eines anderen Menschen (oder einer anderen lebendigen Kreatur) ist das eigentliche Wesen des sadistischen Triebs.»[2] Beschreiben Fromms Aussagen über den «Sadismus» Tendenzen und Gegebenheiten, wie sie in der biologischen Psychiatrie üblich oder wenigstens nicht allzuselten anzutreffen sind?[3] Zuerst einmal schokkiert dieser Gedanke. PsychiaterInnen handeln, «behandeln» doch, weil sie dazu aufgefordert werden – von der Gesellschaft, von psychisch leidenden Menschen. PsychiaterInnen sind doch keine «SadistInnen». Es erscheint mir jedoch sinnvoll, die obenstehenden Aussagen näher und detaillierter zu untersuchen. Es ist kaum zu übersehen, dass Psychiatrie-PatientInnen ihre Freiheit verloren haben. Es ist kaum zu übersehen, dass durch Psychopharmaka Lebendigkeit wegbehandelt, chemisch weggedämpft wird. Klar ist auch, dass Menschen, mächtige Menschen, andere, ohnmächtige Menschen, beherrschen. PsychiaterInnen haben die Möglichkeit, Gewalt und Zwang einzusetzen; und auch wenn sie darauf freiwillig verzichten, können sie jederzeit darauf zurückgreifen. Zwangs-«Behandlung» und Zwangseinweisung sind Tatsachen, und sie haben schwerwiegende Folgen. Durch diese Handlungen werden Menschen in ihrer Persönlichkeit, in ihrer Erlebnisfähigkeit, in ihrem Menschsein – zum Teil bleibend – verändert. Die Macht, die Möglichkeit, diese Eingriffe gegen den Willen der Betroffenen anzuordnen und durchzuführen, ist eine riesengrosse Macht. Grössere Macht ist kaum vorstellbar. Die Macht, über die PsychiaterInnen verfügen können, wird höchstens von der Befugnis zu töten übertroffen. Es kann demnach angenommen werden, dass «sadistische Menschen» sich von der Psychiatrie und ihren Praktiken angezogen fühlen. «Das Charakteristikum der sadistischen Herrschaftsausübung besteht darin, dass in ihr der Beherrschte zum willenlosen Objekt des Beherrschenden wird ...»[4] Nicht alle Psychiatrie-PatientInnen sind willenlose Objekte. Doch die PsychiaterInnen haben, falls sie das wollen, jederzeit die Möglichkeit, die PatientInnen zu einem willenlosen Objekt zu machen. Wer einmal Menschen, die mit hohen Neuroleptika-Dosen «behandelt» werden, unvoreingenommen beobachtet hat, der kann nie mehr darüber hinwegsehen. Aber kein Psychiater und keine Psychiaterin wird zugeben, dass ihre «Behandlungen» im Grunde «sadistische» Handlungen sind. Sie versuchen, sich zu rechtfertigen. Sie rationalisieren und erklären, wieso gerade diese massiven Eingriffe unumgänglich seien, wie damit kurzfristig unerträgliche Situationen beruhigt und langfristig dem Wohlergehen der PatientInnen gedient werde.

«Sadistische» PsychiaterInnen sind abhängig von ihren PatientInnen

«Ein bestimmter Faktor in der Beziehung des Sadisten zu seinem Objekt wird oft übersehen, weshalb ich hier besonders darauf hinweisen möchte: seine Abhängigkeit vom Objekt seines Sadismus. Während die Abhängigkeit des masochistischen Menschen von anderen offen zutage liegt, erwarten wir beim sadistischen das Gegenteil: Er wirkt so stark und beherrschend, und das Objekt seines Sadismus erscheint so schwach und unterwürfig, dass man sich nur schwer vorstellen kann, dass der Starke von dem, den er beherrscht, abhängig sein könnte. Und doch zeigt eine eingehende Analyse, dass dies zutrifft. *Der sadistische Mensch braucht die Person, die er beherrscht, unbedingt, da sein eigenes Gefühl von Stärke in der Tatsache begründet liegt, dass er über einen anderen Herr ist.*»[5] Ist der Psychiater von seinen PatientInnen abhängig? Der «Sadist» will Herrscher sein, er ist aber auch abhängig, denn er braucht seine Untertanen: Ohne Untertanen kann keiner herrschen. Wer sich also aufgrund von «sadistischen Charakterzügen» zur Psychiatrie hingezogen fühlt, der wird ein Abhängiger dieser Macht und damit gleichzeitig auch abhängig von den «Objekten» seines «Sadismus» – von seinen PatientInnen. Klar, dass seine Abhängigkeit, genauso wie seine gewalttätigen Züge dem «Sadisten» kaum je voll bewusst sind. Die Feststellung, von diesen «minderwertigen» Wesen abhängig zu sein, wäre für ihn unerträglich. Wut ist es, die ihn vor dieser unangenehmen Erkenntnis schützt. Die Wut überdeckt alles. Er, der mächtige Psychiater, abhängig von diesen hilflosen Kreaturen? Das kann doch nicht sein. Einige Zwangsinjektionen oder gar Elektroschocks, und seine Abhängigkeit und Bedürftigkeit werden für längere Zeit verdrängt bleiben. Er ist ein Meister in der Kunst der Rechtfertigung, produziert bei Bedarf rational tönende, «wissenschaftliche» Erklärungen. Die Abhängigkeit der PsychiaterInnen von ihren Opfern kann leicht mit der Notwendigkeit von betreuerischen Aufgaben erklärt werden. Viel Arbeit, Überstunden, wenig Ferien sind Tatsachen, die gerade in unserer Leistungs-Gesellschaft kaum Misstrauen erwecken. Die Sucht, ständig hilflose und ohnmächtige Menschen um sich zu haben, lässt sich somit leicht tarnen.

«Auch der Sadismus erscheint häufig in der Verkleidung der Liebe. Über einen anderen zu herrschen und dabei zu behaupten, es geschehe nur zu dessen Bestem, sieht oft wie Liebe aus, aber die wesentliche Rolle spielt dabei die Lust am Beherrschen.»[6] «Er (der»Sadist«,mr) bildet sich vielleicht gleichzeitig ein, er wünsche über das Leben seiner Objekte zu bestimmen, weil er sie so sehr liebe. *Tatsächlich aber ‹liebt› er sie, weil er über sie herrscht.*»[7] Liebe kann dieses Gefühl kaum genannt werden, und doch ist der «Sadist» ehrlich, wenn er behauptet, ohne diese hilflosen und willenlosen Wesen nicht leben zu können.

Von bekannten und anerkannten Psychiatern wird oft erzählt, dass sie ihre «PatientInnen» liebevoll betreut hätten; sie werden als gutmütige und grosszügige Vaterfiguren geschildert. Folgendermassen beschrieb beispielsweise Prof. Manfred Bleuler, langjähriger ärztlicher Direktor der Psychiatrischen Universitätsklinik Burghölzli in Zürich, in einem Nachruf seinen Kollegen Prof. Hans Binder, der viele Jahre Direktor der Psychiatrischen Klinik Rheinau war: «Sein damaliges Wirken war dadurch gekennzeichnet, dass er sich unter schwierigsten Verhältnissen nicht allein um die ärztliche Behandlung, sondern gleichzeitig um das persönliche Wohlsein seiner Kranken kümmerte, sie persönlich betreute und an der Seite jedes einzelnen stand.»[8] Liebe und Pflichtgefühl, nicht ungern schmücken sich Psychiater mit diesen Eigenschaften. Gleichzeitig «behandeln» sie, betreuen sie und üben Gewalt und

Zwang aus; sie schädigen Gehirne und verändern Menschen in ihrer Gefühlswahrnehmung, in ihrer Persönlichkeitsstruktur, in ihrem Mensch-Sein; kurz darauf sind sie nachsichtig, gutmütig, liebevoll väterlich – im Sinne ihrer Berufung als Ärzte, als Psychiater. Liebe und Pflicht, Aufopferung – vor allem bei der Schilderung der «grossen» Psychiater fehlen diese Begriffe kaum einmal. «Die Opfer, die Binders vielfältiges Wirken nötig machten, waren gross. Sie lagen vorerst in seiner äusserst bescheidenen Lebensführung und in seinem riesigen Arbeitseinsatz.»[9] Dazu Überlegungen von Erich Fromm: «Ein Mensch kann sadistisch besessen und dabei bewusst der Überzeugung sein, alles geschähe bei ihm nur aus Pflichtgefühl.»[10] Und: «Oft werden sie (die «sadistischen Tendenzen», mr) mit völlig entgegengesetzten Scheingründen zugedeckt: mit höchster Güte und der Rücksicht auf andere.»[11]

In psychiatrischen Anstalten wird gefordert, gestraft und belohnt

In der psychiatrischen Anstalt liegt Gewalt ständig in der Luft. Alle PatientInnen wissen davon. Es kann nicht genügend stark darauf hingewiesen werden, dass dieses Wissen Folgen hat, auch für diejenigen, die wohlwollend, gutmütig oder gar liebevoll behandelt werden. In unserer Gesellschaft ist noch immer für viele Kinder der Vater weitgehend diejenige Figur, die sich durch körperliche und geistige Überlegenheit auszeichnet. Und der Vater wird gefürchtet, weil er die Macht besitzt zu strafen. Aus Angst vor der Strafe zieht das Kind meistens die Haltung liebender Verehrung der Auflehnung vor.[12] Durch die Verschiebung dieser Gefühle auf die PsychiaterInnen und die Wiederholung der intensiven Bindung an eine väterliche Autorität befinden sich Psychiatrie-PatientInnen in einer Situation der freiwilligen Unterwerfung, die oft Gewaltmassnahmen überflüssig macht. Sie werden zu Kindern, die aus Angst «lieben» und verehren, weil sie wissen, dass Gewaltmassnahmen bei Bedarf jederzeit durchgeführt werden können. Und dieses Wissen kommt nicht von ungefähr. Jeder Anstalts-Patient und jede -Patientin erleben mit Sicherheit immer wieder, wie gegen andere Insassen Gewalt angewendet wird. Diese Gewaltanwendung kann äusserst brutal sein. Bekannt ist vor allem die Situation, wie sie bei zwangsweisen Neuroleptika-Injektionen herrscht: «‹Komm schon, es ist zu deinem Besten›, keucht der Abteilungspfleger, bäuchlings auf Otto liegend. Doch Otto will nicht, schlägt drein, will bloss seinen Hintern nicht herhalten. Schliesslich schaffen wir es, zu viert.» Dies ein Zitat aus dem Bericht eines Hilfspflegers über den Alltag auf der Aufnahmestation einer psychiatrischen Anstalt.[13] Szenen wie die geschilderte sind keine Seltenheit. Anlass dazu ist meist die Weigerung eines Patienten (einer Patientin), die «Medikamente» einzunehmen.

PsychiaterInnen stellen also für ihre PatientInnen mächtige Elternfiguren dar, die jederzeit strafen und Gewalt ausüben können. Wer sich nicht so verhält, wie das den Anstaltsnormen entspricht, der muss mit Sanktionen rechnen. Psychiatrische Anstalten funktionieren vorwiegend auf dem System von Forderung, Strafe und Belohnung. Wer sich brav und angepasst verhält, der wird auf offene Stationen versetzt, er darf abends ausgehen und am Wochenende seine Angehörigen besuchen. Wer sich widersetzt, wer den Anstaltsalltag oder die «Behandlung» kritisiert, der wird eingesperrt, darf die «Klinik» bestenfalls unter Aufsicht verlassen und erhält die Psychopharmaka höher dosiert verabreicht. «Wenn nötig» wird er sogar – «zur Beruhigung» – tagelang in einen künstlich herbeigeführten Dämmerzustand versetzt. Während dieser Spritzenkuren werden Neuroleptika hoch dosiert, täglich dreimal injiziert. «Krankheitseinsicht» wird belohnt, wer behauptet, gesund zu sein, gilt als «krank» und «behandlungsbedürftig».

Aus einem weiteren Grund wird die Stellung der PsychiaterInnen als unangefochtene, mächtige Elternfiguren kaum angetastet: Lange bevor jemand Insasse einer psychiatrischen Anstalt wird, finden schwerwiegende und intensive Auseinandersetzungen mit seinen nächsten und wichtigsten Angehörigen statt. Er muss sich häufig Vorwürfe anhören, muss zur Kenntnis nehmen, dass er, seine Art zu leben und zu fühlen, für die anderen unerträglich sei. Und er muss vor allem auch immer wieder hören, dass er, er allein, Elend und Leid der ganzen Familie bewirke. Mit der Einweisung der Betroffenen werden diese Vorwürfe der Angehörigen vom ärztlichen Experten, einer Autoritätsperson, bestätigt und damit als richtig und wahr befunden. Nachdem die Betroffenen das erniedrigende Verfahren der Einweisung und Aufnahme in die psychiatrische Anstalt über sich ergehen lassen mussten, werden sie sich mit grosser Wahrscheinlichkeit mit Selbstvorwürfen quälen: «Ach, hätte ich mich doch zusammengenommen; ach, hätte ich mir doch Mühe gegeben; wäre ich doch besser auf die Klagen meiner Angehörigen eingegangen; was bin ich doch für ein schlechter Mensch.» Die Betroffenen erleben sich als schuldig. Sie allein sind schuld am Leid ihrer Bezugspersonen, und sie allein sind auch schuld an ihrer gegenwärtigen, unangenehmen Lebenssituation. Diese Selbstvorwürfe erwecken Bedürfnisse nach Bestrafung, nach Unterwerfung unter mächtige Elternfiguren. Wenn diese Elternfiguren gleichsam absolute Autorität besitzen, dann geschieht diese Unterwerfung automatisch und reibungslos. Und PsychiaterInnen benehmen sich effektiv, als seien sie unanfechtbare Autoritäten. Sie üben ihre Machtbefugnis niemals in ihrem eigenen Namen aus; sie treten auf als VertreterInnen einer «ewigen Wahrheit», sie handeln im Namen unumstösslicher Gesetze der menschlichen «Natur», der Biologie oder der Vererbung. Sie benehmen sich, als hätten sie ihre eigene Macht gleichsam als Lehen von einer übermenschlichen, höchsten Macht erhalten. (Selbstverständlich ist eine «ewige Wahrheit» unumstösslich; es ist weitaus eindrücklicher, in ihrem Namen zu wirken, als schlicht und einfach als KennerInnen von sozialen Prozessen und gestörten Beziehungen aufzutreten.) Es ist demnach nicht erstaunlich, dass sich viele Psychiatrie-PatientInnen ihren PsychiaterInnen – leider oft ohne den geringsten Versuch der Gegenwehr – bedingungslos unterwerfen. So werden viele PatientInnen nach ihrer Einweisung in eine psychiatrische Anstalt bequeme Opfer für PsychiaterInnen mit «sadistischen» Charakterzügen.

Von der engen Beziehung zwischen Gewalt und Mord

Erich Fromm hat sich in seinem Werk eingehend mit Gewalt und menschlicher Destruktivität auseinandergesetzt. Seine Ausführungen machen eine äusserst schwierige Frage besser verständlich. Die entsetzliche Tatsache, dass anerkannte und angesehene Psychiater im NS-Staat aktiv bei der Ermordung von Hunderttausenden ihrer PatientInnen mitmachten, bleibt für viele Menschen unerklärlich. Es ist kein Zufall, dass gerade die Schweizer Psychiatrie diese Vernichtung «minderwertigen» Lebens geflissentlich übersieht. Wie sehr die damalige Stimmung in der Schweiz (wie auch in der ganzen «zivilisierten» Welt) einem Mitdenken und Mithoffen auf das Verheissene (Alexander Mitscherlich)[14] entsprach, braucht damit nicht aufgedeckt zu werden. Wer sich jedoch intensiv mit der Bedeutung der Geschichte und Aktualität der Psychiatrie auseinandersetzen will, der kommt um eine sorgfältige Analyse dieses schrecklichen Geschehens nicht herum. «Gewalt ist die Fähigkeit, einen Menschen in einen Leichnam zu verwandeln... Alle Gewalt beruht letzten Endes auf der Macht zu töten. Ich möchte vielleicht einen Menschen nicht gerade töten, sondern ihn nur seiner Freiheit berauben; ich möchte ihn vielleicht nur demütigen oder ihm seinen Besitz wegnehmen – aber was ich auch immer in dieser Richtung tue, hinter all diesen Aktionen steht meine Fähigkeit und meine Bereitschaft zu töten.»[15] Die Grenze zwischen der Ausübung von Gewalt und Mord ist schmal, sie ist schnell überschritten, wenn erst einmal ohnmächtige Menschen sich in der Hand von mächtigeren Menschen befinden. Wer als AnstaltspsychiaterIn tätig ist, der wird früher oder später Gewalt anwenden. Falls er jede Gewaltanwendung vermeiden will, dann wird er bald einmal seine Aufgabe nicht mehr erfüllen können. Er muss bereit sein, Risiken einzugehen. Wer Neuroleptika und Elektroschocks einsetzt oder gar psychochirurgische Eingriffe anordnet, der weiss genau, dass sich tödliche Komplikationen ereignen können. Und es darf nicht vergessen werden, dass PsychiaterInnen diese gefährlichen «Behandlungen» oft gegen den ausdrücklichen Willen der Betroffenen durchführen. Wie auch immer die Ausübung dieser Eingriffe gerechtfertigt wird, eine Tatsache bleibt unabdingbar bestehen: Bewusst gehen PsychiaterInnen immer wieder das Risiko ein, gesunde Menschen psychisch und körperlich bleibend zu schädigen oder gar ihren Tod zu bewirken. Diese Risiken sind in keiner Weise mit denjenigen vergleichbar, die in der körperlichen Medizin eingegangen werden. Denn die PatientInnen dieser ÄrztInnen sind wirklich krank, ihr Leben kann effektiv bedroht sein. Lungenentzündungen oder Herzinsuffizienzen gibt es wirklich, sie können tödlich enden. Ob jedoch Beziehungskonflikte, Resignation, Verwirrtheit, Traurig-Sein, Erregung oder Aufruhr als Zustände gelten sollen, die «medikamentös behandelt» werden müssen, ist ein rein willkürlicher Entscheid. Die Biologisierung dieser «Störungen», der Mythos der «Geisteskrankheiten» und ihrer Vererbung erlaubt es den PsychiaterInnen, uneingeschränkt ihre Macht auszuüben. Es sieht so aus, als wäre alles, was sie tun, «wissenschaftlich» gerechtfertigt. Wie aus Fromms Aussage deutlich hervorgeht, ist die tägliche Ausübung dieser Gewalt psychologisch betrachtet nicht mehr weit von der Bereitschaft, gezielt und bewusst zu töten, entfernt. Und damit ist es auch nicht mehr erstaunlich, dass all die Psychiater im NS-Staat willig und ohne Widerstand bei der Ermordung ihrer PatientInnen mitmachten. Sie hatten es im NS-Staat leicht, ihre «sadistischen Tendenzen» auszuleben. Sie hatten die Möglichkeit, ohnmächtige Menschen zu töten, ohne irgendeine Strafe fürchten zu müssen. Zudem war es für sie äusserst leicht, die Verantwortung für ihr Tun abzuschieben. Sie konnten sich hinter mächtigeren Menschen und «grossartigen» Ideen verbergen. Dass diese mörderische Tätigkeit sie im Grund befriedigte, brauchten sie niemandem zu zeigen. Sie konnten sich einreden, sie würden im Namen des «Führers» töten. Für «sadistische» Psychiater boten die «Euthanasie»-Aktionen die ideale Möglichkeit, ihre eigene Lebensproblematik, ihre Existenzängste auf einfache Weise zu entschärfen. Es darf bei einer Analyse dieser Vorgänge nicht vergessen werden, dass die unselige Idee der Ausmerzung von Menschen mit «minderwertigem» Erbgut keineswegs eine Erfindung der Naziideologen war. Nein, es waren gerade einflussreiche Psychiater am Ende des letzten und zu Beginn dieses Jahrhunderts, die die dringende Notwendigkeit von rassenhygienischen und eugenischen Massnahmen mit missionarischem Eifer verbreiteten. Die Ermordung der «Geisteskranken» entsprach ihrem Leitgedanken: Menschen mit «minderwertigem» Erbgut sollten ausgemerzt und an ihrer Fortpflanzung gehindert werden; und nur dies könne die Menschheit vor ihrem baldigen Untergang bewahren. Schon sehr früh lieferten die Psychiater zusammen mit den «wissenschaftlichen» Grundlagen auch gleich die Entschuldigung für die Massenmorde mit. Die Professoren Binding und Hoche scheuten sich nicht, das Töten als «unverbotenes Heilwerk von segensreichster Wirkung» zu bezeichnen.[16)]

So ergibt diese Analyse der schrecklichen Ereignisse im NS-Staat mit zunehmender Deutlichkeit das folgende Resultat: «Sadistische» Psychiater brachten Nationalsozialisten auf die Idee der Ausmerzung «minderwertiger» Menschen, und «sadistische» Nationalsozialisten gaben schliesslich «sadistischen» Psychiatern die Möglichkeit, ohne jegliche Behinderung durch Schuldgefühle oder Gewissensbisse ruhig und konzentriert den Massenmord durchzuführen. Und niemand kann behaupten, dass sich heute solche Schrecknisse nicht mehr ereignen könnten!

«Es ist das Ziel des Sadismus, einen Menschen in ein Ding, etwas Lebendiges in etwas Unbelebtes zu verwandeln, da das Lebendige durch die völlige und absolute Beherrschung eine wesentliche Eigenschaft des Lebens – die Freiheit – verliert.» (Fromm)[17] Schon rein durch die Unterwerfung, durch ihre Abhängigkeit von der mächtigen Institution und ihren VertreterInnen verlieren Psychiatrie-PatientInnen ihre Lebendigkeit und auch ihre Möglichkeit zu eigenständigem Denken[18]; und zusätzlich dazu unterdrücken die Neuroleptika chemisch ihre Lebendigkeit, ihre Wahrnehmung der eigenen Gefühle, ihre Fähigkeit, sich als selbständige Persönlichkeit zu erleben, massiv; sie werden gleichsam chemisch entmenschlicht, zu Dingen oder Sachen gemacht. Täglich also verwandeln PsychiaterInnen lebendige Menschen in unbelebte Dinge, lebendige Menschen in Wesen, die innerlich tot sind. Psychologisch betrachtet ist damit der Schritt zum konkreten Mord nurmehr äusserst klein.

Die psychiatrische Ideologie begünstigt das Ausleben von «sadistischen Tendenzen»

Wen die Ausübung von Gewalt über Ohnmächtige lockt, für den wird dies das zentrale Motiv seiner psychiatrischen Tätigkeit bleiben. «Die Lust, der Genuss an der völligen Beherrschung einer Person oder eines Lebewesens ist der Kern des sadistischen Triebes.»[19] PsychiaterInnen mit «sadistischen Tendenzen» oder «Charaktermerkmalen» werden sich in der Anstalts-Psychiatrie besonders wohl fühlen. Sie werden die engagierten, aktiven PsychiaterInnen sein, diejenigen auch, die ihr Fach wortreich und gut begründet in der Öffentlichkeit zu vertreten wissen. Denn ihr Fortkommen, ihre Karriere in der Psychiatrie bedeutet für sie nicht nur die Erfüllung ihres Ehrgeizes, nicht nur ein allmählich steigendes Einkommen. Nein, ihr Beruf kommt ihrem Charakter entgegen; als PsychiaterInnen sind sie in der Lage, ihr Lebensproblem – auf Kosten der ihnen ausgelieferten Menschen – zu lösen. Klar, dass sie sich gegen die Kritik an ihrem Fach vehement wehren. Klar, dass sie besonders viel Zeit und Beredsamkeit für die Verteidigung ihres Rechts auf Ausübung von Zwang und Gewalt einsetzen. Klar, dass sie ihre Theorien, ihr medizinisch-biologistisches Modell der menschlichen Psyche und ihrer «Störungen» in keiner Weise in Frage stellen wollen. Denn die Möglichkeit der Auslebung ihrer «sadistischen Tendenzen» ist nur solange gegeben, als dieses fragwürdige Modell allgemein anerkannte Gültigkeit hat und als wissenschaftlich gesicherte «Wahrheit» gilt. Nur wer gegen aussen überzeugt die Meinung vertritt, im Besitze einer unanfechtbaren «Wahrheit» zu sein, kann es wagen, im Namen dieser Wahrheit offensichtliche, zerstörerische Gewalt auszuüben. Es handelt sich hier um ein allgemein bekanntes, gesellschaftliches Phänomen. Eine Gruppe von Menschen, die psychisch oder materiell von der Machtausübung oder Ausbeutung anderer Menschen profitiert, muss ihre Stellung und ihr Verhalten als «natürlich», als «notwendig» und «berechtigt» darstellen.[20]

Die Furcht vor der Freiheit (Fromm)

«Die häufigsten Formen, in denen *masochistische* Strebungen auftreten, sind Gefühle von Minderwertigkeit, Ohnmacht und individueller Bedeutungslosigkeit. Die Analyse von Personen, die von diesen Gefühlen besessen sind, zeigt, dass sie zwar bewusst über derartige Empfindungen klagen und sie loswerden möchten, sie aber unbewusst von einer Macht in ihrem Inneren getrieben werden, sich minderwertig und unbedeutend zu fühlen.»[21] Gefühle der Minderwertigkeit, Ohnmacht und individueller Bedeutungslosigkeit sind heute weit verbreitet. Gesellschaftliche und damit verbundene familiäre Gründe für die Entstehung dieser Gefühle sind in grossem Ausmass erkennbar. Auch «masochistische Tendenzen» sind also vorwiegend in der Kindheit erworben; fördernd für ihr Auftreten ist das Fehlen von sinnvoller psychischer Stimulation, ferner Bedingungen, die Angst hervorrufen und Gefühle der vitalen Machtlosigkeit und Leere bewirken: kalte, freudlose und gleichzeitig autoritäre Verhältnisse also. Unter veränderten sozialen und familiären Lebensumständen würden sie nicht entstehen. Menschen mit «masochistischen Tendenzen» sind oft abhängig von anderen Menschen oder von Institutionen. Sie haben keinen eigenen Willen, sondern fügen sich den Meinungen, Befehlen oder Vorurteilen der andern. Die Frage, ob ein wesentlicher Teil der Psychiatrie-PatientInnen von «masochistischen Tendenzen» bestimmt werden, muss näher untersucht werden. «Die verschiedenen Formen, welche die masochistischen Strebungen annehmen, haben alle nur das eine Ziel: *das individuelle Selbst loszuwerden, sich selbst zu verlieren*; oder anders gesagt: *die Last der Freiheit loszuwerden.*»[22] Ist die Last der Freiheit, die Angst vor der Freiheit ein Grund dafür, dass sich so wenige Psychiatrie-PatientInnen wehren, dass so wenige Widerstand leisten? Ist es ihnen ein Bedürfnis, sich Befehlen und Anordnungen zu unterwerfen und Demütigungen zu ertragen? Was würde das bedeuten für das Verständnis der Psychiatrie? Es gibt immer wieder PatientInnen, die die Psychiatrie loben und sich befriedigt über die «Behandlung» äussern. Dies beweise, sagen die PsychiaterInnen, dass ihre Tätigkeit sinnvoll und nützlich sei. Sind nun diejenigen, die ihre «Behandlung» in psychiatrischen Anstalten loben, Menschen, die unbewusst Selbsterniedrigung, Leiden und Isolation suchen? Viel spricht dafür, dass sich die «sadistischen Tendenzen» der PsychiaterInnen mit den «masochistischen Tendenzen» der PatientInnen verbinden. Ihr Mensch-Sein, ihr Allein-Sein in der Welt wird von den einen nur ertragen, wenn sie fortwährend von willigen und wehrlosen Opferfiguren umgeben sind, die anderen suchen unbewusst nach einer Macht, der sie sich unterwerfen können. Kritiklosigkeit, Resignation und Unterordnung können demnach als Ausdruck der «masochistischen Tendenzen» der PatientInnen verstanden werden; und das gilt auch für die Verehrung, ja «Liebe», die sie gelegentlich ihren ÄrztInnen gegenüber empfinden. Damit wird klar, dass aus lobenden Äusserungen von Psychiatrie-PatientInnen, die ihre PsychiaterInnen «liebend» verehren, keineswegs darauf geschlossen werden darf, dass die herrschende Psychiatrie in Ordnung sei, dass dort auf psychisch leidende Menschen bestmöglich eingegangen und ihnen geholfen wird.

«Sadismus» und «Masochismus» haben viele Gemeinsamkeiten

«Sowohl masochistisches wie sadistisches Streben will dem Individuum zur Flucht aus seinem unerträglichen Einsamkeits- und Ohnmachtsgefühl verhelfen.»[23] «Sadistische» und «masochistische» Menschen sind vom Schrecken des Alleinseins und der eigenen Bedeutungslosigkeit erfüllt. Sie haben das Gefühl, einer feindseligen Welt allein gegenüberzustehen. Sie suchen krampfhaft nach jemandem, mit dem sie sich verbinden können. Hier zeigt sich erneut deutlich, dass «Sadismus» und «Masochismus» viel miteinander zu tun haben. Das gleiche Grund-Problem liegt hinter beiden Charakterzügen verborgen. Die einen versuchen ihre Lebensangst zu bekämpfen, indem sie sich mächtigeren Menschen unterwerfen; sie versuchen so, das Gefühl ihrer eigenen Bedeutungslosigkeit zu verlieren, und löschen sich dabei als eigenständiges Wesen gänzlich aus. Sie selbst existieren gefühlsmässig gar nicht mehr; ihre Identität besteht im wesentlichen darin, abhängig zu sein, beispielsweise als Psychiatrie-PatientInnen, «Schizophrene» oder «Maniker». «Sadistische» Menschen dagegen wollen über andere Menschen bestimmen, herrschen, sie ganz in ihrer Verfügungsgewalt haben. Da «Sadismus» und «Masochismus» nah verwandte Phänomene sind, ist es sinnvoll, vom «sadomasochistischen Charakter» zu sprechen. Typisch für diese Menschen ist ihr Hass auf alles Schwache, der verbunden ist mit Gefühlen der Bewunderung und Unterwerfung der Stärke gegenüber. Auch der «sadistische» Mensch empfindet demnach eine starke Tendenz und ein Verlangen, sich einer unüberwindlichen Macht auszuliefern – neben seinem Bedürfnis nach Verfügungsgewalt über hilflose Menschen. Die unüberwindliche Macht, der sich die PsychiaterInnen unterwerfen, ist leicht auszumachen. Sie unterwerfen sich ihren Professoren, Anstaltsdirektoren, Lehrbuchautoren; und sie unterwerfen sich gleichzeitig der Lehre, der «Wahrheit» ihres Faches, den Gesetzen der Biologie. Menschen mit «sadomasochistischen Tendenzen» müssen sich grundsätzlich von hierarchisch organisierten Institutionen, wie die Psychiatrie es ist, angezogen fühlen.

Die Fähigkeit zum Ungehorsam ist die Voraussetzung für Freiheit

Es ist mir wichtig, festzuhalten, dass ich mit meinen Überlegungen in keiner Weise die Psychiatrie-PatientInnen kritisieren will. Ihre Situation ist äusserst schwierig, sie stehen tatsächlich sehr oft allein und verlassen in der Welt. Es ist gut verständlich, dass sie sich den PsychiaterInnen unterordnen und die von ihnen vertretenen «krank»-machenden Ansichten und «Diagnosen» übernehmen. Vielleicht können meine Ausführungen dazu beitragen, dass die Situation der Psychiatrie-PatientInnen nicht mehr als unabänderliches Schicksal verstanden wird. Sowohl ihre innere wie ihre äussere Wirklichkeit sind Folgen ihrer Geschichte. Und was sich aus verständlichen Gründen entwickelt hat – wie das auch für die beschriebenen «masochistischen Tendenzen» gilt –, das kann prinzipiell auch verändert werden. Auf die Veränderung der bestehenden unerfreulichen Situation – sowohl durch einzelne Betroffene wie auch in der Gesellschaft als Ganzes – setze ich meine Hoffnungen.

Auf die bereits angetönte Frage, wieso Psychiatrie-PatientInnen sich nur selten wehren, wieso sie sich oft erniedrigen und unterdrücken lassen und auch, wieso sie die oft lebenslang stigmatisierenden «Diagnosen» annehmen, sie gar zu ihrer Identität machen, muss noch weiter eingegangen werden. Die Psychiatrisierung hat dramatische und einschneidende Auswirkungen auf das Leben des davon betroffenen Menschen. Die «Diagnosen» «Schizophrenie» oder «Manie» und die damit verbundene «Behandlung» sind dermassen einschneidend, dass sie weitaus wichtiger werden als Beruf, Ehestand, soziale Schicht oder Einkommen der PatientInnen. Die Lebenssituation, die Lebensaussichten und die Identität eines Menschen werden durch den Ausdruck «Schizophrenie» viel genauer beschrieben und in weitaus grösserem Ausmass beeinflusst als beispielsweise von der Tatsache, Lehrer oder Schreiner, alleinstehend oder Vater zu sein. Dennoch kaum Widerstand der Betroffenen gegen den äusserst dramatischen Eingriff der Psychiatrisierung. «Wenn ich vor der Freiheit Angst habe, kann ich nicht wagen, nein zu sagen, kann ich nicht den Mut aufbringen, ungehorsam zu sein. Tatsächlich sind Freiheit und Fähigkeit zum Ungehorsam nicht voneinander zu trennen.»[24] Die von einer liebenswürdig auftretenden Autorität verhängte psychiatrische «Diagnose» zurückzuweisen, die Notwendigkeit von Hospitalisierung und «Behandlung» zu bestreiten, würde offensichtlich einen Akt der Auflehnung, des offensichtlichen Ungehorsams bedeuten. Zudem ist allgemein bekannt, dass die Psychiatrie diese Entscheide wenn nötig mit offener Gewalt durchsetzen kann. Und die Auswirkungen der Hospitalisation und «Behandlung» (besonders derjenigen mit Neuroleptika) führen auf dramatische Weise zu einer Brechung der Persönlichkeit und der Widerstandskraft der Betroffenen. Dennoch muss die Frage gestellt werden, ob Psychiatrie-PatientInnen besonders grosse Angst vor der Freiheit haben. Wehren sie sich nicht, weil sie den Schrecken der Psychiatrie dem Schrecken des Freiseins vorziehen? Sind Psychiatrie-PatientInnen Menschen, die bis ins Innerste ihres Wesens davon überzeugt sind, dass Freisein auch Alleinsein bedeutet? Ist dies letztlich der Grund, dass sie sich oft willig den Meinungen und Vorurteilen ihrer Angehörigen und PsychiaterInnen fügen? «Ein Mensch kann durch den Akt des Ungehorsams, dadurch dass er einer Macht gegenüber nein sagen lernt, frei werden; *aber die Fähigkeit zum Ungehorsam ist nicht nur die Voraussetzung für Freiheit – Freiheit ist auch die Voraussetzung für Ungehorsam.*»[25] Viel spricht dafür, dass innerlich unfreie Menschen besonders gefährdet sind, schon beim Auftauchen von relativ unbedeutenden Schwierigkeiten mit ihren näheren Angehörigen psychiatrisiert zu werden. Doch dem müsste entgegengehalten werden, dass Freisein eben keineswegs Alleinsein bedeuten muss. Gerade innerlich freie und unabhängige Menschen sind in der Lage, erfüllende und reiche Beziehungen mit anderen Menschen zu leben: Beziehungen zwischen gleichberechtigten und gleichwertigen Menschen. Wer dagegen überzeugt davon ist, dass er die Zuneigung anderer Menschen erkaufen muss durch Anpassung, Unterwerfung, Verleugnung oder Verdrängung seines eigenen Willens, der läuft Gefahr, früher oder später gebrochener

Insasse einer psychiatrischen Anstalt zu werden. Denn seine Anstrengung, seine Aufopferung sind unfrei, sie dienen nicht seinen eigenen Bedürfnissen, der Entfaltung seiner eigenen Möglichkeiten. Er bietet sich an als Opfer, er lässt sich bestimmen in jedem Bereich. Und das kann lästig wirken, hilflos, störend, ja sogar «krank». Er signalisiert, dass er nicht zurückschlagen, sich nicht wehren wird. So sind es gerade diese Menschen, die in psychiatrische Anstalten abgeschoben werden. Keine erfreuliche Situation; und dennoch ist es wichtig, hier weiterzudenken: Es gibt viele gut verständliche Gründe dafür, dass Psychiatrie-PatientInnen kaum in der Lage sind, sich zu wehren gegen all die autoritär vorgetragenen Vorurteile, gegen Verachtung und offen ausgeübte Gewalt. Doch die Überlegung, dass vorwiegend «sadistische» Menschen sich von der beruflichen Tätigkeit in der Psychiatrie angezogen fühlen, lässt interessante und ermutigende Folgerungen zu. «Sadistische Tendenzen» werden ausschliesslich an ohnmächtigen, wehrlosen Menschen ausgelebt. «Sadistische» Persönlichkeiten versuchen niemals, starke, mächtige Menschen zu beherrschen. Sobald jemand stark und machtvoll auftritt, wird der «Sadist» von dem deutlichen Bedürfnis erfüllt, sich zu unterwerfen. Einem noch stärkeren Menschen gegenüber zeigt sich der «Sadist» als «Masochist», der sich unterordnet und das Gesetz des anderen übernimmt. *Wer stark und sicher auftritt, der wird niemals psychiatrisiert.* Ich denke, dieser Satz hat – abgesehen von unwesentlichen Ausnahmen – allgemeine Gültigkeit. Da mag ein Mensch ein noch so kompliziertes Wahnsystem vertreten, da mag er sich so sonderbar verhalten, wie immer das möglich ist. Solange er sich nicht als schwach und hilflos erweist, wird er unbehelligt von der Psychiatrie sein Leben leben können. Entscheidend für Einweisungen oder für die psychiatrische «Behandlung» ist einzig und allein die Hilflosigkeit und Ohnmacht der Betroffenen. Wenn aber ein Mensch, der in seiner näheren Umgebung als hilflos und wehrlos gilt, sich nicht einweisen oder «behandeln» lassen will, wird Zwang und Gewalt ausgeübt; nur dann kommt es zu den bekannten, üblen Szenen. Da jedoch «Diagnose», Hospitalisation und Psychopharmaka das Selbstbewusstsein und die Persönlichkeit verändern und brechen, nimmt die Widerstandskraft der Betroffenen nach der Einweisung laufend ab. Das heisst also, dass Gegenwehr wenn immer möglich vor der Psychiatrisierung stattfinden müsste. Gegenwehr, starkes Auftreten bis zum Moment des ersten Kontaktes mit den PsychiaterInnen ist sinnvoll und wichtig und erfolgversprechend. Eine entschlossene und selbstbewusste Haltung den Angehörigen gegenüber wird meistens verhindern, dass die Betroffenen überhaupt zu PsychiaterInnen geschickt werden, resp. dass NotfallpsychiaterInnen gerufen werden. Auch die PsychiaterInnen werden starkes Auftreten als «gesund» beurteilen und kaum eine Zwangseinweisung anordnen.

Und noch etwas muss unbedingt beachtet werden: Es ist keineswegs so, dass eine Einweisung in eine psychiatrische Anstalt von den Angehörigen völlig überraschend – als Entschluss eines einzigen Tages, gleichsam aus heiterem Himmel – eingeleitet wird. Diese schwerwiegende Entscheidung wird nur zögernd, nach eingehenden Diskussionen gefällt. Sie bedeutet den Schlusspunkt eines Prozesses, der viel Zeit beansprucht. Es ist praktisch unmöglich, dass die Betroffenen, um die sich all die Überlegungen und Diskussionen drehen, davon nichts merken. Vielleicht werden sie den genauen Zeitpunkt des Eingriffs nicht im voraus feststellen können; doch es wird ihnen sehr bald klar sein, dass ihre Einweisung in eine psychiatrische Anstalt droht. Und wenn sie diese Gefahr bewusst erkennen, haben sie mit grösster Wahrscheinlichkeit noch ausreichend Zeit, ihre Sachen zu packen, um den Menschen (oder die Menschen), der ihn einweisen lassen wollte, endgültig zu verlassen. Guter Grund zu diesem Schritt ist selbstverständlich vorhanden. Einerseits würde die betreffende Person damit der Psychiatrisierung aller Voraussicht nach entgehen. Andererseits ist es mehr als sinnvoll, weiteren, engen Kontakt mit Menschen zu vermeiden, die die Einweisung überzeugt befürworteten oder einleiten. Eine gleichberechtigte Beziehung mit ihnen ist danach nicht mehr möglich. Der freie, selbständige Mensch, den es zuvor gab, existiert nicht mehr. Seine Psychiatrisierung ist eine Handlung, die durchaus mit Mord zu vergleichen ist. Das Opfer ist gewissermassen gestorben; und mit ihm sind auch seine Beziehungen gestorben, jedenfalls in jener Form und Ausprägung, wie sie vor der Einweisung bestanden haben. Sicher, ein Wesen, das seinen Namen trägt und ihm ähnlich sieht, gibt es noch. Doch dieses

Wesen ist verändert, gezeichnet; das Stigma der Psychiatrisierung ist zu seiner neuen Identität geworden. Es prägt von da an sein Leben in grösstem Ausmass. Besonders in emotional schwierigen Situationen werden seine Handlungsmöglichkeiten – auch wenn er wieder ausserhalb der Anstalt leben darf – fast ausschliesslich von seiner neuen Identität bestimmt. Er kann sich weniger leisten als «normale» Menschen, er hat viel grössere Schwierigkeiten, sich durchzusetzen. Leichtfertig und schnell werden Ex-PatientInnen wieder eingewiesen, und diese Gefahr bestimmt weitgehend ihr weiteres Leben. All diese äusserst unangenehmen Folgen der Psychiatrisierung wären jedoch durch Distanz, durch die Trennung von den beteiligten, einst geliebten und vertrauten Menschen zu vermeiden. Die Angst vor dem Alleinsein ist der Grund, dass all die vielen Psychiatrie-PatientInnen ihre Familien, Ehepartner, Eltern usw. nicht vor der drohenden Einweisung endgültig verlassen. Dieser Grund ist verständlich, er ist gefühlsmässig gut nachvollziehbar. Es ist zu hoffen, dass dennoch immer mehr Menschen den Mut aufbringen, die Angehörigen noch vor der Einweisung zu verlassen. Die Zuversicht, dass die angedrohte Zwangseinweisung nicht stattfinden wird, erweist sich leider sehr oft als trügerisch.

Die psychiatrische Gewalt richtet sich vorwiegend gegen hilflose Menschen

Doch auch in der Anstalt ist selbstsicheres und starkes Auftreten gar nicht so gefährlich, wie es vorerst mit gutem Grund erscheint. Um diese Frage eingehender zu untersuchen, soll überlegt werden, wann denn eigentlich in der Anstalt brutale Gewalt ausgeübt wird. Da Gewalt in der Psychiatrie ein tabuisiertes Thema darstellt und in der Fachliteratur kaum existiert, beziehe ich mich im folgenden auf meine eigenen Erinnerungen und Beobachtungen aus der Zeit meiner Tätigkeit in einer grösseren psychiatrischen Anstalt. Weiter stütze ich mich auf Aussagen von Menschen, die psychiatrisch hospitalisiert gewesen sind. Meiner Ansicht nach gibt es PatientInnen gegenüber, die sich nicht brav und unauffällig den Anordnungen des Personals unterordnen, zwei typische Reaktionsmöglichkeiten. Einerseits wird zugeschlagen – sofort, hart und brutal. Meist stürzen sich drei, vier Pfleger auf den Betroffenen, werfen ihn zu Boden, halten ihn fest, bis die Injektion eines stark wirkenden, dämpfenden Neuroleptikums erfolgt ist. Ausgelöst wird dieses harte Vorgehen durch ein unerwartetes Ereignis. Im folgenden einige Situationen, die zu dieser Reaktion des Personals führen: Ein Patient (eine Patientin) wirft plötzlich Gegenstände im Zimmer herum. Hartnäckige Verweigerung der «Medikamenten»-Einnahme, obwohl eine Schwester oder ein Pfleger neben dem Betroffenen steht und ihm mit sanfter Gewalt die Tabletten in den Mund zu schieben versucht. Leichte körperliche Zusammenstösse; eine überraschende Bewegung eines Pflegers führt zu einer Abwehrreaktion des Patienten, was jener als Angriff erlebt. Fluchtversuche: Überraschte Pfleger oder Schwestern und auch ÄrztInnen versuchen automatisch, fliehende PatientInnen aufzuhalten; daraus entstehen leicht kleinere oder gröbere Handgemenge. Alle Formen von überraschendem und unkontrolliertem Körperkontakt mit PatientInnen haben also oft harte, brutale Reaktionen des Personals zur Folge. Hartes und brutales Zuschlagen demnach vor allem dann, wenn bis anhin brave, angepasste und ruhige PatientInnen unvermittelt eine das Personal überraschende und ängstigende Handlung begehen – spontane, aus momentaner Not entstandene Reaktionen. Keineswegs handelt es sich dabei um gezielten und geplanten Widerstand. Und gegen dieses vermeintliche Aufbegehren von bis anhin ergebenen und angepassten PatientInnen – ganz besonders, wenn es mit unkontrolliertem Körperkontakt verbunden ist – wird mit Gewalt vorgegangen. Allerdings sieht die Reaktion der Pfleger, Schwestern und ÄrztInnen wesentlich anders aus, wenn Insassen bewusst, gezielt und kontinuierlich Widerstand leisten. Kritische Betroffene, die sich verbal gut ausdrücken können, die gegen die psychiatrische Ideologie kenntnisreich zu argumentieren vermögen, verwirren das Personal; ja selbst die PsychiaterInnen zeigen ihnen gegenüber deutlich Zeichen der Hilflosigkeit. Wenn diese Betroffenen von ausserhalb der Anstalt in ihrer Widerstandshaltung bestärkt und unterstützt werden, verbessert sich ihre Situation noch einmal wesentlich. Sie werden in Ruhe gelassen und möglichst bald entlassen. Falls sie Fluchtversuche machen, werden sie nicht zurückgehalten und nicht polizeilich ausgeschrieben. Es zeigt sich deutlich, dass das Personal im Grunde froh ist, derartige PatientInnen loszuwerden. Überzeugte PsychiaterInnen werden ihre Haltung selbstverständlich damit begründen, dass diese PatientInnen nicht mehr «behandlungs»-bedürftig seien. Doch diese Erklärung ist zu einfach. Besser verstanden werden kann dieses Phänomen, wenn davon ausgegangen wird, dass Menschen mit «sadomasochistischen Tendenzen» sich vom Klima, von der Stimmung, die in der Psychiatrie herrscht, angezogen fühlen, und dass vor allem sie es sind, die diese Tätigkeit jahrelang aushalten. Die Wut, die Aggressionen «sadomasochistischer» Persönlichkeiten richten sich, wie gesagt, praktisch ausschliesslich gegen ohnmächtige Menschen. Es gibt kaum ohnmächtigere Menschen als Psychiatrie-PatientInnen; daran ändert ihre gelegentliche, spontane Gegenwehr nichts. Auf diese Form der Gegenwehr wird deshalb mit brutaler Gewalt reagiert. Dagegen wirken Insassen, die zu kontinuierlichem Widerstand fähig sind, denen es auch in der Anstalt gelingt, eigene Meinungen zu vertreten, selbstsicher; verständlich deshalb, dass sie rücksichtsvoller behandelt werden. Eine wichtige Folgerung ist aus diesen Überlegungen zu ziehen: Jeder Widerstand von Psychiatrie-PatientInnen ist sinnvoll; und er ist weitaus weniger hoffnungslos, als dies auf den ersten Blick erscheinen mag. Aussichtsreich müsste vor allem auch organisierter Widerstand sein. PatientInnen, die sich zusammenschliessen, die sich gegenseitig unterstützen, sind stark. Ihr Widerstand kann nicht so leicht niedergeschlagen werden wie die unvorbereitete, spontane Widerstandshandlung eines einzelnen. Die Stellung der kritischen Insassen wird durch Unterstützung von aussen zusätzlich verstärkt. Am ohnmächtigsten sind alleinstehende Anstalts-PatientInnen. Wenn sie durch eine tatsächliche oder sogar nur durch eine vermeintliche Widerstandshandlung das Personal irritieren, werden sie oft das Opfer brutaler Gewalt.

Es ist deshalb wichtig, dass sich möglichst viele Menschen, die sich nicht mehr widerstandslos von den PsychiaterInnen etikettieren, einsperren und «behandeln» lassen wollen, finden und zusammenschliessen. Anfänge sind gemacht. Im Forum-Antipsychiatrischer Initiativen (FAPI) haben sich die psychiatriekritischen Kräfte der deutschsprachigen Länder zusammengeschlossen. In

Zürich kämpft der Verein PSYCHEX gegen die Zwangspsychiatrie, indem er sich für PsychiatriepatientInnen einsetzt, die aus den Anstalten entlassen werden wollen. In Berlin steht das Weglaufhaus kurz vor der Eröffnung; dort sollen Menschen, die aus psychiatrischen Anstalten weggelaufen sind, aufgenommen werden und psychopharmaka-freie Unterstützung erhalten. In Zürich trifft sich regelmässig eine Gruppe Psychiatrie-Betroffener («Irre am Werk»). In Berlin wird das Psychiatrische Testament bereits von Direktoren psychiatrischer Anstalten respektiert. Im Psychiatrischen Testament kann jeder Mensch im voraus, juristisch einwandfrei formuliert, allfällige zukünftige, psychiatrische «Behandlungen» ablehnen.[26]

Noch etwas muss beigefügt und verdeutlicht werden: Auf die Ohnmächtigen richtet sich die Wut der «Sadisten». Und in der Psychiatrie äussert sich diese Wut unter anderem auch darin, dass schwerwiegende «Diagnosen» gestellt werden. Psychiatrische «Diagnosen» sind subjektiv und sehr willkürlich, darauf bin ich an verschiedenen Stellen schon ausführlich eingegangen. Was auch immer für eine «Symptomatik» beobachtet und bewertet wird, letztlich ist die Ohnmacht oder Hilflosigkeit des Betroffenen entscheidend dafür, ob er als psychisch «krank», «schizophren» oder «psychotisch» bezeichnet wird. Menschen mit vorwiegend «sadistischen Tendenzen» stigmatisieren Menschen mit vorwiegend «masochistischen Tendenzen», indem sie diese als «geisteskrank» bezeichnen: auch dies ein Aspekt der Psychiatrie.

Weil die Psychiatrie existiert, haben auch die Stärkeren in der Familie oder in anderen Gemeinschaften die Möglichkeit, missliebige Personen abzuschieben und damit lebenslänglich zu diskriminieren. Die Psychiatrie und ihre ideologische Grundlage gibt also auch «sadistischen» Persönlichkeiten in der breiten Bevölkerung die Gelegenheit, ohnmächtige Menschen zu kontrollieren, zu quälen und zu unterdrücken.

Die psychiatrische Produktion von Unbewusstheit

Wer im Sinne der psychiatrischen Lehrmeinung «krank» ist, dessen Leiden ist auf *Gedächtnislücken* zurückzuführen. Diese Einsicht geht auf Sigmund Freud zurück. Dementsprechend ist es das Ziel der psychoanalytischen Behandlung, diese Gedächtnislücken durch bewusste Gedanken aufzufüllen. Im Sinne von Freud ist das Wissen um die eigene Vergangenheit eine Voraussetzung für «Gesundheit», beziehungsweise für Beschwerdefreiheit. Um zu dieser Ansicht zu kommen, musste Freud psychiatrische Vorurteile überwinden. Der Zürcher Psychoanalytiker Mario Erdheim beschreibt dies ausführlich in seinem Buch «Die gesellschaftliche Produktion von Unbewusstheit».[27] Erdheim verweist auf den Psychiater Emil Kraepelin, der als «Vater der modernen Psychiatrie» bezeichnet wird. Kraepelin ist der Meinung, dass der Psychiater in seiner Beziehung mit dem Patienten der Mächtige sein müsse, seine Wissenschaft bestehe aus den Mitteln, den Patienten «zur Vernunft» zu bringen und sich die «unbedingte Herrschaft über das Gemüt des Kranken zu sichern». Es wird deutlich, dass die heutigen PsychiaterInnen Kraepelins Dogmen mit zunehmendem Erfolg folgsam und kompetent verwirklichen. Im Zentrum der «Behandlungen» der biologistischen Psychiatrie stehen die «Medikamente», schwierige und störende PatientInnen erhalten ausnahmslos Neuroleptika. Mit den Neuroleptika gelingt es, Kraepelins Forderung nach der «unbedingten Herrschaft» über das Gemüt dieser «Kranken» mit absoluter Sicherheit zu erzwingen. Doch nicht nur das; durch ihre generelle Neurotoxizität beeinträchtigen Neuroleptika die intellektuelle Leistungsfähigkeit der betroffenen Menschen, die Konzentrationsfähigkeit und auch ihr Gedächtnis. Die medizinisch-biologischen «Behandlungen» der Psychiatrie, dazu gehören auch Elektroschocks und psychochirurgische Eingriffe, führen alle zu – zum Teil bleibenden – Gedächtnisstörungen. Wenn Freud mit seiner obenstehenden Aussage recht hat – und ich denke, er hat recht –, dann erhält diese Auslöschung von Gedächtnisinhalten, diese Zerstörung der Erinnerung, diese als «Behandlung» bezeichnete Erzeugung von Gedächtnislücken eine äusserst schwerwiegende Bedeutung. Psychisch leidende, ohnmächtige Menschen weisen Gedächtnisausfälle auf. Sie leiden, weil sie ihre

Lebenssituation, ihre Lebensgeschichte nicht verstehen. Und weil ihnen das Verständnis für diese Zusammenhänge fehlt, vermögen sie nicht die nötigen Folgerungen zu ziehen. Sie leiden vor allem, weil sie ihre zu stetiger Anpassung und Unterordnung zwingende Stellung im Kreis ihrer Angehörigen (oder auch im Beruf) nicht erkennen und damit auch nicht verändern können. Sie leiden an ihrer Gedächtnisstörung. Und diese Gedächtnisstörung beruht auf der Verdrängung von unangenehmen und unerträglichen Erlebnissen. Die bewusste Erinnerung an ihre fortwährende Unterdrückung wäre ein Schlüssel und der wichtige erste Schritt für das Verständnis ihrer Lebenssituation und damit auch ihres aktuellen psychischen Leidens. Und erst durch dieses Verständnis ergeben sich Möglichkeiten der Veränderung. Nur wer erkennt, wie sein Leiden entstanden ist, kann sich selbst helfen. Was geschieht mit diesen Menschen, wenn sie in den Einflussbereich der Psychiatrie kommen? Sie werden von PsychiaterInnen «behandelt», die sich die «unbedingte Herrschaft über ihr Gemüt» sichern wollen. Um dies zu erreichen, werden Methoden angewendet, die zu einem organisch bedingten, zum Teil unheilbaren Gedächtnisverlust führen. Die psychische, auf Verdrängung beruhende Gedächtnisstörung wird durch die Eingriffe der Psychiatrie organisch fixiert. Und damit fixiert die Psychiatrie auch – oft für immer – das Leiden dieser Menschen. Die Psychiatrie verhindert genau das, was diesen Menschen helfen könnte, nämlich die Erkenntnis ihrer effektiven Lebenssituation, die Aufarbeitung ihrer Lebensgeschichte. Und eine Aufarbeitung des Vergessenen, des Verdrängten, eine sinnvolle Auffüllung der Gedächtnislücken ist nur möglich, wenn auch die mit der Erinnerung verbundenen Gefühle wiedererlebt werden. Nur ein Mensch, der in der Lage ist, seine eigenen Gefühle wahrzunehmen, kann sich mit Gewinn mit seiner Vergangenheit auseinandersetzen. Doch die wesentliche Wirkung der Neuroleptika ist die Unterdrückung der Gefühlswahrnehmung. Die Psychiatrie macht diese Menschen damit noch ohnmächtiger, noch «kränker», als sie es ohnehin schon sind. Menschen, die lernen müssten, sich zu wehren, Ohnmächtige, denen nur ein Abbau ihrer Ohnmacht helfen könnte, werden zusätzlich unterdrückt, zusätzlich entmachtet.

Wer, ob Mann oder Frau, ohnmächtige Menschen um sich haben muss, um seinen Gefühlen der Einsamkeit, des Alleinseins zu entgehen, der werde Psychiater oder Psychiaterin. Es ist zu hoffen, dass diese Aussage – irgend einmal – ihre Gültigkeit verlieren wird. Einen Schritt auf dem Weg dazu würde der zunehmende Widerstand möglichst vieler Betroffenen bedeuten. *Starke, sich widersetzende Menschen können niemals Opfer von «SadistInnen» werden.*

«Sadistische» ÄrztInnen und «masochistische» PatientInnen sind in grossem Ausmass gegenseitig voneinander abhängig. «Masochistische» und «sadistische Tendenzen» sind in unserer Gesellschaft weit verbreitet und bestimmen in grossem Ausmass Beziehungen: Beziehungen zwischen Eltern und Kindern, Männern und Frauen, LehrerInnen und SchülerInnen, ÄrztInnen und PatientInnen, ArbeitgeberInnen und ArbeiterInnen oder Angestellten, Beziehungen zwischen Regierungen und der breiten Bevölkerung usw. Das Vorherrschen dieser Beziehungsstruktur in der Psychiatrie bedeutet demzufolge nur ein besonders deutliches Beispiel einer allgemein vorhandenen und weit verbreiteten Gegebenheit. Interessant an dieser Feststellung ist vor allem, dass gerade die Psychiatrie bestehendes Leiden und Missstände fixiert und verschärft. Gerade die Institution, die den Anspruch erhebt, dass die dort Tätigen den Überblick haben, dass sie den Menschen und seine psychischen Probleme verstehen und «behandeln» können, genügt diesem Anspruch in keiner Weise. Die Psychiatrie ist vielmehr ein Spiegel für die gesellschaftlichen Missstände. Und sie ist damit eine wesentliche Ursache für die Entstehung und Verschärfung der «Störungen», die sie zu «heilen» vorgibt. Der bekannte Spruch beschreibt die Situation im Bereich der Psychiatrie genau: *Drinnen ist wie draussen, nur schlimmer.*

Manie?

Nach der Zwangseinweisung: Bin ich noch ein Mensch?

Martin: Was ist los? Wo bin ich? Was ist geschehen? Wer bin ich? Bin ich ein Mensch? Eine Irren-Anstalt! Ich bin in einer Irren-Anstalt. Ein Irrer. Entsetzlich. Nein! Ich will das nicht. Bin ich irr? Ich kann nicht mehr. Ich will wieder schlafen.

Warum bin ich hier eingesperrt? Wie bin ich hierher gekommen? Ich fühlte mich gut, sehr gut. Für mich gab es keine Grenzen, keine Probleme, keine Not. Nur Ruth war besorgt. Ruth, meine Frau. Dennoch zweifelte ich keinen Augenblick daran, sie mitreissen zu können. Ich fühlte mich stark, stark und sicher. Und was geschah dann? Ich erinnere mich kaum. Alles ist wie in Nebel getaucht, in Dunkelheit und Schmerz. Ja – Ruth begann irgendwann vom Psychiater zu reden. Nein, Psychiater brauchte ich keinen; wieso denn auch? Und sie? Ja, sie hätte Hilfe gebraucht, Hilfe für sich; Hilfe, weil sie mich nicht verstehen, mir nicht folgen konnte. Ich war zu schnell, zu lebendig, zu spontan. Ihr fehlte der Halt. Schlimm war das nicht, so dachte ich. Und dann steht er plötzlich da, ernst, besorgt und nett. Ich erzähle von meinen Ideen, meinen Plänen. Nicht lang. Und dann Aufregung, Gefahr, Wut. Ich will mich nicht behandeln, nicht wegführen lassen. Wieso denn ich? Nein, ich nicht. Gewalt, Kampf, ich wehre mich, ich schlage um mich, grosse Männer, Schmerz. Nebel, Schmerz. Ich sinke, sinke tief, stürze unendlich lange, alles dreht sich, ich drehe mich, immer schneller, immer schneller und versinke im Sumpf, im Schlamm; tot, ich bin tot. Fühle nichts mehr. Dann – nach einer Ewigkeit – der Schmerz, der fürchterliche Schmerz, im Kopf, am ganzen Körper; und alles beginnt sich wieder zu drehen, schnell und schneller; Wände, weisse Wände, Licht, eine Lampe, hell, stechend, ein Gesicht, eine Hexe, eine Frau? Endlich eine Stimme: «Herr Meier, wie geht es denn?» Eine nette Stimme, liebevoll. Ich fürchte mich. Angst, grauenvolle Angst. Was ist geschehen? Wo bin ich? Wer ist das? Diese Hexe. Warum hat sie eine so liebevolle Stimme? «Herr Meier, Sie sind hier bei uns, in der Klinik. Hier sind Sie sicher. Wollen Sie etwas trinken, Herr Meier?

Bald werden Sie wieder gesund sein, Herr Meier.» Nein, schrecklich. Nein, mir war es doch gut gegangen – so gut.

Und jetzt hier, an diesem unheimlichen Ort. Wieso? Weil ich zu viel sprach, weil ich zu viele Ideen hatte, weil meine Ideen, meine Projekte mir wichtig waren, weil ich Tag und Nacht daran dachte, weil ich kaum mehr Zeit für andere Dinge fand, Dinge, die doch auch wichtig seien – so wurde mir gesagt. Ich sei stur, einseitig, beschränkt, fanatisch. Bin ich deswegen hier? Ruth, vor allem Ruth, machte mir Vorwürfe, fand, mit mir sei es nicht mehr auszuhalten, das sei kein Leben. Aber ohne meine Ideen bin ich tot. Das weiss ich, und doch sind sie mir entglitten. Was war daran so wichtig? Sie beschäftigten mich – na und? Das ist alles so weit weg. Und jetzt bin ich hier in der Hölle und habe Angst. Die lieben, freundlichen Stimmen, die mitleidvolle Anteilnahme, alles Heuchelei, grauenhaft. Ich bin einer, dem man nicht mehr alles sagt – mit gutem Grund; er muss geschont werden; er würde es gegen sich nehmen, er ist heikel, sensibel, krankhaft empfindlich. Ja, das stimmt, ich ertrage es nicht: «Die nächste Spritze, Schwester, die nächste Pille, bitte. Wenn ich nur schon schlafen könnte, schlafen, schlafen, ohne Alpträume, bitte, ohne Alpträume.»

Ich muss dankbar sein für alles; dankbar, dass ich überhaupt noch irgendwo sein darf, wirklich. Ich sei so schwierig, so empfindlich, sagen sie, so unerträglich. Und sie? Sie sind so verständig, so lieb, alle, so gemein, sie quälen mich; sie meinen es nicht ernst, sie sehen nur den Fall in mir; und doch brauche ich ihre Liebe und sehne mich nach ihren warmen Stimmen, die plötzlich laut und herzlos klingen. Ich war mutig, ich war initiativ; und jetzt? Wenn ich doch nur für immer hier bleiben könnte, in dieser Anstalt. Ich habe Angst vor der Welt, ich habe Angst vor der Verachtung der Menschen, die dann wissen werden, was mit mir geschah. Ich werde nie mehr ernst genommen, für voll genommen werden, von Ruth, von meinen Kindern, von meinen Freunden, am Arbeitsplatz. Ich gelte als krank, geisteskrank, psychotisch, manisch, ich bin – in der Klapsmühle. Jetzt wissen es alle. Ich schäme mich.

Diese Erniedrigung. Dass einem Menschen so etwas zustossen kann. Und doch wusste ich es ganz genau, ich wusste, dass Menschen abgeschoben werden, wenn sie Anstoss erregen, wenn sie stören, wenn andere sie nicht ertragen. Aber doch nicht ich. Und dabei hätte gerade ich es wissen müssen. Wie doch ein Mensch vergessen kann. Es ist mir fast gelungen, diese Schmach zu vergessen. Ich lebte mein Leben, als wäre das nie geschehen. Und doch ist es wahr. Ich hatte das Vordiplom nicht bestanden, damals, das Vordiplom des Architekturstudiums. Und das war schlimm gewesen. In meiner Familie, unmöglich. Das hätte ich ihr nicht antun dürfen. Und ich hatte versagt. Mein Vater holte mich ab und gratulierte mir zum bestandenen Examen. Und ich, ich wagte es nicht, ihm meinen Misserfolg einzugestehen. Schrecklich. Schrecklich, die folgenden Tage. Ich ass nicht, schlief nicht. Ich schloss mich in meinem Zimmer ein. Bis, ja, bis ich in die Anstalt gebracht wurde. Ich sei depressiv, hiess es damals. Nach drei Wochen wurde ich entlassen; es ging mir kaum besser. Aber mein Vater hatte mir verziehen, er sprach wieder mit mir und ermutigte mich, die Prüfung zu wiederholen. Ein halbes Jahr später bestand ich die Prüfung und vergass meine doppelte Schande – das verpasste Vordiplom und die psychiatrische Hospitalisation. Und dann, ein halbes Jahr später, war ich noch einmal in der Anstalt. Ich wurde Universitätsmeister, ich siegte im 800-Meter-Lauf. Und ich wurde übermütig, ich traute mir viel zu, alles. Ich reiste herum, schaute Bauwerke an, begann, über Riesenprojekte zu phantasieren, gleichzeitig wollte ich Olympiasieger werden und Zeit für Frauen haben. Ich wollte alles, Studium, Sport, die Liebe und schreiben – Fachartikel, Kurzgeschichten, einen Roman. Und ich verbrauchte Geld, das Geld meines Vaters. Vater machte sich Sorgen, besprach sich mit seinem Freund, dem Chefarzt einer Privatklinik. Und so wurde ich erneut eingewiesen. Ich sei manisch, hiess es nun. Doch auch dieses Mal wurde ich rasch entlassen, nach zwei Wochen schon. Die Medikamente liess ich bald weg, und es ging gut so.

Ich sah heute Ruth, ich fühlte nichts, nichts richtig. Meine Frau für mich eine Fremde. Angst, Wut, alles war da und doch nicht da – Verwirrung, Unsicherheit. Wieso ist sie gekommen? Was wollte sie? Ich war so verwirrt, ich schämte mich so. Kurz vorher war mein Zimmernachbar davongerannt; sie packten ihn, er schrie, schlug um sich, schrecklich. Sie schlugen ihn. Bis er die Spritze im

Gesäss hatte, verging viel Zeit. Ich stand in der Ecke, ich hatte Angst, grauenvolle Angst. Ich wollte helfen, wollte schreien, stand nur da, gelähmt, gequält. Ich schäme mich so, ich schäme mich so. Und dann Ruth. Dieser kalte Blick. Wenn ich doch nur für immer hier bleiben könnte. Ich will nicht weg, ich will nicht mehr zu ihr. Nein! Ich bleibe. Nein. Bitte die Pille. Ich will nichts fühlen, ich will schlafen. Schwester, bitte.

Ruth: Heute habe ich Martin besucht, zum dritten Mal. Die beiden ersten Besuche verliefen für mich wie im Traum. Ich nahm die Klinik, die anderen Patienten gar nicht wahr. Ich wollte Martin sehen; doch er schlief ständig. Das sei gut für ihn, er brauche Ruhe, müsse sich von seinen Aufregungen, von seiner Krankheit erholen. So sprach ich denn jeweils mit seiner Ärztin, erzählte ihr, was ich erlebt, wie Martin auf mich gewirkt hatte in der letzten Zeit. Heute war es anders gewesen, ganz anders. Jetzt weiss ich, was geschehen war. Das habe ich nicht gewollt. Nein. Nein, ich kann es nicht glauben. Das ist nicht Martin. Dieser Martin ist nicht mein Martin. Diesen Menschen, den ich heute in der Klinik getroffen habe, den kenne ich nicht. Martin? Ich fühle mich schuldig. Meine Schuld ist riesengross. Wenn ich das gewusst hätte. Dass ein Mensch sich in zwölf Tagen so verändern kann. Unglaublich! Aber ich war verzweifelt. Ich wusste nicht mehr weiter. Das stimmt. Dann die Idee, einen Psychiater beizuziehen. Das waren meine Eltern. Mir kam nichts Besseres in den Sinn. Martin war so schwierig, so anders geworden. Ich verstand ihn nicht mehr. Ich hatte Angst um ihn, um uns, um die Kinder. Ich hatte nichts Böses vor. Martin sollte es wieder gut gehen. Mehr wollte ich nicht. Doch jetzt, dies, hier. Nein, damit hatte ich nicht gerechnet. Schon nur diese Umgebung. Nein, Martin gehört nicht hierhin. Martin ist nicht geisteskrank. Martin ist nicht so, so, wie die anderen Patienten hier. Nein. So krank ist er nicht. Es war entsetzlich, durch die Klinikgänge zu gehen, schrecklich, all die Patienten zu sehen, grässlich der Gedanke, die Gewissheit, dass Martin hier ist: mein Martin. Martin ist nicht so. Und doch ist er so. Hier ist er so. Er unterscheidet sich nicht von den anderen. Er hat denselben abwesenden Ausdruck, dasselbe starre Gesicht, er wirkt verkrampft, unruhig, abgelöscht, ausgelöscht. Seine Hände zittern, die Daumen kreisen. Er kann sich nicht ruhig halten. Ständig macht er kleine Schritte vorwärts und zurück. Sein Mund ist fortwährend in Bewegung, die Lippen sehen aus, als ob sie saugen oder küssen wollten. Ich habe das Gefühl, dass er von all dieser abgelöschten, rhythmischen Unruhe gar nichts bemerkt... Das mein Martin? Nein. Und er sprach nicht. Kürzlich noch hatte er mich überschwemmt mit seinem Redefluss, er hatte mich richtiggehend über-redet. Und jetzt das. Tragisch, was hier in der Klinik mit Menschen gemacht wird, was hier in kurzer Zeit geschieht. Diesen Mann kenne ich nicht. Das ist nicht mein Mann, das ist ein Patient – ihr Patient. Was soll ich nur tun? Wie wird das enden? Ich will Martin wieder, ich will meinen Mann. So darf es nicht weitergehen, so nicht. Ich muss mehr wissen über seinen Zustand. Ich muss sofort mit der Ärztin reden. Ich muss wissen, was hier vorgeht. Die soll erzählen, mir erklären. Ich will Auskunft über die Krankheit meines Mannes. Ich will wissen, ob er wieder gesund wird. Ich will alles wissen.

Dieser Sonntag vor zwei Wochen; die Einweisung: der fürchterlichste Tag meines Lebens! So hatte ich mir das nicht gedacht. Ich wusste nicht mehr aus und ein. Ich brauchte Hilfe. Martin machte mir Angst, Martin war nicht mehr sich selber. Das stimmt. Meine Eltern, unsere Freunde, alle sprachen schon lange vom Psychiater. Ich zögerte, ich hoffte, ich wartete. Martin sollte sich erholen, Martin sollte wieder so werden, wie ich es gewohnt war. Mein Hoffen, mein Warten war vergeblich. Die Situation wurde immer schlimmer, Martin immer sonderbarer, fremder, getriebener. Ich verstand ihn überhaupt nicht mehr. Was spielte sich da ab? Wieso diese Veränderung, wieso? Wieso sollte unser Leben plötzlich nicht mehr sein wie zuvor? An diesem entsetzlichen Sonntag hielt ich es einfach nicht mehr aus. Martin hatte gearbeitet, geschrieben, entworfen, von fünf Uhr früh bis nachts um zehn. Die Kinder waren den ganzen Tag über unruhig. Dann wollte er etwas essen. Ich freute mich darauf, ein wenig mit ihm zu sein. Ein wenig Ruhe, ein wenig Geborgenheit, zusammmen mit Martin, das erhoffte ich mir. Ich hätte ihm auch gerne von mir erzählt, von den Kindern, sie waren ohnehin schwierig und unruhig, so launisch in dieser Zeit. Doch das ging nicht. Martin sprach und sprach und ass gleichzeitig. Ich kam nicht dazu, ein einziges Wort zu sagen, und schon war er wieder weg, an seiner Arbeit. Ich rief meine Mutter an, klagte und schrie. Sie riet mir zum Notfallpsychiater. Dabei ging es mir gar nicht um Martin. Ich wollte einfach mit jemandem reden, ich brauchte Rat und Unterstützung. Nach einer Stunde kam der ruhige, liebenswürdige Doktor Bättig. Martin sprach auch pausenlos auf ihn ein. Hektisch, beschwingt-beschwörend redete er ohne Unterbruch. Ich verliess den Raum, die Situation war für mich unerträglich. Als ich zurückkam, war es Bättig, der auf Martin einredete: «Herr Meier, Sie müssen jetzt diese Medikamente einnehmen. Nur so ist eine Klinikeinweisung zu vermeiden. Herr Meier, seien Sie jetzt bitte vernünftig. Sonst muss ich jede Verantwortung ablehnen. Morgen erwarte ich Sie um 15 Uhr in meiner Praxis.» Ich glaube, bis zu diesem Moment hatte Martin gar nicht realisiert, dass er mit einem Psychiater sprach. Martin wurde laut, aggressiv, beleidigend. Er schrie, fluchte und tobte. Kurz darauf wurde er handgreiflich. Je mehr der Psychiater ihn zu beruhigen versuchte, desto aggressiver wurde Martin. Schliesslich stiess er den Arzt kurzerhand zur Türe hinaus. Ein Glück, dass Bättig sich im letzten Moment auffangen konnte, sonst wäre er Kopf voran die Treppe hinab gestürzt. Darauf verzog sich Martin in sein Zimmer und schloss sich ein. Verwirrt und verzweifelt sass ich in der Stube. Ich schreckte auf, als Bättig anrief: «Frau Meier, in zehn Minuten wird die Ambulanz vorfahren. Ich sehe keine andere Lösung. Sie sind doch damit einverstanden. Ich kann es nicht verantworten, ihren Mann in diesem Zustand zu Hause zu lassen. Es wird sich um einen kurzen Klinikaufenthalt handeln.» Und schon hatte der Arzt aufgehängt. Und schon standen zwei grosse Sanitäter vor der Tür. Sie fackelten nicht lange. Innert fünf Minuten war die Tür zum Arbeitszimmer aufgebrochen. Martin wehrte sich wie wild – vergeblich, er hatte keine Chance. Erschöpft lag er am Boden, er konnte kaum mehr schreien. Blitzschnell stiess ihm der eine der Männer eine Injektionsnadel ins Gesäss, während ihn der andere mit eisernem Griff festhielt. Ich hatte Angst, grauenhafte Angst. Ich war nicht in der Lage, etwas zu sagen, etwas zu machen. «Halt», schrie es in meinem Kopf, «halt, das geht doch nicht. Nein! So nicht. Halt. Lasst doch den Martin in Ruhe, lasst ihn hier.» Kein Ton kam über meine Lippen. Wie gelähmt stand ich da. Entsetzt sah ich, wie Martin auf eine Bahre gehoben wurde. Entsetzt sah ich, wie die Sanitäter mit Martin verschwanden. Ihren Gruss konnte ich nicht erwidern. Was danach geschah, weiss ich nicht mehr. Am frühen Morgen erwachte ich, ich lag im Wohnzimmer auf dem Boden. Die Kinder standen neben mir und fragten mich, was los sei. Ich schrie auf. Martin! Was ist geschehen? Wo ist Martin? Dies war der schrecklichste Tag, die schrecklichste Nacht meines Lebens. Nie werde ich das vergessen, nie! Wie wird das weitergehen? Dieser Tag wird Folgen haben, schwerwiegende Folgen, für Martin, für mich, dessen bin ich gewiss. Ich bin schuld, ich habe Martin zerstört – für immer. Ich!

Am Ende der Kräfte; liebevoll verachtet

Martin: Ich bin erschöpft. Ich mag nicht mehr. Ich bin am Ende. Ich will allein sein. Lasst mich in Ruhe. Ich bin kein Tier. Ich bin ein Mensch. Wie ihr mich anschaut, anstaunt, studiert. Eure kalten, verständnisvollen Blicke. So werden Tiere angestarrt. Tiere ... und Patienten. Ich bin Patient – ein Tier ... im Zoo. Ausgestellt. Verschwinden, mich verstecken kann ich nicht. Ich werde gemustert, betrachtet, kontrolliert – pausenlos. Ein Mensch darf schwach sein. Ein Mensch darf allein sein. Ich nicht. Bin ich Mensch? Als Tier will ich nicht leben. Nein. Ruhe, Ruhe, gespannte Ruhe, wartende Ruhe, ängstliche Ruhe, unruhige Ruhe... Ich bin erschöpft, kraftlos; und doch treibt es mich in die Gänge; kann nicht ruhig sein. Dabei bin ich so müde. Ich mag nicht mehr leben, nicht mehr.

Hoffnung, Hoffnung? Eine Ahnung nur. Ziele, Zukunft. Für mich ist das vorbei – für immer. Ich bin krank, so sagen sie, geisteskrank. Das wissen alle. Ein Geisteskranker mit Zukunft, mit Hoffnung, mit Zielen? Nein, das gibt es nicht. Mich gibt es nicht. Hier ist ein Patient, ein Gestörter, ein Zerstörter: Martin! Zerstört für immer, am Boden für immer. Ohne Genick, ohne Wirbelsäule. Ein Rudiment, kein Mensch, Nicht-Mensch, Un-Mensch, Tier, Aussatz. Getrieben und doch ohne Kraft. Gespannte Apathie, geballte Kraftlosigkeit. Helft mir doch, ihr habt mich zerstört. Nur ihr, die ihr mich zerstört habt, könnt mich retten. Ich bin euch ausgeliefert. Doch ihr schaut mich kalt und unbeteiligt an. Mühsam versteckt ihr eure Gefühle, euren Ekel. Ich bin abscheulich, ich errege Ekel. Alle Patienten, wir alle sind so. Ekelerregend. Nicht-Menschen! Kontrolliert von Menschen. Wärter, Aufseher. Sie passen auf und spritzen. Sie sind oben. Für sie ist alles klar und logisch. Sie schauen herab – zu uns. Ich kann nicht mehr. Helft mir doch, sagt mir etwas Liebes: «Herr Meier, Sie sind ein Mensch, ein Mensch, wie wir.» Das sagt niemand. O Gott. Ich will sterben. Sogar dazu bin ich zu schwach. Mir fehlt die Kraft, mir fehlt ... alles fehlt mir hier im Zoo.

Ich sei ein Mensch. Trotz allem ein Mensch. Haben sie mir gesagt. Es ist doch völlig gleichgültig, ob ich ein Mensch bin oder nicht. Ein Mensch? Sind sie Menschen? Wahrscheinlich. Sie fühlen sich als Menschen. Sie betrachten sich als menschlich. Schliesslich geben sie sich Mühe. Sie bemühen sich, um mich, um die andern Patienten. Sie meinen es gut. Und ich bin müde, so unendlich müde. Ein Mensch? Ein Mann? Eine Frau? Wieso gibt es Frauen? Wozu? Was soll ich mit einer Frau? Ich muss glauben, was sie mir sagen. Ich habe keine Wahl. Ich bin krank. Und nur wenn ich daran glaube, dass ich krank bin, habe ich auch eine Chance auf Besserung, auf die Besserung der Krankheit. Und dann: Herr Meier, der Ex-Patient, Herr Meier, der künftige Patient, denn Ex-Patienten sind immer auch künftige Patienten. Auch ein Ex-Patient ist kein Mensch. Auch gebesserte Patienten bleiben Patienten. Der Fluch der Krankheit verfolgt dich, mich, er klebt, er verliert sich niemals. Nur wer kämpft, hat eine Chance. Dazu braucht es Kraft, sehr viel Kraft. Doch ich bin zu müde. Hilft mir denn niemand? Wirklich niemand? Gibt es denn hier keine Menschen? Wo sind die Menschen geblieben? Gibt es überhaupt noch Menschen? Werden vielleicht alle Menschen zu Un-Menschen, wenn sie mich hier sehen, mich, den Patienten, den Geisteskranken? Sind sie nur Un-Menschen, so lange sie bei mir sind? Bin ich es, der sie zu Un-Menschen macht – durch mein Hier-Sein? Weil ich das geschehen lasse? Weil ich mich nicht wehre? Weil ich mich zwangsweise hierher in die Normalisierungsfabrik bringen liess? Weil ich brav ihre Medikamente fresse? Weil ich ein Roboter geworden bin, ein integrierter Bestandteil des Psychiatriesilos. Werden sie nur menschlich, wenn sie sich fürchten, wenn sie aus Angst es nicht wagen, un-menschlich zu sein? Ich sollte ihnen Angst machen, sie bedrohen. Doch dann erhalte ich stärkere Medikamente. Ich sollte stark und sicher auftreten, ohne sie zu ver-wirren. Das ist es. So, nur so, werden ich und sie zu Menschen: Das ist die Mensch-Werdung, die Menschlich-Werdung. Ihnen Angst machen, ohne zu ver-rücken, Angst machen, ohne dass sie denken können, der spinnt. Respekt ist noch besser als Angst. Sie müssten mich respektieren. Sie müssten dazu gezwungen werden, sie, meine Peiniger. Respektiert zu werden als Mensch, mein Ziel. Widerstand, ständiger Widerstand, ein selbstbewusstes, sicheres Auftreten, das ihr «Wissen» über meine Krankheit endgültig in Frage stellt – das ist der Weg zum Ziel. Doch ich bin ver-rückt, ver-rückbar jederzeit. Es ist einfach, mich zu vernichten. Für mich ist es vorbei.

Sie ist so schrecklich, eure liebevolle Verachtung. Es gibt nichts Schlimmeres. Es ist die Zuwendung, die Liebe, die ein verletztes Tier erhält. Ein Tier! Solange ich leide, pflegt ihr mich. Sobald ich störe, ich euch lästig werde, sobald mein Leiden euch nervt, werde ich getreten: Wenn ich belle, wenn ich nicht einfach brav und ergeben nehme, was kommt – die Liebe und die Schläge, das Entgegenkommen, die Duldung und eure Wut. Eure Geduld ist klein, sie ist schnell erschöpft, und – ob Liebe oder Schläge, ihr seid es, die entscheidet, ich habe dazu nichts zu sagen, nichts: «Tier, du bist und bleibst ein rechtloses Tier. Wir sind immer wieder nett mit Tieren.» Für mich gibt es kein Entkommen aus diesem Zoo. Ironie ist mir erlaubt – manchmal. Ich habe eine gewisse Narrenfreiheit – solange ich Narr bleibe. Ich darf du zu euch sagen, ich darf anzüglich reden. Solange es bei der Rede bleibt, ist es gut. Das gefällt euch, euch Schwestern. Hunde dürfen euch sogar gelegentlich unter die Röcke schauen. Wichtig nur, dass sie nicht beissen. Was soll ich mich darüber freuen, dass ich euch unterhalten darf, mich darüber freuen, dass ihr mir belustigte Blicke schenkt? Mir ist alles egal. Ich liege, ich döse, ich leide, ich necke, ich bin das Tier, das ihr haben wollt. Der Mensch Martin ist unerwünscht, ihr wollt ihn nicht kennenlernen. Das ist euch viel zu anstrengend. So bin ich denn der müde Narr, der traurige Spassvogel, die piepsende Maus, gefangen und gedemütigt. Es ist so schön, dass ihr mich versteht, dass ich müde sein, resignieren, verzweifeln darf... bis zur nächsten

Dosiserhöhung, die alles schlimmer macht und dennoch hilft. Die ständig grösser werdende Verzweiflung, der schwindende Rest Mut, die gesteigerte Angst, sie verschwinden im Nebel der grenzenlosen Müdigkeit, die mich reizt und bändigt, zugleich. Müde ... Angst ... zornige, müde Angst.

Verdammt noch mal. Lithium hilft... den andern

Und dabei war ich vor kurzer Zeit noch mutig, mutig und ausgelassen, übermütig. Ich traute mir viel zu, alles. Kein Ziel erschien mir zu schwierig, keine Anstrengung zu gross. Das ist vorbei, weit weg. Dieser Martin ist vorbei, vergessen, zu Ende. Zum Teufel, ich will versuchen, mir diesen Martin zu erhalten. Ich will daran denken, mich, so gut es geht, erinnern, wie das war: Schlaf? Kaum nötig. Ich war so wach, lebendig und froh ... Ich schwebte, ja, ich schwebte. Ich war mitreissend. Wer sich von mir mitreissen liess, der mochte mich gut. Der wurde mutig und stark bei mir, mit mir. Andere ertrugen mich nicht, sie ärgerten sich, wurden schlaff. Ruth, vor allem Ruth. Sie war überfordert. Normal war ich sicher nicht. Nein, nicht normal. Ich schlief kaum, ich ass irgendwann, ich war hier und dort, ich arbeitete nachts, ich wollte Liebe machen, tags – was soll's? «Das ist doch nicht normal», sagte sie, «du bist nicht mehr normal. Denk an die Kinder. Sie müssen regelmässig essen, brauchen Ruhe, Schlaf ist für sie wichtig.» Ja, vielleicht war ich zu laut. Ich war tätig und lustig und lachte viel, auch nachts. So schön war es, so erfüllt und reich. Und jetzt? Jetzt ist es vorbei! Für immer? Nein, soweit komme ich nie mehr, bis dahin ist es zu weit. Sie lassen es ohnehin nicht zu, die Ärzte, die Pfleger. Und auch wenn ich frei wäre, auch dann wäre es nicht mehr möglich. Mir fehlt die Kraft, der Mut. «Sie sind krank, Herr Meier», sagte mir meine Abteilungsärztin, Frau Dr. Liechti, «manisch. Und schliesslich sind Sie ja auch nicht zum ersten Mal in einer psychiatrischen Klinik. Was Sie erlebt haben, das sind nicht Sie, das ist ihre Krankheit, und die ist vererbt. Auch ihre Tante war manisch-depressiv.» Was kümmert mich denn meine Tante, Tante Emma? Ich kannte sie ja kaum. Und über sie wurde vor den Kindern möglichst nicht gesprochen. Schlimm für die Familie, eine

Schande. Niemand durfte davon wissen. Mutter litt darunter, manchmal hat sie Angst davor, selbst «geisteskrank» zu sein. Schliesslich ist Tante Emma ihre Schwester. Mit viel Energie und Druck redete gestern die Liechti auf mich ein: «Manie ist gefährlich, Herr Meier, gefährlich für Sie, gefährlich für Ihre Umgebung. Wo kämen wir hin, wenn alle so wären wie Sie, Herr Meier? Doch mit einer Manie lässt sich recht gut leben. Dank der Medikamente. Heute ist diese Krankheit nurmehr eine leichte Behinderung. Kaum erwähnenswert, wenn sie richtig behandelt und kontrolliert wird. In der akuten Phase erhalten Maniker Neuroleptika, die beruhigen sie rasch. Danach werden Maniker auf Lithium eingestellt. Mit Lithium hat der Psychiater ein wirklich gutes Medikament zur Hand. Lithium ist ein Metall, ein Kation, harmlos und wirksam. Lithium beugt vor. Denn wer manisch ist, der wird bald einmal depressiv. Mit Lithium können Sie fast wieder leben, als wären Sie normal, Herr Meier. Das ist doch gut!»

Ja, verdammt nochmal. Lithium beugt vor, Lithium verhindert, dass ich wieder abhebe, abhebe und fliege, fliege und mitreisse. Lithium verhindere, dass ich je wieder eingewiesen werden müsse. Vielleicht. Vielleicht, weil die anderen, die Angepassten, die Ordentlichen mich dann ertragen werden. Ja, so gesehen hilft Lithium wirklich, es normalisiert, es hilft... den anderen, mir nicht. Ruth, ja Ruth. Ihr wird es besser gehen. So werde ich halt auch Lithium fressen, Clopixol und Lithium. Ich habe Angst vor Lithium, Angst vor Clopixol, Angst ohne Medikamente. Angst, weil ich bin, wie ich bin. Angst, dass ich nicht mehr werde, wie ich war. Angst! Ja, akzeptieren wird sie mich schon wieder, nachher, wenn ich medikamentös beruhigt nach Hause kommen werde, Ruth! Was heisst das schon? Aber lieben? Lieben! Begehren! Akzeptieren heisst nicht wegschicken. Interessant und bewundernswert werde ich niemals mehr sein, ich, das Tier, der erniedrigte Mann. Ja, sie hat mich erniedrigt, sie! Sie rief den Notfallpsychiater, sie war es, die entschied, «jetzt fliegt er zu hoch». Sie! Sie hielt es nicht mehr aus, weil sie Angst hatte, Angst vor dem Fliegen. Sie wollte nicht hinaufschauen zu mir. Jetzt schaut sie hinunter, jetzt ist sie oben, für immer. Ein Patient ist immer unten. Das weiss sie, das weiss ich, das wissen alle. Ich bin unten und bleibe unten. Ich, der ich so gerne fliege.

Meier, kein leichter Fall

Frau Dr. Liechti: Kein leichter Fall, dieser Meier. Meier auf C1. Hat mich ordentlich beschäftigt in letzter Zeit. Meier war äusserst aggressiv. Bättig konnte sich nur mit knapper Not auffangen, als er ihn aus der Wohnung hinauswarf. Ein Beinbruch oder Schlimmeres wäre möglich gewesen. Zudem war Meier auch bei der Arbeit aggressiv. Vor einem Monat habe wenig gefehlt, und er hätte auf seinen Chef eingeschlagen. Meier ist ein typischer Maniker. Schon die dritte Phase. Eindeutig endogen. Seine Tante mütterlicherseits war verschiedentlich wegen einer manisch-depressiven Psychose hospitalisiert. Vor fünf Jahren, nach dem Tode ihres Gatten, hat sie sich umgebracht. Die Vererbung der Manie ist hieb- und stichfest nachgewiesen.

Ich musste ihn auf die geschlossene Abteilung nehmen. Für die offene Abteilung ist er zu gefährlich. Er muss weiterhin sediert werden. Zusätzlich zum Clopixol nachts Nozinan. Das Risiko, dass er mir aufs Personal losgeht, ist sonst zu gross. Echt sensationell, wie ich Meier aus seiner manischen Phase herausholen konnte. Das gelingt nicht immer, trotz hoher Neuroleptika-Dosen. Jetzt ist er depressiv, verzweifelt und leicht suizidal. Doch verglichen mit seiner vorherigen Aggressivität ist sein jetziger Zustand als grosser Fortschritt zu betrachten. Vielleicht bringt es etwas, wenn ich morgen etwas länger mit ihm rede. Gut, dass er mit der Medikation einverstanden ist. Für Fälle wie Meier ist Lithium eine wahre Wohltat, eine Wunderdroge. Ich kann die Leute so viel früher entlassen. Seitdem dieses Medikament eingeführt ist, habe ich mich mit meinem schwierigen Beruf wieder versöhnt. Es macht mir Freude, Lithium zu verschreiben. In diesen Momenten fühle ich mich wirklich als Seelenärztin: als Ärztin, die mit einem Medikament die Seele behandelt. Ich werde Meier weiter beknieen, sein Lithiofor regelmässig einzunehmen. Meier braucht Krankheitseinsicht. Er ist nun mal ein Maniker, das schleckt keine Geiss weg. Eine Schande ist das nicht. Ein Maniker mit Lithium kann ein ehrenwertes, erfolgreiches Leben führen. Leider gibt es trotz Lithium noch immer Rückfälle: Ein Viertel der Patienten rutscht wieder in eine akute Phase hinein. Blöde Kerle – ich bin sicher, dass es diejenigen trifft, die die Tabletten nicht regelmässig einnehmen. Es wird richtiggehend Mode, gegen Psychopharmaka Amok zu laufen. Für mich ist das unverantwortlich, richtiggehend unmenschlich. Schlimm, dass sich auch Ärzte damit profilieren und sogar Raum in den Medien finden für diesen Unsinn. Das führt dazu, dass immer mehr Patienten die Medikamenteneinnahme verweigern. Leuten wie Meier den Kopf voll zu schwatzen, sie seien nicht krank, ist rücksichtslos. Den Psychiatriekritikern geht es nur um ihr eigenes Ansehen. Seriöse, korrekte, wissenschaftlich gesicherte Information muss verbreitet werden. Die Erkenntnisse der biologischen Psychiatrie sind viel zu wenig bekannt. Wir führen ein Schattendasein, das ist bedauerlich. Ich werde mich mit all meinen Kräften dafür einsetzen, dass sich das sehr bald ändern wird – zum Wohle der Menschen, die psychisch krank sind, und ihrer Angehörigen. Ja, die Angehörigen dürfen nicht mehr grundlos beschuldigt werden. Das ist ungerecht und verhindert, dass sie mit uns zusammenarbeiten. Die biologische Natur der Manie ist erwiesen. Die Biologie ist unser Schicksal. Der Glaube an die Biologie hat für mich eine tief religiöse Bedeutung. Gegen die Biologie anzukämpfen ist sinnlos. Es gibt Maniker, es gibt Schizophrene, und die Psychiatrie hat Mittel in der Hand, ihnen zu helfen. Es gibt ein Menschenrecht auf Behandlung, das darf nicht vergessen werden. Es ist unverantwortlich, leidenden Menschen die notwendigen Medikamente zu verweigern. Es ist mir ein Anliegen, gegen die Diskriminierung der psychisch Kranken anzukämpfen. Aufklärung über die Natur dieser Erkrankungen ist dringend notwendig.

Eine harte Nuss ist für mich Meiers Frau. So sensible Angehörige liebe ich gar nicht. Schrecklich sei dies alles – die Einweisung, die Klinik, die Medikamente. Dabei hat sie die ganze Sache ins Rollen gebracht. Jammern, immerzu jammern: Nein, diese Frau kann ich nicht ausstehen. Gerade die Angehörigen sollten mich unterstützen und meine Anweisungen weiterleiten. Unangenehm, äusserst unangenehm, wenn die Angehörigen mir gegenüber misstrauisch sind. Das wirkt sich ungünstig auf die Patienten aus – schon hier in der Klinik und besonders dann zu Hause. Von Frau Meier hängt sehr viel ab. Ich denke, ich werde das hinkriegen. Verzweifelt, wie sie ist, wird sie meiner fundierten Ansicht kaum lange zu widerstehen vermögen. Diese Frau braucht eine feste Führung, die ich ihr geben werde. Sie ist leicht beeinflussbar; zum Wohle unseres gemeinsamen Patienten werde ich sie auf meine Seite bringen.

Martin: Clopixol, ich muss Clopixol nehmen. Diese verfluchten Pillen. Gemein, hundsgemein, was mit mir gemacht wird. Schrecklich, was ich im Spiegel sehe. Ich war Sportler, Leichtathlet, Mittelstrecken-Läufer, mein Körper ist mir wichtig. Ich bin ein Bewegungsmensch, ich war gut trainiert, koordiniert und ausdauernd. Und jetzt? Jetzt bin ich ein Wrack, ein körperliches Wrack. Jede Bewegung wird zur Qual. Ich schäme mich vor mir selber. Ich bewegte mich elegant und leicht. Ich gefiel mir, wie ich aufrecht und gerade dastand. Jetzt hängen meine Schultern nach vorne, der Kopf sitzt nach vorne geneigt auf dem Nacken, und aus dem Spiegel schaut mich ein lebloses, ängstliches Gesicht an. Ja, dieses Gesicht macht mir Angst, ich fürchte mich vor mir selbst – entsetzlich. Beim Gehen hängen die Arme schlaff an meinen Schultern, als würden sie nicht zu mir gehören. Und trotz der Starrheit meines Ausdrucks, trotz der Armseligkeit meiner Bewegungen fühle ich mich zittrig, kribblig, unruhig. Heute ging ich spazieren im Anstaltspark: Kleinschrittig und unsicher kam ich kaum voran. Bei der ersten kleinen Steigung geriet ich ausser Atem – ich, der Ausdauersportler mit dem niedrigen Ruhepuls. Was ist aus mir geworden? Ich bin ein alter, kaputter Mann. Ja, alt und gebrochen und kaputt.

Ich muss hier raus

Ich muss hier weg. Ich will das nicht mehr. Diese Qual, diese Verachtung. Ich will frei sein, frei, ein freier lebendiger Mann. Diese Selbstverständlichkeit, mit der alle hier «wissen», was gut für mich ist. Mich fragt niemand. Für sie bin ich krank. Krankheitseinsicht wird von mir verlangt. Und Krankheitseinsicht heisst, mich fügen, heisst nachgeben, heisst willig mitmachen. Krankheitseinsicht heisst akzeptieren, dass alle hier nur das Beste wollen für mich. Krankheitseinsicht bedeutet auch einzusehen, dass ich nur dann entlassen werden kann, wenn ich mich an ihre Ratschläge halte, wenn ich ihre Meinungen übernehme. Ja, nur die braven Patienten werden entlassen. Wohin denn? Nach Hause, zu Ruth... Und dazu gehören die Neuroleptika, die schrecklichen Neuroleptika, die mich zerstören: Aus mir, ausgerechnet aus mir, körperbewusst wie ich bin, machen sie einen Waschlappen, einen Behinderten, einen Mann ohne Mut. Ich bin ent-mannt, ein jämmerliches Etwas. Ich will das nicht mehr. Ich will wieder mich selbst werden. Habe ich überhaupt noch eine Chance? Weg, ich will weg, so schnell als möglich. Weg von diesem Ort, wo gesunde Menschen zu Behinderten umfunktioniert werden. Krank-behandelt. Hier wird krank-behandelt. Jetzt weiss ich, wieso die Irren hier so wirr, so krank, so behindert aussehen. Das sind die verfluchten Neuroleptika, die Medikamente bringen das zustande, nur sie. Der heutige Irre ist ein chemisch erzeugtes Wesen. Menschen, unbehandelte Menschen sind niemals so, niemals – wie verrückt sie auch immer sein mögen. Verrückte sehen anders aus, menschlicher, menschlich. Ich will weg und frei und ohne Medikamente leben. Ich will das Leben geniessen. Ich will lebendig sein, wie schlecht das auch immer herauskommen mag. Lieber verzweifelt und todtraurig ohne Medikamente als entmenschlicht, behindert und bekloppt mit Medikamenten. Ich muss weg. Hier in diesem Haus der stillen Folter, der unsichtbaren Folter, der medikamentösen Folter darf das niemand wissen. Hier werden Menschen zu Zombies gemacht, die wehrlos mit sich geschehen lassen, was immer angeordnet wird.

Ich bin gebrochen. Ich bin nicht mehr, was ich gewesen bin: ein Mann, selbstsicher, erfolgreich und stolz. Und jetzt? Wie sehe ich aus? Wie geht es mir? Wie? Kaputt, zerstört, am Boden. Hoffnung, ich beginne, trotz allem wieder zu hoffen. Ich beginne, dieses verfluchte Psychiatrie-Theater zu durchschauen, ich werde aggressiv. Je aggressiver, je gereizter ich werde, um so mehr fühle ich, dass ich auch jemand bin. Das ist meine Chance, meine einzige. Durchblick, Widerstand, Theater. Seitdem ich wieder an die Freiheit zu denken wage, geht es mir besser. Ich darf meine Wut nicht zeigen und muss ruhig bleiben, ganz ruhig. Wenn ich nur die Kraft aufbringe, meinen Peinigern zu widerstehen. Ich muss ihnen widerstehen, ununterbrochen, und hoffen und planen und planen und hoffen. Ich muss hier raus, ich will hier raus, ich muss weg von hier, je weiter, je besser.

Nach meinen ersten beiden, kurzen Anstaltsaufenthalten wurde ich jeweils zu einer Psychologin geschickt. Genützt hatte mir diese Therapie nicht viel. Richtig hineingenommen hatte es mich nicht. Wir sprachen vor allem von meinem Vater. Mein erfolgreicher, strenger Vater. Er erwartete und verlangte viel von mir – seit jeher. Er hatte mich lieb, das war klar; doch seine Liebe hatte einen Preis. Auch ich sollte erfolgreich sein. Gute Noten waren für ihn eine Selbstverständlichkeit, daran gab es nichts zu rütteln. Ich verstand nie, wozu diese Gespräche mit der Psychologin eigentlich gut sein sollten. Wir sprachen nie direkt von der Psychiatrie, weder über die Zeit vor der Einweisung noch über die Auswirkungen der Anstaltsaufenthalte. Die Gespräche waren interessant, aber wirkungslos. Mit meinem Leben, meinem Leiden, meinen Problemen hatten sie wenig zu tun. Es blieben für mich theoretische Auseinandersetzungen. Es war, als würden wir über einen mir fremden Mann sprechen. Und vor allem hatte die Therapie keine spürbaren Auswirkungen auf mein Befinden, auf meine Lebenssituation. Ich verlor bald das Interesse daran und brach die Sache mit schlechtem Gewissen das erste Mal nach vielleicht zehn, das zweite Mal nach fünfzehn Sitzungen ab.

Heute wurde ich geschlagen

Heute wurde ich geschlagen. Ich ... wurde ... geschlagen! Ich wusste, dass dies geschieht in der Psychiatrie, ich wusste es, und ich habe es gesehen, schon mehrmals. Aber heute war ich es, der geschlagen wurde. Ich! Und vielleicht war es gar nicht das erste Mal. Das ist es, was mich ganz besonders fertig macht. Vielleicht wurde ich schon oft geschlagen. Vielleicht, wahrscheinlich. Es ist gar nicht so einfach, sich daran zu erinnern – hier in der Anstalt. Hier wird ja nicht einfach geschlagen – und fertig. Nein, hier wird geschlagen, und darauf wird gespritzt, sofort und wirksam: «Und wenn du wieder zu dir kommst, dann weisst du von nichts, dann dreht sich alles. Du weisst nicht mehr, wer du bist und wo du bist. Dann liegst du da in deinem Elend, in meinem Elend.» Ja, so war es heute, so lag ich da. Der ganze Körper schmerzte, alles drehte sich. Jetzt ist mir endlich klar, wieso ich überall blaue Flecken habe. Das Medikament, das ich gespritzt erhielt, war wohl diesmal zu niedrig dosiert ... Jetzt erinnere ich mich: Sie schlugen auf mich ein, als wäre ich ein räudiger Hund. Sie schlugen mich auf den Kopf, in den Bauch, zwischen die Beine. Ich sehe sie genau vor mir, über mir, die Schläger, die liebevollen Pfleger. Und jetzt ... jetzt sind sie wieder so nett und besorgt: «Na, wie geht es denn dem Herr Meier? Ist er schon aufgewacht?» Ja, ich habe geschlafen. Jetzt bin ich wach. Mir brummt der Kopf, und ich weiss genau, dass ich geschlagen wurde. Ich weiss auch, dass ich das nie, nie vergessen werde. Und ich weiss noch viel mehr, dass ich das keinem der Schläger jemals verzeihen werde. Auch nicht in zehn Jahren. Und ich weiss auch genau, wieso ich geschlagen wurde – weil ich mich gestern abend weigerte, die Medikamente zu nehmen. Die Schwester redete und redete auf mich ein: «Jetzt seien Sie doch vernünftig, Herr Meier: Wenn Sie wieder gesund werden wollen, müssen Sie diese Tabletten nehmen. Ich weiss das besser als Sie.» «Nein», schrie ich, «nein! Ich will diese Pillen nicht mehr. Haben Sie verstanden? Nie mehr! Sie machen mich kaputt mit Ihrem Gift. Lassen Sie mich jetzt bitte sofort in Ruhe. Ich will nicht mehr, nicht mehr, nicht mehr.» Aufgeschreckt durch mein Geschrei fanden sich weitere Patienten ein. Einige versuchten, sich einzumischen. Das genügte. Kurz darauf stehen drei Pfleger in drohender Haltung und der Dienstarzt, die Spritze in der Hand, vor mir. Ich wehre mich, so gut ich kann, mit allen meinen Kräften. Und jetzt sind sie berechtigt zuzuschlagen. Ergriffen von einer ungeheuer grossen Wut schlagen sie auf mich ein. Die lieben, netten Pfleger geraten ausser sich. Ihr Zustand kann nicht nur mit mir zu tun haben. Da trifft mich ihre Unzufriedenheit, die sich über längere Zeit angestaut hat. Sie brauchen sich nicht mehr zu kontrollieren. Sie können sich rächen, rächen dafür, dass sie einen dermassen unbefriedigenden Beruf ausüben müssen; rächen dafür, dass sie es entweder mit unterwürfigen, hilflosen und leicht zu zähmenden Tierlein oder mit aggressiven, revoltierenden Menschen zu tun haben. Und niemand dankt ihnen jemals für ihre unerfreuliche Tätigkeit – ihr Problem. Doch ich bin auch ein Mensch. Ich, Martin. Nun weiss ich genug. Ich will nie wieder das Opfer ihrer Heuchelei, ihres heuchlerisch gezeigten Mitgefühls, ihres Mitleids werden. Nein, das lasse ich mir nicht mehr bieten, nein. Ich will hart sein und hart bleiben. Und ich will hassen, ich will sie hassen – für immer. Sonst könnte ich nicht mehr weiterleben, sonst bliebe für mich nur noch der Tod. Von jetzt an passe ich auf, von jetzt an wähle ich Strategien, von jetzt an heisst mein Ziel Entlassung – kühl berechnet. Ich lasse mich von nichts mehr verführen, ich nehme keine Liebe mehr entgegen, ich bleibe hart. Mein Kopf muss klar sein, er muss funktionieren. Ich will meine Möglichkeiten, mein geistiges Potential, meine volle Widerstandskraft zur Verfügung haben. Ich will kämpfen, getarnt kämpfen, sie einlullen, dass sie meinen, ich sei ein angepasster, einsichtiger Patient. Denn hier, hier riecht es nach Unterwerfung, nach Unmenschlichkeit. Es gibt keine Menschen hier, weder auf der einen noch auf der anderen Seite. Ich muss hier raus, denn ich will leben: Sogar sterben draussen ist besser, als hier drinnen zu leben. Ich muss hier fort, so schnell wie möglich. Es bleibt mir keine andere Wahl... Von jetzt an schlucke ich die Medikamente nicht mehr.

Wenn es nur die verfluchten Tropfen nicht gäbe. Clopixol geben sie mir nun, Clopixol-Tropfen, zusätzlich zum Lithiofor. Das heisst, sie haben Verdacht geschöpft, Verdacht, dass ich die Dragées nicht nehme. Also brav die Tropfen trinken, nur keine Spritzen! Verschiedene Patienten hier haben diese Depot-Spritzen. Sie wirken zwei bis drei Wochen lang. Ich will ich sein, und mit der Depot-Spritze wäre ich endgültig besiegt. Was kann ich tun? Um keine Depot-Spritze zu erhalten, muss ich die Tropfen brav einnehmen oder wenigstens so tun als ob. Es ist schwierig, die Tropfen im Mund zu behalten, ohne dass sie es bemerken. Mit den Dragées geht das besser. Lohnt sich denn das Ganze? Ich habe keine Wahl. Ich kann nur hoffen, dass sie mich gelegentlich nicht so gut beobachten. Ich muss fügsam sein. Ich sollte unauffällig, ausgeglichen, nicht traurig, nicht verzweifelt wirken. Vielleicht gelingt es mir? Vielleicht kann ich das Gläschen nehmen, schnell weggehen und die Flüssigkeit ausspucken. Hinters Bett, ins Nastuch? Vielleicht gelingt es? Bald. Ich muss hier raus, ich will hier raus!

Frau Dr. Liechti: Was ist nur in den Meier gefahren? Ich glaubte, die Sache sei gelaufen, gut gelaufen. Und jetzt das. Der hat ja wieder ganz wild um sich geschlagen. Schrecklich, diese gereizte, zornige, streitsüchtige Form der Manie, die sich bis zur Tobsucht steigern kann. Einfach die Medikamente verweigert, das geht doch nicht. Wenn er doch nur einsehen würde, dass er sich damit schadet. Seine Zukunft hängt davon ab, ob er seine Situation richtig versteht, richtig einschätzt. Langfristig gesehen hängt seine Prognose einzig und allein davon ab, ob er sein Lithiofor über Jahre hinweg regelmässig einnehmen wird. Hier in der Klinik muss er so weit gebracht werden, dass er das einsieht. Lithium schützt ihn erst nach mehreren Monaten sicher vor einem Rückfall. Also braucht er vorläufig auch das Clopixol. Dragées sind in dieser Situation zu heikel. Ich muss ihm Tropfen geben. Und wenn er die Tropfen verweigern sollte, dann erhält er eben ein Depot-Präparat – da mag er sich noch so wehren, da mag er noch so jammern. Bei seiner Diagnose muss das sein. Unangenehm, dass man die Leute immer wieder zu ihrem eigenen Glück zwingen muss.

Ich werde noch etwas versuchen mit Meier. Vielleicht kann ich ihn so zu einer besseren Zusammenarbeit gewinnen. Ich werde vom Austritt reden und auch von einer einfachen, nicht zu belastenden Arbeit. Ich werde ihm klarmachen, dass er mit Hilfe der Medikamente schon bald so weit sein wird. Ohne Medikamente dagegen müsste er noch lange betreut und überwacht werden und demzufolge in der Klinik bleiben. Ich denke, auf diese Weise werde ich rasch zum Ziel kommen.

Martin: Ach, sollen sie doch mit mir machen, was sie wollen. Mir ist alles egal, es hat alles keinen Sinn. Ich bin psychisch krank und werde es bleiben. Wieso soll ich mich denn überhaupt noch anstrengen? Ich glaube nicht mehr an mich, niemand glaubt an mich. Ich soll bescheiden anfangen, den Wiedereinstieg sorgfältig planen, mich nicht überfordern, nicht zu viel wollen. So ein Quatsch. Zuerst vielleicht nur eine einfache Halbtagsstelle. Ich? Nein! Was mir da erzählt wird, ist eine schreckliche Gemeinheit. Das ist gelogen. Das stimmt nicht, überhaupt nicht. Da wird die Betreuung eines Behinderten geplant. Ich bin behindert und darf dennoch etwas arbeiten. Das ist sogar erwünscht. Doch meine Tätigkeit soll nicht zu anspruchsvoll sein, nicht zu intensiv, nicht zu belastend, nicht zu viele Stunden pro Tag. Nein und nein, so nicht!

Lieber sterben. Das war ja gerade meine Stärke, unter Druck gute Arbeit zu leisten. Ich kann mich nur in harten Zeiten bewähren. Nächte durcharbeiten, ja das brauche ich für meine Kreativität. Nein, lieber sterben. So hat alles keinen Sinn. Ich als Behinderter, als Bemitleideter, als Betreuter? Niemals.

Ikarus wurde abgeschossen − von unten

Verrückt, wirklich verrückt. Alle glauben, ich sei verrückt. Nein. Ja. Doch, es stimmt. Und dennoch stimmt's nicht. Ja, ich wirke behindert. Nein, ich bin behindert: jetzt. Jetzt! Aber das bin nicht ich. Der Behinderte bin ich nicht. Der Behinderte wurde konstruiert, fabriziert − hier in der Anstalt. Er ist das Resultat ihrer Behandlung. Er ist das Resultat der Spritzen, der Schläge, der Medikamente. Der Behinderte ist ein Roboter, ein chemisch gesteuerter, ein kontrollierter Mensch. Der Behinderte ist ihr Werk. Das ist nicht Martin. Ich bin das nicht! Ich bin der, der fliegen kann. Und wenn ich nie mehr fliegen werde, dann bin ich eben gestorben, am Tag, als der Notfallpsychiater kam, gestorben für immer. Den andern, den Behinderten kenne ich nicht. Mit ihm will ich gar nichts zu tun haben. Ein Automat, ein schlecht funktionierender Familienvaterersatz, verordnet und verschrieben von der Psychiatrie − zum Wohle meiner Familie, meiner Frau und meiner Kinder, zum Wohle meiner Eltern und Schwiegereltern. Sogar mein schwerkranker Vater liess mir ausrichten, dass er sich über die Besserung meines Befindens freue. Sie sind alle so froh, dass ich wieder ruhig bin, beruhigt. Sie sind erleichtert. Jetzt verstehen sie die Welt wieder. Jetzt müssen sie nicht mehr einem Mann zuschauen, der fliegen kann, ohne abzustürzen. Der Mythos lügt: Ikarus konnte fliegen. Die Sonne war nicht zu heiss für ihn. Die Sonnenstrahlen gaben ihm Mut und Kraft. Ikarus wurde abgeschossen − von unten! Abgeschossen von seinen Neidern. Von denjenigen, die ihn nicht verstanden, die nicht glauben wollen, dass Menschen fliegen können. Fliegen kann nur der, der daran glaubt. Plötzlich sahen sie einen Menschen, mich, der flog. Mit einem Schlag war ihre traurige, enge, geordnete Welt in Frage gestellt. Sie fühlten sich bedroht, ich wurde für sie zu einer riesengrossen Gefahr. Und was machen die kleinen, angepassten, grauen Menschen, wenn sie sehen, dass jemand fliegt? Sie schiessen! Sie schiessen so lange und so gründlich, bis sie treffen. Und wenn er dann schwer verletzt am Boden liegt, dann werden sie geschäftig. Dann stürzen sie herbei und schreien zufrieden und laut: «Das haben wir ja immer gewusst, das konnte niemals gut ausgehen. Menschen sind nicht gemacht zum Fliegen. Menschen gehören auf die Erde. Menschen müssen vorsichtig sein, ruhig und ordentlich. So wie es sich schickt, seit jeher.» Für sie stimmt die Welt dann wieder. Sie können getrost weiterwursteln in ihrem elenden, immer gleichbleibenden Trott. Für sie ist damit endgültig erwiesen, dass Menschen nicht fliegen können. Für sie mag das gehen. Ihnen ist es möglich, so zu überleben. Aber ich, ich bin geflogen. Ich kenne dieses Gefühl! Ich weiss, dass Menschen fliegen können. Für mich ist die Erde zu eng, zu begrenzt, hier fehlt mir der Freiraum gegen oben. Ob ich je wieder fliegen werde? Meine Flügel sind gebrochen. Ihre Schüsse waren Volltreffer. Mein Körper und meine Seele sind verletzt. Mein Herz ist wund. So kann niemand fliegen. Ich will weg. Weg von diesem hoffnungslosen Ort. Ich will weg. Und wenn ich sehe, wenn ich überzeugt bin, dass ich nie mehr fliegen werde, dann bring' ich mich um. Ich werde mich von einem hohen Turm oder von einer Felswand hinabstürzen. Noch einmal fliegen und dann bin ich wirklich tot. Lieber ein toter Adler als ein lebendiger Roboter.

Gezeichnet wie ein Tier

Die Zeit verrinnt. Heute sind genau dreizehn Wochen vergangen seit meiner Einweisung. Seitdem bin ich ein Psychiatriepatient, ein Irrer, ein Verrückter, ein Insasse der Klapsmühle. Wie wenig es braucht. Schnell, schnell ist das geschehen. Wer bis hierher kommt, der kann nicht mehr zurück. Dieser Schritt ist endgültig. Ich bin gezeichnet, wie Kain, fast wie Kain. Bei mir ist der Makel, das Zeichen nicht auf der Stirn zu sehen. Dennoch fühle ich mich, als wäre ich gezeichnet, wie ein Tier, im Ohr. Auf den zweiten Blick kann es jeder erkennen. Meine Haltung, mein Blick, meine Bewegungen, meine Unsicherheit verraten mich: So verhalten sich nur Irre, die heutigen Irren. So verhalten und bewegen sich nur

Psychiatrisierte, nur Menschen, die zu PatientInnen gemacht wurden. Die Diagnose und die Medikamente sind es, die uns zu Wesen machen, die anders sind als die normalen Menschen. Nicht mehr und nicht weniger. Wir alle hier wurden zu Patienten gemacht. Darin sind wir uns alle gleich: gestempelt und behandelt. Es haftet, es klebt, dieses Pech. Unser Pech ist nicht mehr wegzuputzen. Ich sehe keinen Ausweg mehr, ich sehe keine Möglichkeit für mich. Ich mag nicht mehr. Ich mag nicht mehr kämpfen, hoffen, glauben. Nicht mehr dieses ewige Hin und Her. Einmal habe ich Angst und fühle ich mich entkräftet, matt und hoffnungslos. Im Handkehrum versuche ich erneut, mutig und listig meine Befreiung vorzubereiten. Kurz darauf liege ich apathisch im Bett. Bald danach gehe ich ruhelos im Gang auf und ab, trete von einem Bein auf das andere, stundenlang, bis ich wieder erschöpft aufs Bett sinke. Grauenhaft. Ich mag nicht mehr, nicht ... mehr. Ich gebe auf, ich ergebe mich; macht mit mir, was ihr wollt, ihr Schergen. Die Psychiatrie als Flugabwehr, die Familienangehörigen als Beobachtungsstation − bei mir hat's geklappt. Der Beobachtungsposten meldete die Situation dem Schiessoffizier, und die Kanoniere drückten ab − zuerst mit Prazin, dann mit Clopixol. Soll einer nach diesem Beschuss noch fliegen. Ich nicht. Ich gebe auf − endgültig.

Sonderbar, in zwei Wochen wollen sie mich entlassen. Ich verstehe das nicht. Was soll das? Gerade jetzt? Gerade jetzt, wo ich allen Mut verloren habe; gerade jetzt, wo mir alles egal ist; gerade jetzt, wo ich mich damit abgefunden habe, länger, sehr lange, hier zu bleiben, hier in der Anstalt. Und nun soll ich nach Hause. Die medizinische Nachbetreuung sei bereits organisiert: Dr. Stucki, mein Hausarzt, werde das übernehmen. Was ist denn geschehen? Es wurde viel geredet − über mich. Frau Dr. Liechti und die Sozialarbeiterin sprachen lange mit Ruth über meine Zukunft. Sie alle finden, ich könne nach Hause gehen. Sie haben offensichtlich das Gefühl, dass es mir besser gehe: absurd! Natürlich bin ich für sie gesünder, wenn ich ruhig und apathisch, wenn ich ohne Hoffnung bin. Aber wehe, wenn ich Widerstand, Mut, Selbstbehauptungswillen zeige, da wittern sie Krankheit, Psychose, Manie oder gar Schizophrenie. Was geht hier vor? Niemand versteht mich, niemand. Ich resigniere, ich fühle mich so schlecht wie noch nie. Und die finden, ich sei geheilt. Ich darf, ich soll nach Hause. Will ich das überhaupt? Ja, ich muss weg, unbedingt; freiwillig bleibe ich nicht hier. Nein, freiwillig nicht. Alles ist besser, als hier zu sein, hier in der Anstalt. Aber nach Hause, zu Ruth, zu meiner Frau? Für sie war ich krank, als ich mutig war, als ich Ideen hatte, als ich kreativ war wie nie zuvor. Als ich glücklich war, unendlich glücklich, liess sie mich einweisen. Jetzt will sie mich wieder akzeptieren – psychiatrisiert, diagnostiziert, neuroleptisiert. Was soll ich bei ihr, mit ihr? Sie liess sich davon überzeugen, dass ich Psychopharmaka brauche. Sie glaubt das, was die Ärzte sagen. Sie will mich betreuen, schonen, mich nicht überfordern. Sie will mich so, wie ich jetzt bin. Schlimm für sie, schlimm für mich! Als ich lebendig war, schob sie mich ab. Will ich zu ihr? Will ich das? Diese Liebe? Sicher nicht. Hassen müsste ich sie, hassen. Nur – dazu bin ich jetzt zu müde, zu traurig.

Zu Ruth – jetzt? Jetzt in unser Heim, in unsere Wohnung? Nein, das ist nicht mehr mein Zuhause. In diesen Räumen bestimmt sie. Sie entscheidet, was normal ist oder ver-rückt; sie ist Gesetzgeberin und Richterin. Ich nicht, nicht ich! Nein, ich will nicht zu ihr. Hass, ich hasse sie; wenn ich nur richtig hassen könnte. Die Liebe ist gestorben, die Sehnsucht vorbei. Lust? Lust auf Ruth, mit Ruth? Schlafen mit Ruth? Nein, keine Lust; nein, nicht mit ihr; nein, überhaupt nicht! Oder vielleicht doch wieder? Einmal – nach langer Zeit?

Gut, ich gehe nach Hause; nur das macht Sinn. Ich gehe und schweige. Meine Gedanken gehen niemanden etwas an; meine Gefühle, meine Einsichten behalte ich für mich. Zu Hause wird die Kontrolle nicht mehr so total sein wie hier; zu Hause werde ich keine Medikamente mehr nehmen. Ruth kennt die Methoden und Tricks der Anstalt-Insassen nicht. Ich werde sie überlisten. Und Stucki werde ich niemals zeigen, wie ich mich wirklich fühle. Ich werde Theater spielen, ihm die Rolle des angepassten, einsichtigen Ex-Patienten vorspielen, auch wenn ich mutiger und selbstsicherer werde, auch wenn ich wieder fliegen werde. Das alles geht Stucki nichts an und Ruth noch viel weniger. Nichts zeigen, nicht auffallen. Ich versuche es. Ich muss!

Die Liechti hat an alles gedacht; ich soll arbeiten, wie es vorbesprochen worden ist: Rasen mähen, Treppenhaus putzen, drei Stunden am Tag. Ich müsse mich nicht schämen, das sei nur der Anfang. Nur der Anfang? Ich bin zu nichts anderem zu gebrauchen. Nicht mehr! Das ist ihre Meinung. Ob ich überhaupt bringen kann, was von mir erwartet wird? Ich fühle mich unsicher, unkonzentriert, unruhig. Ich bin ungeschickt, glaube nicht an mich, ermüde schnell. Es nützt mir wenig zu wissen, dass dies alles eine Wirkung der Medikamente ist. Entwerfen, planen, Projekte beschreiben, das jedenfalls könnte ich jetzt in keiner Weise. Ich kann mich kaum mehr daran erinnern, was mich beschäftigte, was mich beflügelte damals – vor der Einweisung. Lebendiges Wohnen – das war mein Ziel: Häuser, in denen Menschen arbeiten, essen, tanzen, schlafen und lieben können, wie es ihnen beliebt. Grosse Zimmer, viel Luft und Licht. Ökologisch durchdacht und geplant. Sparsames Heizen, gute Isolation, keine energiefressenden Haushaltmaschinen; grosse Küchen, freundliche, ruhige, lustfreundliche Schlafzimmer: ein Bauen, das auf die Bewohner abgestimmt ist und nicht auf den Prestigegewinn des Architekten. Es ist kein grösserer Unterschied denkbar als derjenige zwischen einem Haus, das wohnlich sein und bleiben soll – jahrzehntelang – und einem Ausstellungsobjekt.

Meine Arbeitssituation wurde in der Zeit vor meiner Verschleppung zunehmend ungemütlicher. Auch der Chef ertrug meine Kreativität schlecht. Sicher, ich durfte entwerfen und planen; doch ihm ging es in erster Linie ums Geld. Wenn meine umwelt- und menschenfreundlichen Pläne zu teuer wurden, reagierte er hart und bestimmt. Einige Male musste ich in sehr kurzer Zeit Entwürfe in seinem Sinne ändern. Wir verstanden uns immer weniger und hatten heftige Auseinandersetzungen. Vorerst dachte ich an eine neue Stelle; doch bald einmal beschäftigte ich mich intensiv mit der Idee eines eigenen Planungsbüros. An den mir wichtigen Projekten arbeitete ich zu Hause in eigener Regie. Wenn ich nur je wieder an dieses, mein ureigenstes Potential herankommen könnte. Ich war fest davon überzeugt, mit diesem Konzept den Menschen etwas Lebenswichtiges zu bieten. Wohnen hat nicht nur mit Geld zu tun. Wohnen ist ein wesentlicher Teil des Lebens. Wohnen ist leben. Es wäre so schön, wenn ich mich dieser Herausforderung wieder stellen könnte. Wahrscheinlich ist es nicht. Es ist zu spät, zu spät für mich. Martin, es ist fertig, vorbei ...

Ruth: Ich freue mich so, dass Martin bald entlassen wird. Meine Zweifel waren gross. Ich glaubte nicht mehr an den Erfolg der Behandlung. Ich war beunruhigt, schwer beunruhigt. Doch jetzt versuche ich, die Sache wieder positiv zu sehen. Die Gespräche mit Frau Dr. Liechti waren hilfreich und nützlich für mich. Sicher, Martin ist noch nicht so, wie ich ihn gern hätte. Doch er ist ruhiger, und sein Zittern hat abgenommen. Frau Dr. Liechti sagte mir, das sei die Wirkung des Akinetons. Gut, dass sie das alles so klar sieht. Vorläufig kann auf Akineton nicht verzichtet werden. Sagt sie. Und es ist geplant, Clopixol in einigen Monaten wegzulassen. Martin soll langfristig nur noch Lithiofor nehmen, nur noch ein Medikament; das ist doch gut. Er braucht noch etwas Zeit, um sich von all den aufregenden Ereignissen zu erholen. Es ist wichtig, dass er jetzt endlich wieder nach Hause kommt. Ich halte es kaum noch aus – allein mit den Kindern. Drei Monate wird sein Klinikaufenthalt gedauert haben; drei Monate ohne Martin. Drei Monate sind eine lange Zeit. Seitdem wir geheiratet hatten, waren wir noch nie so lange getrennt. Die drei Wochen Militärdienst jedes Jahr waren das Längste.

Ich bin froh, dass ich nun weiss, woran ich bin. Ich bin froh, dass ich weiss, wie ich mich verhalten muss. Es war so schwierig für mich, dies alles richtig einzuschätzen. Ich weiss jetzt, dass Martin manisch ist. Doch dies ist gar nicht so schlimm. Maniker können ein zufriedenes und angenehmes Leben führen. Martins Zustand vor dem Eintritt in die Klinik war eindeutig nicht normal. Dies zu wissen ist für mich sehr wichtig. Ich wusste damals wirklich nicht mehr wie aus und ein. Ich versuchte, Martin ernst zu nehmen; doch ich schaffte es einfach nicht. Nun weiss ich, dass Martin damals krank war. Und ich weiss auch, dass sich dieser Zustand nie mehr wiederholen wird, solange Martin regelmässig das Lithiofor einnimmt. Meine Aufgabe ist wichtig. Es kann sein, dass Martin übermütig wird, dass er finden wird, er brauche das Lithium nicht mehr. Maniker neigen dazu, sich zu überschätzen. Die Gefahr ist gross, dass sie ihre Krankheit vergessen. An mir wird es liegen, ihn an sein Lithium zu erinnern. Und ich weiss, dass ich damit Martin wirklich helfe. Vom Lithium wird es von jetzt an abhängen, ob wir eine glückliche, vereinte Familie bleiben können. Diese manischen Phasen sind nicht gut für ihn, auch wenn er vielleicht einmal glücklich aussieht in diesem Zustand. Die Manie erschöpft ihn, höhlt ihn aus, sie ist gefährlich für ihn und für seine Umgebung, und sie wird meistens automatisch von einer tiefen Depression abgelöst. Wenn ich gut aufpasse, kann ich dies Martin ersparen. Ich freue mich so sehr. Und ich werde mich bemühen, lieb zu sein mit ihm. Ich werde ihn verwöhnen, so gut ich kann – hier bei mir. Martin braucht meine Liebe. Ich will da sein für ihn. Ich bin bereit.

Nimm Lithium, und alles wird wieder gut

Martin: Schrecklich, diese Medikamente: eine echte Schweinerei, was da mit mir gemacht wird. Es wird dafür gesorgt, dass ich weiterhin chemisch geknebelt werde. Für die Liechti bin und bleibe ich ein Kranker, der medizinisch überwacht werden muss. Lithium ist meinen Peinigern sehr wichtig. Lithium – ein magisches Wort für sie. Die Liechti sprach mit mir und gab mir eine Broschüre. Die Lithiumprophylaxe gilt als grosser Erfolg der Psychiatrie. Prophylaxe, Vorbeugung: Es geht um die Verhinderung von Rückfällen. Lithium soll verhindern, dass ich je wieder fliege, je wieder glücklich werde. Sonderbarer Erfolg: Erst nach drei bis sechs, ja sogar zwölf Monaten sei ich geschützt. Deshalb sei in der Zwischenzeit nicht auf Clopixol zu verzichten. Lithium schützt erst nach Monaten; unangenehme Wirkungen dagegen hat es sofort: Zittern, Muskelschwäche, Gewichtszunahme, Durst... Zum Kotzen! Lithium wirkt nur in einem sehr schmalen Bereich; die Gefahr der Vergiftung durch Überdosierung ist gross, aber auch sehr rasch die wirksame Dosis unterschritten. Jede Woche muss ich zu Stucki. Er wird die Lithium-Konzentration in meinem Blut bestimmen und damit natürlich aufs genaueste wissen, ob ich diese Scheisspillen wirklich fresse. Täglich beschwatzt mich irgend so ein Psychoheini hier, dass Lithium für mich lebenswichtig sei. Ohne Lithium würde ich sehr rasch wieder in der Anstalt landen. Das weiss jetzt auch Ruth; auch sie wurde sorgfältig instruiert. Sie soll aufpassen, überwachen. Sie wird drängen und drohen. Entlassung in die totale Kontrolle. Das hatte ich nicht vorausgesehen. Ruth und Stucki. Ruth kontrolliert; Stucki kontrolliert, fragt mich aus und misst die Blutwerte. Und ich Trottel wollte gleich nach der Entlassung insgeheim die Medikamente weglassen. Ruth und Stucki werden auch mein Verhalten, meine Stimmungen genau beobachten — zu meinem Besten! Was ihnen nicht passt, werden sie als Verschlechterung bezeichnen. Und Verschlechterung heisst selbstverständlich Erhöhung der Dosis. Warum dachte ich nicht daran? So will ich nicht nach Hause. Nein, so nicht! Ruhig, versuch, ruhig zu bleiben, Martin. Also: Ich soll, ich darf nächste Woche nach Hause gehen. Ich müsste eine Strategie finden, meine Überlebensstrategie. Aber wie? Es ist so unheimlich schwierig. Ich sehe keinen Ausweg mehr. Ich bin ihnen ausgeliefert.

Lithium muss verdammt gefährlich sein. Gestern kam die Liechti noch einmal zu mir und ging ganz speziell auf die Folgen einer Überdosierung ein. Und wieso? Weil dieses verfluchte Lithium so giftig ist. Es ist heikel, fast unmöglich, Lithium so zu dosieren, dass es einerseits wirkt und andererseits nicht schadet. Es genügt keineswegs, dass ich brav und regelmässig die Tabletten zu mir nehme. Ich muss regelmässig essen und trinken. Und ich muss ständig aufpassen, ob ich nicht Symptome einer beginnenden Lithiumvergiftung aufweise: starkes Zittern oder Zucken, Übelkeit, Durchfälle, Erbrechen, Müdigkeit, Schläfrigkeit, Benommenheit, Muskelschwäche, Schwindel, Gang- und Koordinationsstörungen, verwaschene Sprache. Grausam — dieses Supermedikament der Psychiatrie ist echt Scheisse. Die Liechti hat Angst, das wurde sehr deutlich. Sie weiss genau, wie gefährlich ihre Superdroge ist. Dass Stucki jede Woche das Lithium in meinem Blut bestimmt, genügt offensichtlich nicht. Wenn ich in der Zwischenzeit Verdacht auf eine Überdosierung habe, muss ich sofort zum Arzt. Ich darf nicht einfach das Lithium weglassen. Das ist mir verboten. Wenn ich die Einnahme für einige Tage unterbräche, wäre die ganze Prophylaxe im Eimer, da Lithium erst nach einigen Monaten vorbeugend wirkt. Schon Durchfall, Erbrechen oder fiebrige Erkrankungen können die Behandlung arg durcheinanderbringen, ja sogar gefährden. Kontrolle, Kontrolle und nochmals Kontrolle. Was soll denn das? Einmal Lithium, immer Lithium. So sieht es aus. Genau um diese Information hat sich die Liechti herumgedrückt. Ist das noch ein Leben? Lieb und harmlos wurde ich vor einigen Wochen informiert, dass ich nun auf Lithium eingestellt werde. Eingestellt? Gerichtet? Wie eine Uhr! Meine innere Uhr funktioniert nur noch mit Lithium. Ich bin psychiatrisch geeicht, lithioforisiert. Bald werde ich nicht mehr ohne Lithium leben können. So ist das gemeint, nicht anders! Noch mehr Tabletten? Damals war mir das egal, scheissegal. Ich war ein Kranker und wehrte mich nicht. Wer glaubt, krank zu sein, der frisst auch brav die Medikamente, die ihm die Ärzte verschreiben: Nimm Lithium, und du wirst nie mehr manisch, nie mehr depressiv, und du wirst nie mehr eingewiesen. Einfach, zu einfach! Wo hätte ich damals auch die Kraft hernehmen wollen, mich zu wehren? Ich schluckte das Zeug, ohne mir gross Gedanken zu machen. Was sollte ich denn sagen? Nichts. Ich durchschaute diesen Scheissbetrieb noch nicht. Ich schämte mich, ich litt unter tausend Qualen. Irgendwie hoffte ich trotz allem darauf, dass sie mir helfen würden – irgendwie. Wieder fliegen, zum Teufel, das wäre schön. Doch jetzt sehe ich klar. Lithium hilft ... den anderen. Ruth, ja Ruth. Sie waren beunruhigt, als ich Flügel hatte, als ich sicher war, alles zu erreichen. Da war ich zu stark für sie. Sie sassen zusammen, berieten, überlegten ... und schoben mich ab – in die Klapsmühle. Dies sei für alle das Beste gewesen, sagt die Liechti. Für alle? Nicht für mich! Für Ruth: Auf einen Schlag war ihre Ruhe wiederhergestellt. Für mich war ja nun aufs allerbeste gesorgt und ihre Sicht der Dinge von den zuständigen Experten bestätigt. Hochoffiziell! Mein damaliger Lebenswandel war nicht normal – abnormal – verrückt. Sie dagegen sei normal, geistig gesund, ich krank. Dabei ging es mir schlicht und einfach saugut. Ich bedrohte niemanden, arbeitete viel ... und erregte Anstoss bei meinen Lieben. Warum müssen nicht sie die Tabletten schlucken? Wieso gerade ich? Warum? Sie fühlten sich damals schlecht. Ich nicht! Ich wurde einzig und allein eingesperrt und vergiftet, damit Ruth, die Eltern und Schwiegereltern in Ruhe leben und schlafen können. Eine medikamentöse Dämpfung ihrer unangenehmen Gefühle wäre weitaus sinnvoller gewesen. Dafür gibt es ja die Psychopharmaka. Doch mich hat es getroffen. Ich wurde geistig und körperlich zum Krüppel gemacht, damit es den andern gut geht. Ich, der ich mich so gerne bewege, wurde zum ungelenken Zittergreis gemacht. Ich.

Und das nennen sie Behandlung. Ich nenne das ein Verbrechen. Und dieses Verbrechen wurde möglich dank einer Allianz all meiner Gegner: Die Anstalt verbündete sich mit der Familie. Folter, Terror. Und ich hatte nichts dazu zu sagen, nichts! Ich wurde gezähmt, geistig und körperlich kastriert. Und diesen kastrierten Adler, diesen verkrüppelten, ohnmächtigen Martin bezeichnen sie als gesünder als denjenigen, der fliegen konnte. Zu meiner Krankheit, der Manie, gehöre es eben, dass ich gelegentlich den Bezug zur Realität verlieren würde. Doch sei diese Gefahr jetzt behoben, Lithium würde mir helfen, wieder ein normales, rückfallfreies Leben zu führen. Normal? Was ist das – normal? Normal ist, was den andern passt. Wieso ist meine Normalität schlechter als die ihre? Was normal ist, legen offensichtlich diejenigen fest, die die Macht dazu besitzen. Ich bin machtlos, das ist mein Problem. Und ich war zu wenig vorsichtig. Dieser Schlag, diese hundsgemeine Attacke meiner Lieben wäre vorauszusehen gewesen. Ich sah gut, wie meine Art zu leben Ruth beunruhigte. Und ich wusste genau, wie schnell familiäre Konflikte psychiatrisiert werden. Doch bei uns – ich – Ruth. Nein, soweit dachte ich niemals, leider! Es wäre leicht gewesen, ihren perfiden Angriff zu unterlaufen. Ich hätte ausziehen, vielleicht für einige Monate ins Ausland gehen müssen. Das Geld dazu wäre vorhanden gewesen. Falls ich, ohne groben Anstoss zu erregen, anderswo gewohnt und gearbeitet hätte, wäre ich niemals eingewiesen worden. Hinterher ist man immer klüger. Zum Kotzen – so einfach wäre das gewesen. Jetzt nützt mir das alles nichts mehr. Nun bin ich hier in der Anstalt, fresse Lithium, Clopixol und Akineton und werde bald entlassen – nach Hause in die totale Kontrolle. Frei sein werde ich in keiner Weise. Die Freiheit des entlassenen Psychiatriepatienten existiert nicht. Für ihn gibt es vielmehr die totale Überwachung und damit verbunden die totale Verunsicherung. Was soll ich nur tun? Ich muss mit Minder reden – Minder, mein wichtigster Mitpatient. Auch er ist Maniker, und er hat einschlägige Erfahrung. Schon zum fünften Mal ist er in der Anstalt: Ja, ich frage ihn um Rat. Vielleicht sieht er meine Situation weniger hoffnungslos als ich. Vielleicht?
Das Gespräch mit Minder hat mir gut getan. Ich habe mich nicht geirrt. Die Kontrolle ist tatsächlich so total gemeint, wie ich sie mir vorstelle. Doch das funktioniert nur so lange, wie ich das mit-

mache. Ich bin kein Schaf wie die andern Patienten, die unablässig machen, was von ihnen erwartet wird. Dabei hätte derjenige, der sich wirklich wehren will, gute Chancen, sich durchzusetzen, meint Minder. Minder ist Jurist. Kaum jemand weiss so kompetent wie er Bescheid über die Rechte der Psychiatrie-PatientInnen. Die Verweigerung der Medikamenteneinnahme ist keineswegs ein Grund für eine erneute Zwangs-Einweisung. Juristisch gesehen jedenfalls. Aufpassen müsse ich dennoch. Solange ich zu Hause lebe und die Angehörigen in gutem Kontakt mit dem nachbetreuenden Arzt sind, sei die Sache sehr heikel. Der Hausarzt erhält von der Anstalt jeweils einen Austrittsbericht. Wenn er Internist oder Allgemeinpraktiker ist, dann wird er sich blind und doof auf die Angaben und Richtlinien der Anstaltsärzte verlassen. Und dort wird mit Sicherheit stehen, dass es für mich unerlässlich sei, die Medikamente regelmässig einzunehmen. Ein Hausarzt kommt deshalb schon arg ins Schleudern, wenn er nur erfährt, dass sein Maniker an einem einzigen Tag die Lithiumtabletten weggelassen hat. Schliesslich weiss auch er, wie schmal der therapeutische Wirkungs-Bereich des Lithiums ist. Und er weiss auch, dass ein kurzer Unterbruch der Lithium-Einnahme die prophylaktische Wirkung für Monate aufhebt. Wenn Stucki erfahren sollte, dass ich einerseits munter und ausgelassen sei und andererseits beschlossen habe, auf die Medikamente zu verzichten, dann wird es gefährlich für mich. Minder sieht die Sache klar: «Hüte dich nach der Entlassung vor deinen nächsten Angehörigen und vor deinem Hausarzt!» Alles andere sei weniger heikel. Wenn es mir gelänge, mich ohne Streit von meinen Angehörigen zu trennen, dann sei die Gefahr einer erneuten Einweisung nurmehr minim. Sicher, als ehemaliger Psychiatriepatient bin ich dennoch viel gefährdeter als alle übrigen Menschen. Doch bevor irgend jemand gegen mich vorgeht, bevor festgestellt wird, dass ich Ex-Patient, dass ich Maniker bin, muss mein Lebenswandel störend auffallen. Nur dann werden besorgte Mitmenschen den Notfallpsychiater oder die Polizei holen lassen. Und Geld. «Um leben zu können, um unterzutauchen brauchst du Geld», sagt Minder. Wenn ich bei meiner Familie bleibe, ist mein Leben weitaus gefährlicher. Denn Ruth wird schon auf geringfügige Anzeichen eines Rückfalls besorgt reagieren. Entsetzlich. Es ist klar, ich muss weg – obschon ich mich vor dem

Alleinsein fürchte. Und die Sache hat noch einen weiteren Haken: «Wer zurück zu seinen Angehörigen geht, wird früher entlassen», sagt Minder. Bevor ich richtig abhaue, muss ich zurück zu Ruth. So muss es sein. Nicht anders.

Und dann gibt es ja noch meine ehemalige Psychologin Marianne Sutter. Marianne wird wegen ihrer gewissenhaften Zusammenarbeit von den Anstaltsärzten geschätzt. Die Überweisungen an Psychotherapeuten seien reine Alibiübungen, sagt Minder. Mit wissenschaftlicher Empirie, mit Erhebungen, Fragebogen, mit Systemen und Skalen behaupten die forschenden Psychiater, menschliches Leid und damit auch gleich den leidenden Menschen aus der Welt zu schaffen. Depression, Manie, Schizophrenie sind für diese Leute medizinisch-biologische Erscheinungen: Biologische Psychiatrie, so nennen sie ihr Hobby, ihr fanatisch geliebtes Steckenpferd. Die anerkannten Koryphäen hier in der Anstalt interessieren sich ausschliesslich für die biologische Seite der menschlichen Seele und ihrer Krankheiten. Die wahre Lehre, die wahre Sicht der Dinge ist medizinisch-biologisch. Alles übrige wird von ihnen hochnäsig verachtet. Die psychiatriekritischen Bücher, die mir Minder empfohlen hat, werde ich aufmerksam studieren. Ich will und muss dies alles ganz genau verstehen.

Gut, ich werde wieder zu Marianne Sutter gehen. Warum nicht? Eine weitere Kontrollinstanz? Darauf kommt es ja nun wirklich nicht mehr an. Helfen wird mir die Therapie kaum. Marianne, ich durfte du zu ihr sagen, kümmert sich nicht um die Medikamente. Da fühlt sie sich unsicher. Sie wollte mit mir damals auch nicht über die Berechtigung der Einweisungen sprechen. Für sie ist eine strikte Arbeitsteilung unumgänglich. Wir unterhielten uns fast ausschliesslich über meine Familie. Vielleicht hilft dies Menschen, die nie in einer Anstalt waren und keine Psychopharmaka nehmen.

Alles klar. Nur wenn ich zu Ruth gehe, werde ich entlassen. Und gerade bei Ruth werde ich besonders intensiv überwacht und kontrolliert; genau bei ihr ist die Gefahr am grössten, wieder in die Anstalt verschleppt zu werden. So werde ich zu Ruth gehen und hoffen, dass ich es doch irgendwie schaffen werde. Und sonst? Ich mag nicht weiter überlegen und planen. Ich mag nicht mehr. Wenn sie mich schon gehen lassen, dann gehe ich eben. Vielleicht geschieht ein Wunder. Wahrscheinlich bleibe ich ein medikamentös kontrollierter Waschlappen, ein kastrierter, flügellahmer Adler. Na und. Umbringen kann ich mich ja jederzeit. Solange ich frei bin, kann mir niemand diese Möglichkeit nehmen. Vielleicht ist dies mein Weg? Vielleicht werde ich ein angepasster, behinderter, chemisch geknebelter Ex-Patient, vielleicht ein Selbstmörder, vielleicht ...

Minder schärfte mir ein, sobald als möglich die Medikamente abzusetzen. Genau dann, wenn ich es mir zutraue, wenn ich daran glaube, nicht krank zu sein – nicht später und auch nicht früher. Er schärfte mir zudem ein, auf keinen Fall auf das Gesäusel von der harmlosen Rückfallprophylaxe mit Lithium einzugehen. Dass Neuroleptika unangenehm sein können, das habe endlich auch der verbohrteste Psychiater einsehen müssen. Beim Lithium hingegen sei es noch lange nicht so weit. Minder hält mir eines seiner Fachbücher unter die Nase. Lithium zähmt, es behindert das Denken, macht vergesslich, verhindert Kreativität und lebendige Ausdrucksfähigkeit, dämpft Vitalität, Enthusiasmus, Freude und Lust, lässt die Lebensintensität abflachen. Sämtliche Lebensäusserungen werden verlangsamt. Der Lithiumfresser ist von seiner Umgebung abgeschnitten, es ist, als würde er seine Mitmenschen durch eine Glasscheibe wahrnehmen. Und Lithium kann auch schwere Nierenschädigungen, Krampfanfälle und Kropfbildung bewirken. Dies neben den bekannteren Wirkungen, die ich bereits zur Genüge selbst erfahren habe: Zittern, Koordinationsstörungen, starker Durst, erschwertes Wasserlösen, Übelkeit, Völlegefühl, Gewichtszunahme, Muskelschwäche, Müdigkeit. Ich war schon bald so weit, trotz meiner Beschwerden und trotz meines Misstrauens Lithium als relativ harmlos zu akzeptieren. Gut, dass Minder so viel weiss. Lithium wurde auch zur Behandlung von aggressiven Gefängnisinsassen eingesetzt. Das ist eine echte Schweinerei. Wieso deckt denn niemand diesen dreimal verfluchten Schwindel auf? Schwierige Häftlinge müssen gezähmt, beruhigt, chemisch geknebelt werden – mit Lithium. Behandeln die Psychiater psychisch Kranke oder zähmen und kastrieren sie schwierige Menschen? Sind denn alle schwierigen Menschen psychisch krank? Ich will meine Gefühle fühlen – auch meine Wut. Ich will nicht gezähmt bleiben, ich will leben. Das Erlebnis meiner Wut macht mich zum Menschen. Der Einsatz des Lithiums in Gefängnissen macht alles klar. Wer behauptet, dass Psychopharmaka Krankheiten behandeln würden, ist ein verdammter Lügner. Was früher durch äussere Gewalt erreicht wurde, schafft heute die chemische Knebelung von innen: Ob es sich um die Insassen der psychiatrischen Anstalten handelt oder um Gefangene, der Vorgang ist genau derselbe. Grauenhaft, nie mehr, nie will ich mit diesen Mördern der menschlichen Seele zu tun haben. Ich will leben oder sterben, aber ich will fühlen, ich will mich fühlen; denn nur wenn ich mich fühle, bin ich ein Mensch. Lieber ein toter Mensch als eine lebendige Leiche!

Wieder zu Hause

Seit fünf Tagen bin ich jetzt zu Hause – brav, willig, todtraurig, apathisch – als Ex-Patient. Ich schlafe viel, und tags liege ich im Wohnzimmer. Meist habe ich nicht einmal genügend Kraft, den Fernseher einzuschalten. Ich fühle mich hundselend. Und Ruth ist zufrieden. Sie ist so froh, dass ich wieder zu Hause bin; sie wird nicht müde, das immer wieder zu betonen. Ruth pflegt und umsorgt mich von früh bis spät. Ich kann das kaum mehr ertragen; aber ihr gefällt es. Sie kümmert sich vor allem ums Essen. Sie bringt mir das Frühstück ans Bett. Es ist ihr wichtig, dass ich genügend und regelmässig esse und trinke. Sie bringt mir die Medikamente, erinnert mich an den Termin beim Arzt. Es war abgemacht, dass ich den Rasen mähen und das Treppenhaus putzen sollte, neben der selbstverständlichen Mitarbeit im Haushalt. Auch einkaufen sollte ich – dies alles ist Teil meines Rehabilitationsplanes. Stillschweigend hat Ruth meine Aufgaben übernommen, verständnisvoll übersieht sie mein Versagen. Auch bei Marianne Sutter bin ich bereits gewesen. Das Gespräch war mühsam und nichtssagend. Ob es sinnvoll sei, meinen kranken Vater im Spital zu besuchen. Ich will das nicht, und Marianne war damit einverstanden.

Ruth ist stark, gesund und munter. Die Betreuung des Patienten ist für sie eine Quelle der Kraft. Immer wieder kommt sie zu mir, erkundigt sich, wie es mir gehe und fährt mir jeweils liebevoll mit der Hand übers Haar. Grauenhaft. Sie gibt mir damit den Rest. Sie lähmt mich. Ich bin in ihrer Hand, ich bin ihr ausgeliefert. Ist das jetzt das Eheleben, das ihr zusagt? Ehe als Krankenfürsorge. Ehe als Kontrolle. Ich bin nichts, nichts als ein Ding, das liebevoll gepflegt werden muss. Ich war stark und mutig, als wir uns kennenlernten. Ich versprach mir viel von unserer Beziehung. Ich war sicher, dass unsere Liebe mich kreativer und noch mutiger machen würde. Für sie wollte ich erfolgreich sein, erfolgreich und gesund. An ihrer Seite, mit ihrer Unterstützung würde ich nie mehr in der Klapsmühle landen. Ruth war meine Hoffnung, mein Leitstern. Ihr konnte ich vertrauen, auf sie konnte ich bauen. Sie würde mir ermöglichen, das Unmögliche zu vollbringen. Dies alles war in der Zeit meiner ersten Verliebtheit meine felsenfeste Überzeugung. Als ich das Diplom an der ETH machte, waren wir bereits zwei Jahre verheiratet. Es war nicht leicht für mich, so lange und intensiv zu lernen. In dieser schwierigen Zeit war mir Ruth eine grosse Hilfe; sie war einfach da, kochte für mich, verwöhnte mich und zweifelte nie daran, dass ich die Prüfungen bestehen würde. Dennoch sah ich Ruth niemals nur in dieser Rolle. Sie sollte nicht ausschliesslich Ehe-Frau, Haus-Frau und Mutter sein. Sie hatte damals Pläne, sie wollte in einem Spital arbeiten; sie dachte auch an eine Ausbildung an der Schule für Soziale Arbeit. Menschen interessierten sie; einen Beruf zu lernen, in dem sie mit Menschen zu tun haben würde, war ihr Ziel. Gerne hätte ich sie dabei unterstützt. Sie war noch jung, hatte bis dahin vorwiegend gejobbt. Und sie liebte mich; sie hörte mir gerne zu, wenn ich von meinen Ideen sprach, von meiner Hoffnung, die Welt umzugestalten, für die Menschen lebenswerten Wohnraum zu schaffen. Leider war dies alles bald einmal vorbei. Diese Zeit, in der wir uns in jeder Hinsicht verstanden, diese erfüllte Partnerschaft war nicht von Dauer. Bald einmal schwatzte ich ihr zuviel, bald einmal wiederholte sie immer wieder, dass ich sie erdrücke mit meinen Erzählungen, mit meinen Projekten. Sie dagegen sprach immer weniger. Ruth wollte Kinder, ihre eigenen beruflichen Pläne erwähnte sie nie mehr. Kinder. Sie war wie besessen von dieser Idee. Kinder, nichts anderes mehr interessierte sie. So war es bis zur Geburt von Patrick und Margrith, und so blieb es auch danach. Kaum geboren, waren die Kinder schon ihr wichtigster Lebensinhalt – nicht ich, ich nicht! Ruth war von

Anfang an eine liebevolle und gewissenhafte Mutter. Obschon das gut war, machte es mir Mühe. Ruth sprach nur noch von den Kindern – über das Stillen, über Ernährung, Krankheiten, über ihr Lächeln, die ersten Gehversuche. Schrecklich. Ich versuchte mich zurückzuhalten, ich versuchte zuzuhören, Verständnis zu haben, zu schweigen. Ich verlor meinen Schwung, meine Hoffnung. Und die Kinder waren ihre Kinder. Sie brauchte sie; sie musste jeden Tag erneut fühlen, dass die Kinder ohne sie nicht überleben konnten. Ruth ist sehr zärtlich mit ihnen. Immer öfter schliefen sie bei ihr und ich im Kinderzimmer. Es war einfacher so. Sonst krochen sie jeweils mitten in der Nacht unter irgendeinem Vorwand – Angst, Schlaflosigkeit, Fieber – zu ihr ins Bett. Sie sind so ängstlich und unsicher, Patrick und Margrith. Ich habe sie gern, die zwei; doch sie ziehen mich hinab. Ihre Ängstlichkeit ist unsere Ängstlichkeit, die Ängstlichkeit unserer Familie. Ich wollte diese Lebensangst überwinden, ich wollte nicht mein Leben lang ein Waschlappen bleiben. Ich versuchte, den Kindern zu vermitteln, dass Menschen anders leben können – mutig, furchtlos, ja verwegen. Doch das gelang mir nie. Ich wurde nie vertraut mit ihnen. Sie liessen sich von mir nicht beflügeln. Sie blieben scheu und schauten mich staunend an; ein Fremder blieb ich für sie wie für ihre Mutter, für Ruth. Sie alle hemmten mich. Mir nahm das Familienleben allen Mut und Schwung. Ich wurde gequält von einer Mischung aus schlechtem Gewissen und Mitleid. Nein, so ein Leben war niemals mein Ziel gewesen. Ich hätte fliehen müssen, fort, weit fort. Doch nur schon wenn ich daran dachte, wurde ich erdrückt von starken Schuldgefühlen. Was für mich gut gewesen wäre, hätte sie zerstört. Drei Menschen zerstört – dieses Gefühl hätte ich niemals ertragen, niemals überlebt. So opferte ich mich, meine Zukunft, meine Freude, meine Lust, lebte schwunglos, resigniert und sprachlos dahin. Was sollte ich reden? Was mir wichtig war, das interessierte Ruth einen Dreck. Schweigen war für mich besser, als reden und nicht verstanden werden. Ich lebte weit unter meinen Möglichkeiten, war ein korrekter, müder und lahmer Familienvater, bis die Zeit meines Höhenfluges begann. Diese paar Monate waren schön; das nenne ich leben. Ich begann zu fliegen, war wieder mutig, hatte Ideen wie nie zuvor. Ich hätte voraussehen müssen, dass das gefährlich war. Ruth hatte mir ja schon vor langer Zeit zu verstehen gegeben, dass sie in keiner Weise auf meine Ideen, Pläne und Projekte eingehen konnte. Dennoch gab ich Trottel meine Zurückhaltung auf. Ich bildete mir ein, Ruth mitreissen zu können. Ja, Ruth sollte mitfliegen, mitfühlen. Das hoffte ich, daran glaubte ich. Das war falsch, sehr falsch, mein grosser Fehler, mein einziger Fehler. Dann die Irren-Anstalt. Und jetzt? Wieder zu Hause liege ich da, hoffnungslos elend und kaputt; betreut von Ruth, der es blendend geht. Martin, der depressive Maniker; Martin, der psychiatrisierte Medikamentenfresser. Martin... Was kann ich tun? Wenn Ruth das nächste Mal das Haus verlässt, werde ich Minder anrufen, Minder, vielleicht gelingt es ihm, mich wieder aufzustellen. Minder.

Minder ist der Grösste. Nun hoffe ich wieder. Er hat mich tatsächlich dazu gebracht nachzudenken, Möglichkeiten abzuwägen... Wie blöd war ich doch, dass ich mich so tief fallen liess. Meine Familie zieht mich hinab, je länger, je tiefer. Ich bin allein, zu Hause bin ich allein. Ich brauche andere Menschen. Allein-Sein braucht zu viel Kraft. Weg von Ruth und den Kindern und doch nicht allein! Das ist es, genau das. Mein bester Freund, Peter. Peter, mein Schulkollege, Peter, mein Studienkollege, Peter, mein Sportkollege. Verrückt, ich habe ihn monatelang nicht mehr gesehen. Doch wir verstehen uns auch, wenn wir uns seltener sehen. Unsere Freundschaft hat sich in vielen Jahren bewährt, und sie wird noch viele Jahre weiterbestehen. Das wissen wir beide ganz genau. Wir verstehen uns; er versteht mich, und ich verstehe ihn. Es braucht dazu eine innere Bereitschaft, eine Offenheit für den anderen Menschen. Das ist es, was uns verbindet – seit jeher. Es war uns beiden auch immer klar, dass wir uns wenn nötig immer unterstützen und helfen würden. In der schwierigen Zeit meiner beiden ersten Anstaltsaufenthalte hatte Peter felsenfest zu mir gehalten, er hatte niemals auch nur eine Sekunde aufgehört, an mich und an meine Zukunft zu glauben. Nachdem ich geheiratet hatte, trafen wir uns leider seltener. Ruth und Peter – das ging nicht. Sie mochte ihn nicht. Und meine Freizeit verbrachte ich fast ausschliesslich mit Ruth. Ich glaube, sie war eifersüchtig auf Peter: eifersüchtig auf unsere Beziehung, eifersüchtig darauf, dass wir uns so gut kennen und verstehen. Ruth wollte mich mit niemandem teilen, auch nicht mit einem Mann. Sie wollte mir in jeder Hinsicht am nächsten stehen. Ja, es stimmt schon, Peter weiss mehr von mir, Peter ist mir ähnlich. Wir denken ähnlich, wir fühlen ähnlich, wir verhielten uns ähnlich – in der Schule, im Studium, im Sport. Oft gefielen uns sogar dieselben Frauen. Gestern habe ich Peter angerufen. Ich war sicher, dass er mir helfen würde. Und so ist es auch. Morgen werden wir uns treffen und zusammen in seinem Auto wegfahren. Als er von meiner schwierigen Situation gehört hatte, war ihm das sofort klar. Für mich ist das die grosse Chance; ich versuch's. Ich sage niemandem nichts – Ruth nicht, Stucki und Marianne nicht. Glücklicherweise ist mein Bankkonto nicht gesperrt, Geld ist vorhanden. Damit Ruth keinen Verdacht schöpfen wird, werde ich überhaupt nichts einpacken. Um elf Uhr wird sie einkaufen gehen. Ich kenne ihren Tagesablauf, sie ist pünktlich wie eine Uhr. Ich werde mich aus dem Haus stehlen, Peter wird in der nächsten Strasse auf mich warten. Mir ist es völlig egal, wohin die Reise führen wird. Hauptsache, dass es ins Ausland geht, weit weg. Diese Reise mit Peter ist meine letzte Chance, und ich werde sie packen. Der Entscheid ist endgültig. Medikamente will ich gar keine mitnehmen. Entweder es klappt oder dann eben nicht. Nie wieder werde ich Insasse einer psychiatrischen Anstalt sein. Noch einmal in eine Psychi, noch einmal Medi? Nein! Viel eher werde ich mich umbringen. Nach allem, was ich in den letzten Monaten erlebt habe, fürchte ich den Tod nicht mehr. Sterben ist besser als so zu leben – gezähmt, kontrolliert und kastriert. Ich? Nein, nie mehr!

Der Ausbruch

Die Sache hat geklappt. Seit zwei Wochen sind wir nun unterwegs. Wir sind in der Provence, Peter und ich. Minder hat recht gehabt. Er hat kürzlich gelesen, dass plötzliches Weglassen der Neuroleptika zu einer sehr raschen Erholung, zu einem Gefühl des Wohlbefindens führen kann. Nicht in jedem Fall; doch schon oft sei dies beobachtet worden. Und Minder wusste auch, dass Lithium ohne negative Folgen rasch abgesetzt werden kann. Und wie. Ich fliege, ich fliege wieder. Meine Kräfte sind unbegrenzt. Ich rede, tanze, schreibe, renne und schwimme. Mein Körper ist wieder mein Körper. Ich fühle meine Muskeln, meine Sehnen, meine Haut. Ich kann mich wieder bewegen wie früher. Ich geniesse das Spiel meiner Glieder, die Spannung in meinen Schenkeln. Ich bin wieder der schöne, starke Mann. Und ich kann wieder denken, wie zuvor. Ich kann Zusammenhänge sehen, Gedanken spinnen, Phantasien wachsen lassen. Dies alles mit Gefühl, mit viel Gefühl. Begeisterung, Freude und Lust sind dabei – jeden Tag, jede Stunde. Die Tage können nicht lang genug sein für mich. Peter ist bei mir; einen grossen Teil des Tages sind wir zusammen. Auch für ihn ist es eine gute Zeit. Seit einigen Tagen bin ich wieder die treibende Kraft, ich reisse ihn mit. Utopien nehmen Gestalt an: eine Wohn-Siedlung irgendwo im Süden, in Südspanien, Kreta, oder gar auf Gomera – für Künstler, Maler, Schriftsteller, sonstige Freaks und Obdachlose. Ein weiteres Projekt in der Schweiz: auf einem Hügel nahe bei einer grösseren Stadt. Eine Siedlung mit guten Leuten, ökologisch konzipiert. Zufahrt nur mit dem Fahrrad, zu Fuss oder per Solarmobil. Phantastisch. Selbstverständlich würden wir selbst auch dort wohnen und arbeiten, wenn wir nicht gerade im Süden wären – in der anderen Siedlung.

Lust, ich weiss wieder, was Lust ist. Ich fühle es wieder, auch ich bin ein sexuelles Wesen – ein Mann. Schön, wie schön das Leben sein kann. Dabei war ich sicher, dass es für mich Lust und Liebe niemals wieder geben wird. Gestern gingen wir essen. Im Garten eines gemütlichen Bistros diskutierten Peter und ich; wir kamen ins Feuer, begeisterten uns und vergassen die Welt um uns herum. Am Tisch nebenan sassen drei junge Französinnen. Auch sie hatten es lustig, auch sie waren zufrieden. Offenbar gefielen wir ihnen. Bald einmal sassen wir alle fünf an einem Tisch und hatten es gut. Als der Aufbruch nahte, fragte mich Françoise, als wäre das die selbstverständlichste Frage der Welt, ob ich mit ihr die Nacht verbringen wolle. Ja Françoise, ja! Ich freute mich so sehr, auf Françoise, auf die Liebe, auf die Lust. Françoise studiert seit zwei Jahren in Paris Kunstgeschichte und Literatur; jetzt ist sie in ihrer Heimatstadt in den Ferien. Und sie ist momentan allein zu Hause, ihre Eltern sind für einige Tage fortgefahren. Wunderbar, nicht immer nur Pech, nicht immer nur Unglück: Auch für mich gibt es wieder gute Zeiten, schöne Momente, Überraschungen. Liebe, Leben, Liebe, Lust. Françoise. Wie schön das Leben sein kann. Ich war ein Trottel. Warum war ich nur so lange bei Ruth geblieben? Scheisse. Dass Ruth mich hinab zieht, das war mir schon lange klar gewesen. Weg von ihr: Auch in der Schweiz gibt es andere Frauen. Wer nichts versucht, der kann nichts gewinnen. Mir hatte der Mut dazu gefehlt. Ich hätte sie schon längst verlassen müssen. Das hätte mir die Anstalt erspart. Niemand hätte den Notfallpsychiater gerufen. Das weiss ich jetzt ganz genau. Doch jetzt bin ich hier: Ich liebe und geniesse das Leben. Ich will nie mehr zurück, ich will hierbleiben. Ich will leben, ich will niemals wieder eine lebendige Leiche sein. Françoise, ihr sanfter Körper, ihre glatte, weiche Haut. Wie schön war es, meinen Kopf auf ihren warmen Bauch zu legen. Wie sie mich ansah in den Stunden der Liebe; ihre Augen sind so schön, so unendlich tief, so voller Liebe. Durch ihre Augen sah ich ganz weit in ihre Seele hinein. Wie sie glücklich war in meinen Armen, glücklich, wild und sanft zugleich.

Wir sind bereits vier Wochen unterwegs. Vier wundervolle, beglückende Wochen. Peter fährt übermorgen nach Hause. Françoise wird in zehn Tagen abreisen. Und ich? Wohin? Zu Ruth? Ich schrieb ihr, dass es mir gut gehe, sie solle sich keine Sorgen machen – mehr nicht. Was wollte ich über unsere Zukunft sagen, wo ich selbst nicht weiss, was aus mir werden wird? Welten trennen mich von morgen. Für mich ist die Gegenwart wichtig, jeder Tag, das Leben heute, jetzt; ich schlürfe es ein, ich geniesse, ich lebe, endlich lebe ich!

Ich habe mich entschieden. Ich bleibe hier. Und wenn Françoise abreist, fahre ich mit ihr nach Paris. Klar, dass ich ihr nicht eine Last sein will. Klar, dass ich nicht einfach bei ihr leben kann. Zwei, drei Wochen später muss dann auch ich zurück in die Schweiz. Ich werde vorerst bei Peter wohnen. Die Ungewissheit der Zukunft lastet schwer auf mir. Fast ohne Unterbruch versuche ich, mir mein weiteres Leben auszumalen. Was kann ich, was muss ich tun? Ich will allein leben. Françoise werde ich so oft wie möglich besuchen, und ich hoffe, dass auch sie hin und wieder zu mir in die Schweiz kommen wird. Im Architektur- und Planungsbüro, in dem Peter tätig ist, werde ich arbeiten. Er hat die Sache bereits von hier aus für mich regeln können. Schön. Endlich werde ich so arbeiten können, wie ich mir das schon immer wünschte. Zusammen mit Peter. Wenn ich nur die Kraft und die Hoffnung nicht verlieren werde. Die grösste Gefahr, die auf mich zukommt, wird das Zusammentreffen mit Ruth sein. Wie werde ich auf ihre Vorwürfe reagieren? Wie werde ich ihr Jammern, ihre Klagen ertragen? Ich will, ich muss hart bleiben. Die Beziehung mit Ruth ist zu Ende. Das Kapitel der Ehe von Ruth und Martin Meier ist abgeschlossen – für immer!

Zurück

Nun bin ich wieder in der Schweiz. Die Zeit mit Françoise war wunderschön. Ich bin dankbar, dass ich das erleben durfte. Einen Monat mit Françoise, zuerst in der Provence, dann in Paris. Wir liebten uns und diskutierten. Françoise war eine aufmerksame Zuhörerin, sie wollte alles wissen. Alles, was mit meinem Leben zu tun hat, interessierte sie – die Ehe, die Kinder, der Beruf. Wenn ich von meinen Siedlungs-Projekten sprach, versuchte sie, sich ganz genau vorzustellen, wie alles aussehen würde. Und sie machte Vorschläge, hatte selbst Ideen – schön, wild und verrückt. Sie verstand mich, sie schätzte mich – als Mann, als Mensch, als Architekt. Einige Male gingen wir tanzen. Le petit bal perdu. Wir tanzten, umarmten und liebkosten uns; wir waren glücklich zusammen. Jetzt ist sie wieder voll in ihrem Studium, und ich müsste mich neu in meinem Leben einrichten. Das eigene Leben auf eine neue, bessere Art zu gestalten, ist gar nicht so einfach. Der Alltag hat mich wieder. Scheisse. Peter ist mir die wichtigste Stütze. Er macht sich Sorgen um mich. Er sieht, wie ich zusammengefallen bin. Er sieht, wie ich mich seit meiner Rückkehr verändert habe. Was soll ich tun? Ruth, es geht um Ruth. Ruth zu treffen war noch schlimmer, als ich vorausgesehen habe. Sie sah schlecht aus, sehr schlecht. Sie weinte, jammerte und tobte. Ich würde ihr Leben zerstören. Ich hätte sie ruiniert. Wie sie denn leben solle? Wie? Allein mit den Kindern, ohne Hilfe, ohne meine Unterstützung. Ich sei ein Verbrecher; ich würde sie und die Kinder zerstören mit meinem Egoismus. Sie drohte damit, sich und die Kinder umzubringen, falls ich nicht zu ihr zurückkehren würde. Seit langem schon sei ihr das klar. Genau darum habe sie meine Medikamente aufbewahrt. Sie schrie solange, bis ich nachgab. Ich wohne jetzt wieder zu Hause, bei Ruth. Ich liess mich erpressen. Genau das, wovor ich mich so sehr gefürchtet hatte, ist eingetroffen. Ich versuchte, hart zu sein, so hart wie möglich. Doch dieser Attacke war ich nicht gewachsen. Wie hätte ich nach dem Tod von Ruth, Margrith und Patrick mein Leben geniessen können? Meine Kräfte und mein Mut schwinden, von Tag zu Tag. Ruth geht es schon wieder wesentlich besser. Sie bedient mich, sie kocht für mich und pflegt mich. Und sie drängt mich dazu, zu Stucki zu gehen; er solle entscheiden, ob ich wieder Medikamente brauchen würde. Ja, es stimmt, ich, der Maniker, bin depressiv geworden. Ruth findet, dies sei gar nicht so schlimm. Dafür gebe es Medikamente, Antidepressiva. Und wenn ich nicht aufgehört hätte, Lithium zu nehmen, dann wäre es gar nicht zu diesem Rückfall gekommen. Lithium verhindere nämlich das Auftreten der manischen wie auch der depressiven Phasen. Dieses verfluchte Märchen kenne ich zur Genüge; und dennoch verunsicherte mich Ruth damit. Ich mag nicht mehr. Wieso soll ich mich denn anstrengen? So fresse ich halt alles, was mir verschrieben wird. Wenn sie mich nur in Ruhe lassen, mehr wünsche ich mir nicht mehr. Ich mag nicht mehr. Heute hat mir Peter einen Brief von Françoise gebracht. Auch sie macht sich Sorgen um mich. Sie schreibt, dass sie mich sehr gerne besuchen möchte; doch leider gehe das beim besten Willen nicht. In drei Monaten hat sie ein schweres Examen. Sie liest Tag und Nacht, lernt auswendig und repetiert, und sie ist trotz allem nicht sicher, ob sie mit dem Stoff durchkommt. Wegen mir hat sie ja bereits zu Beginn des Semesters Zeit und wichtige Vorlesungen geopfert. Und ich? Ich sitze hier bei Ruth und werde von Tag zu Tag kraftloser. Verflucht! Wie konnte das nur geschehen in so kurzer Zeit? Eben noch verbrachte ich die schönste Zeit meines Lebens – kaum drei Wochen ist es her. Und jetzt bin ich schon wieder bereit, Psychopharmaka zu schlucken. Die Psychiatrie hat mich wieder. Nein, nein! Das will ich nicht. Jetzt dämmert mir ein schrecklicher Gedanke: Ruth kann nur leben, wenn ich krank, wenn ich ein Verrückter bin. Sobald ich ausbreche aus der Enge unserer Ehe, zerbricht sie, Ruth; dann bringt sie sich um oder sie wird ... eingewiesen. Verrückt, wirklich verrückt! Sie braucht meine Krankheit, sie braucht mich als Kranken. Besser für sie, wenn ich in der Anstalt bin, besser für sie, wenn ich mich umbringe. Ruth erträgt es nicht, wenn ich fliege: Wenn ich fliege, ist sie krank. Verrückt, verrückt die Welt, in der wir leben. Ich müsste wieder weg, sofort weit weg! Arbeiten, lieben und leben an einem Ort, wo niemand von meiner Krankheit weiss. Vielleicht würden mit der Zeit meine Schuldgefühle abnehmen oder gar endgültig verschwinden. Das ist meine einzige Chance. Doch es fehlt mir die Kraft, sie zu ergreifen. Ich habe keine Kraft mehr, keine Hoffnung, keinen Mut.

Ich war heute bei Stucki. Er ist besorgt. Er will mir Antidepressiva geben; noch wichtiger ist es ihm, dass ich wieder Lithium nehme. Für ihn ist meine Diagnose noch eindeutiger geworden. Wenn er an meinen manischen Zustand in Frankreich und meine depressive Symptomatik jetzt hier in der Schweiz denke, dann bräuchten darüber keine Worte mehr verloren zu werden. Doch das war ihm noch nicht genug. Psychiatrische Fälle seien selten so durchschaubar wie der meinige. Er fände es sinnlos, wenn ich noch weiter zu Hause herumliegen würde. Falls er mich mit Tofranil in zwei bis drei Wochen nicht aus meiner Depression herausholen könne, dann werde er mich noch einmal einweisen. Das sei gar nicht so schlimm. Mein erster Anstalts-Aufenthalt habe mir ja auch nicht geschadet. Ruhig Blut, ich muss in Ruhe meine Situation überdenken. Vor kurzer Zeit noch lag ich glücklich in Françoises Armen, und jetzt stehe ich sehr knapp vor der erneuten Einweisung. Antidepressiva? Das tönt harmlos, diese Medikamente haben einen viel besseren Ruf als Neuroleptika. Vielleicht sollte ich es versuchen. Was Lithium heisst, das weiss ich genau – jahrelange Behandlung, jahrelange Kontrolle. Nein, nicht noch einmal mit Lithium beginnen. Doch leben, hier in der Familie? Ohne Medikamente geht das nicht. Und zu Hause wieder eingezogen bin ich, weil ich Ruths Vorwürfe nicht mehr hören konnte. Mit der Last dieser Schuld kann ich nicht leben. Ruth steht mir im Weg. Um Ruth kreist alles, sie bestimmt mein Leben, so oder so: Meier der Psychiatrie-Patient, Meier medizinalisiert, geistig und körperlich behindert, überwacht und kontrolliert – und wenn ich ausziehe: Meier der Bösewicht, der Mann, der seine Familie, seine Frau und seine Kinder ins Elend brachte. Ich kann sie schon hören, die Hyänen in unserer Nachbarschaft: «Skrupellos – wie konnte er nur diese liebenswürdige Frau und die herzigen Kinder verlassen?

Meier ist von Sinnen. Rücksichtslos die Familie ins Unglück stürzen; das tut man doch nicht.» Und alle würden es wissen. Schrecklich diese Wahl. Schuld oder Medikamente, Schuld oder Behinderung. Wo bleibt die Freude, das Leben, die Lust? Françoise? Hoffnungslos. Ausweglos. Ich habe verloren, das Spiel ist aus. Die Anstalt hat mich gebrochen, gedemütigt; die Medikamente haben mich zerstört. Vielleicht bin ich wirklich psychotisch. Wer so lebensuntüchtig ist, der muss geisteskrank sein. So einfach, so banal ist mein Problem, und ich Trottel zerbreche daran. Ich kenne niemand, der sich so schwer tut wie ich. Niemand, den ich kenne, ist wie ich. Ich bin anders. Krank, ja krank. Im Ausland ohne Medikamente, ohne Diagnose, weit weg von Ruth, da hätte ich wahrscheinlich leben können. Meine Rückkehr war ein riesengrosser Fehler. Ich hätte Ruth nie wieder sehen dürfen. Aber jetzt – wieder weg, ich würde die Schuld mitnehmen. Von jetzt an werde ich schuldig sein, behindert ... oder tot. Der Tod, sterben, das ist eine gute Wahl. Damit rechne ich schon lange. Dieser Gedanke hat mir schon über viele schwierige Situationen hinweggeholfen. Er gab mir den Mut, das Wagnis meiner Reise einzugehen; er verhalf mir zu schönen Tagen mit Françoise, mit Peter. Wieso nur kann ich die Schuld nicht ertragen? Viele Menschen leben recht gut mit weitaus grösserer Schuld. Wäre ich denn überhaupt schuldig? Bin ich allein schuldig am Scheitern unserer Ehe? Nein – und doch. Ruth hat dermassen getobt, Ruth hat mich beschimpft wie nie jemand zuvor. Und sie hat recht. Ja, ich habe mich eingelassen mit Ruth; ich habe Kinder mit Ruth. Und es stimmt: Ich hatte ihr versprochen, so lange ich lebe, bei ihr zu bleiben. Ich ertrage ihre Anklage nicht. Ich sollte zurückschreien, so laut wie sie. Ich kann nicht. Ich hasse sie, ich liebe sie, ich verachte sie. Sterben, nichts anderes ist möglich, nichts ... Ruth, Françoise, Peter, Minder – versteht mich wirklich niemand, hilft mir niemand? Alle möchten sie mir helfen, alle auf ihre Art. Was ich brauche, das gibt mir keiner: mir die Schuld abnehmen, die Schuld! Ich habe zuviel erlebt. Ich bin krank, zu krank. Ich will sterben. Zwei Wochen noch versuche ich es mit Tofranil, obwohl ich so wenig daran glaube wie an alles andere. Was soll's? Vielleicht geschieht ein Wunder, und sonst bringe ich mich um. In die Anstalt verschleppen lasse ich mich nie mehr.

Tofranil bringt nichts. Ich bin zittrig, schwindlig, habe einen trockenen Mund, Mühe beim Wasserlösen, kann nur mehr schlecht lesen, verdurste fast und bin unheimlich unruhig. Und damit hat es sich. Mut, Hoffnung, Lebenslust? Nichts. Gar nichts. Unruhig und doch müde, gereizt und doch apathisch. Zum Kotzen – so nicht. Vorbei, fertig, aus. Stucki will mich einweisen, das macht alles einfacher. In die Anstalt – nein, das nicht! Ich will nicht mehr, nichts mehr. Ich bring' mich um. Morgen früh werde ich ein Taxi bestellen, zum Aussichtsturm fahren und mich von dort hinunterstürzen. Noch einmal fliegen; fliegen, das ist mein Leben, das ist mein Sterben, das bin ich. Ruth? Ruth!

Nach dem Sturz

Ruth: Martin ist tot. Seit einer Woche schon. Vom Aussichtsturm hinuntergestürzt. Früher waren wir oft zusammen dort. Nun ist er tot. Das kann nicht sein, das darf nicht sein. Dabei wusste ich es schon lange. Ich wusste, dass er sich umbringen wird. Was Martin durchmachte, kann kein Mensch verkraften. Die Einweisung, der Notfallpsychiater, die Sanitäter, das Handgemenge, die Spritze; dann die Klinik, die Behandlung. Schrecklich. Danach war es vorbei, für immer. Für mich war das klar – am Tag, an dem ich ihn zum ersten Mal sah in der Klinik. Nur noch Schrecken, Elend und Illusion. Ich hatte mich auf seine Heimkehr gefreut. Das stimmt. Und dennoch wusste ich genau, dass er sich nicht mehr erholen würde. Ich klammerte mich an meine Aufgabe, an die Anweisungen von Frau Dr. Liechti. Ich versuchte, die Sache positiv, nur positiv zu sehen. Das gelang mir zeitweise. Meine Verzweiflung, meine Angst, meine Panik suchte ich zu verbergen vor ihm, vor mir. Was hätte ich denn tun sollen, was hätte ich besser machen können? Ich weiss es nicht. Ich gab mir Mühe, lebte nur noch für Martin. Was habe ich falsch gemacht? Bin ich schuld an seinem Tod, bin ich schuldig? Ich muss mir klar darüber werden, was wirklich geschehen ist. Es war alles so hektisch, so wirr und konfus in den letzten Wochen. Ich fühlte mich hilflos, schuldig und verwirrt. Niemand half mir. Ich war so allein, so grauenhaft allein. Und ich hatte Angst, Angst vor dem Leben, Angst vor der Zukunft. Wenn es nur Martin allein gewesen wäre. Doch die Kinder sind auch Menschen – Patrick und Margrith wollen auch leben, auch sie brauchen Liebe und Sicherheit. Ich machte mir Sorgen um sie, um ihn, um mich. Niemand stand mir bei. Nun ist er tot. Bin ich schuld an seinem Tod? Vielleicht. Vielleicht bin ich schuld. Ich verstand ihn nicht, nicht mehr. Vielleicht wäre eine andere Frau besser gewesen für ihn. Françoise? Françoise, das traf mich, das tat weh. Mit Françoise war er glücklich. Hätte ich ihn gehen lassen müssen? Kann ein Mensch so selbstlos sein, so edel? Ich konnte es nicht. Ist das mein Fehler, meine Schuld? Françoise. Ich verstand ihn nicht. Was suchte er, was fehlte ihm? Ich kümmerte mich um die Kinder, und ich versuchte, für Martin da zu sein. Ich war immer da, wenn er mich brauchte. Seine Geschichten und seine Pläne verwirrten mich, machten mir Angst. Wenn er erzählte, war er so wild, so voller Kraft, so unkontrolliert. Er erdrückte mich, mich gab es gar nicht mehr. Ich war nur noch da, um ihm zuzuhören. Zu sagen hatte ich nichts. Ich hätte ihn unterstützen müssen. Nur das. Als wir uns kennenlernten, da war es anders. Damals liess er auch mich reden, damals konnte er noch zuhören. Das war schön, ich konnte mitgehen, mitreden, mitphantasieren. Später, vor allem seit der Geburt der Kinder, gelang mir das immer schlechter. Ich ertrug es nicht mehr, wenn er redete, immerfort redete, nur er zählte – er und seine Ideen. Mein Leben war für ihn uninteressant, banal. Ich bin doch auch jemand; ich wäre doch auch gern als Frau, als Ruth, als Mensch wahrgenommen worden. Was hätte ich tun sollen? Ich lähmte ihn, ich hemmte ihn. Er war nicht glücklich mit mir. Dennoch sprach er nie von Trennung oder Scheidung – nie, bevor er Françoise kennenlernte. Hätte ich gehen sollen? Einfach so? Einfach, weil ich sah, dass dies für ihn besser wäre. Ich hätte ihm kaum gefehlt. Eine andere Frau? Wahrscheinlich war ich die falsche Frau. Aber ich liebte ihn doch. Ich habe nie aufgehört, Martin zu lieben. Ich hatte ja gesagt zu diesem Mann, ich wollte mit ihm mein ganzes Leben verbringen. Das hatte ich ihm und mir versprochen. Ich liebe ihn so sehr, diesen interessanten, sensiblen und schönen Mann. Ja, Martin war schön. Seine schlanke Figur, sein aufrechter Gang, sein markantes, schmales Gesicht gefielen mir so sehr. Martin war mein Mann, und ich liebte ihn. Hätte ich gehen müssen, als ich bemerkte, dass wir uns nichts mehr zu sagen hatten? Ich weiss es nicht. Françoise? Vielleicht würde er noch leben. Mit einer Frau wie ihr wäre er vielleicht gar nicht Klinikpatient geworden. Mit ihr wäre er gesund geblieben. Was habe ich falsch gemacht? Was war mein schlimmster Fehler? Ich hatte keine Ahnung von der fatalen Auswirkung eines Klinikaufenthaltes. Vorerst glaubte ich dem Notfallpsychiater, dass Martin dort wieder zu sich finden werde. Nach meinem ersten Besuch in der Klinik war mir dann alles klar. Da war es bereits zu spät. Was geschehen war, war zu schrecklich; zu schrecklich, was er und ich, was wir erlebt hatten.

Für Martin wäre es das Beste gewesen, wenn ich mit den Kindern weggezogen wäre. Doch wie hätten wir leben sollen ohne ihn? Der Familie, den Kindern und Martin zuliebe hatte ich meine Zukunftspläne aufgegeben. Auch ich hätte eine Ausbildung machen wollen. Nun, ohne Beruf, hätte ich freiwillig auf meinen Mann verzichten sollen. Allein mit den zwei Kindern – das wäre schwer gewesen, zu schwer. Ich weiss nicht, ob ich das geschafft hätte. Vor Martins Rückkehr aus Frankreich hatte ich mir die Frage nie gestellt. Nach dem ersten Schrecken hatte ich seine Reise als gutes Omen betrachtet. Ich verstand, dass er, nach der schweren Zeit in der Klinik, wieder etwas unternehmen, etwas wagen und erleben musste. Dass Peter Zeit für ihn hatte, war gut. Ich stellte mir vor, dass Martins Reise den Anfang einer glücklichen Zeit für uns zwei bedeuten würde. Auch Marianne Sutter verstand seine Reise in diesem Sinn. Martin hatte in seinen Briefen in keiner Weise auf eine mögliche Trennung angespielt. Ich war in keiner Hinsicht vorbereitet auf seine Liebe, auf Françoise, auf seinen Wunsch, mich zu verlassen. Und ich hatte Angst. Nach all den Aufregungen der letzten Zeit war das zuviel für mich, ganz einfach zuviel. Wenn wir die Sache doch nur in Ruhe hätten planen können. Bei Martin war alles immer so hektisch, so überstürzt. Sich Zeit lassen und Geduld haben, das konnte er nicht. Wenn er beschwingt war, wenn er von einer Idee besessen war, dann musste sofort gehandelt werden. Jede Verzögerung machte ihn rasend. Ich hätte ihn ziehen lassen müssen. Françoise. Ich hätte ihn nicht bedrängen, nicht erpressen dürfen. Jetzt. Ich hätte ihn schon vor Jahren wegschicken sollen. Ich war nie die richtige Frau für ihn. Schrecklich, mit mir konnte er nicht leben, mit mir musste er krank werden. Warum konnte er nicht auf mich eingehen? Ist dieses Leiden eine Krankheit? War Martin krank? Und ich? Bin ich gesund, gesünder? Ich weiss es nicht, ich weiss es nicht. Ich weiss überhaupt nichts mehr. Ich weiss, dass Martin tot ist. Das macht mich unendlich traurig. Seit sieben Tagen ist er tot; doch gestorben war er schon zuvor; ein Toter hat sich vom Turm gestürzt. Hilft mir niemand? Versteht mich niemand?

Was soll ich jetzt? Ich, ganz allein, ohne Martin, mit meinen, mit seinen, mit unsern Kindern!

Frau Dr. Liechti: Eben habe ich vernommen, dass Meier gestorben ist. Meier. Suizid. Meier war ein schwieriger Patient. Sonderbar, dass die Menschen zu ihrem eigenen Wohl gezwungen werden müssen. Ich hätte Meier länger in der Klinik behalten sollen. Schon bald nach der Entlassung habe er eine Auslandreise gemacht. Die Medikamente habe er abgesetzt. Diese Maniker. Sie fühlen die Gefahr nicht. Sie überschätzen sich. Dabei könnten sie doch ein gutes Leben führen. Ich verstehe das nicht. Sicher, die Psychiatrie hat auch unangenehme Seiten. Doch Manikern haben wir etwas wirklich Sinnvolles anzubieten. Schwierig, diese Medikamentenverweigerer, schwierig. Wenn sie doch nur einsehen würden, wie sehr sie sich selbst damit schaden. Wenn ich daran denke, wie leicht es wäre, einem Patienten wie Meier zu helfen – vorerst mit Neuroleptika, später lediglich mit Lithium. Damit ist zu leben, gut zu leben. Was brachte es denn dem Meier, dass er sich über unser Wissen, über unsere Erfahrung hinweggesetzt hatte? Was brachte ihm seine manische Reise, sein manischer Übermut? Depression und Suizid. Erstaunlich ist das nicht. Vom Turm gestürzt. Spektakulär. Vielleicht hat ihn das noch einmal in ein manisches Hochgefühl versetzt? Es ist wichtig, dass regelmässig kompetente Information über die Geisteskrankheiten in den Massenmedien verbreitet wird. Wir dürfen die Publizität nicht einfach den Psychiatriekritikern überlassen. Das schadet unseren Patienten. Ein tragischer Fall, dieser Meier. Von jetzt an gilt es, bei Manikern noch besser aufzupassen. Ich werde vorsichtiger abklären müssen, ob ihre Krankheitseinsicht auch echt ist, ob wirklich die Bereitschaft besteht, die Lithium-Prophylaxe ernsthaft und gewissenhaft jahrelang durchzuführen. Leute wie Meier spielen das oft nur vor, um möglichst rasch entlassen zu werden. Im Grunde hatte ich es ja gewusst. Ich war zu nachsichtig, zu gutmütig. Ein weiteres Mal wird mir dies sicher nicht mehr passieren. Hoffentlich wird bald einmal ein Lithium-Depot-Präparat entwickelt. Ideal wäre natürlich ein Implantat – Lithium unter der Haut, monatelang wirksam! Damit wäre allen geholfen. Uneinsichtige Patienten könnten so auf unspektakuläre Weise vor sich selbst geschützt werden und dennoch früh entlassen werden. Seltsam, dass es noch kein Depot-Lithium gibt.

Anmerkungen

Einleitung

1) Paul Watzlawick, John H. Weakland, Richard Fisch: «Lösungen», Hans Huber, Bern 1988, S. 120
2) siehe dazu: Ulrich Beck: «Gegengifte», Suhrkamp, Frankfurt, 1988, S. 31 ff

Von der Produktion der «Geisteskrankheiten» durch die Psychiatrie

1) Für die folgenden Ausführungen zum sozialen Modell der Geisteskrankheiten stütze ich mich vorwiegend auf Publikationen von Erving Goffman und Thomas Scheff:
Erving Goffman: «Die Verrücktheit des Platzes» in: Franco Basaglia, Franca Basaglia-Ongaro (Hrsg.): «Befriedigungsverbrechen», Europäische Verlagsanstalt, Frankfurt am Main, 1980
Erving Goffman: «Stigma», Suhrkamp, Frankfurt am Main, 1979
Thomas Scheff: «Das Etikett ‹Geisteskrankheit›», Fischer, Frankfurt am Main, 1980
2) Bruno Bettelheim: «Erziehung zum Überleben», Deutsche Verlags-Anstalt, Stuttgart, 1980
3) David L. Rosenhan: «Gesund in kranker Umgebung» in: Paul Watzlawick (Hrsg): «Die erfundene Wirklichkeit», Piper, München, 1981
4) Paul Watzlawick: «Selbsterfüllende Prophezeiungen» in: Paul Watzlawick: a.a.O., 1981
5) Interessante und grundlegende Ausführungen über Macht und Psychiatrie finden sich bei Michel Foucault: «Macht-Wissen» in: Franco Basaglia, Franca Basaglia-Ongaro (Hrsg.): a.a.O., 1980
6) Klaus Dörner, Ursula Plog: «Irren ist menschlich», Psychiatrie-Verlag, Wunstorf 1980, S. 367
7) Für umfassende Informationen über die gefährlichen Wirkungen der Neuroleptika empfehle ich: Peter Lehmann: «Der chemische Knebel», Antipsychiatrieverlag, Berlin, 2. verbesserte und aktualisierte Auflage 1990. Peter Lehmann ist Gründungsmitglied der Irrenoffensive Berlin, einer selbständigen Organisation von Psychiatrie-Überlebenden.
8) Das Wort Elektroschock hat ausgedient, heute wird in der Psychiatrie von «Elektrokrampftherapie» gesprochen; neuerdings verwendet Prof. W. Pöldinger dafür sogar die beschönigende und verharmlosende Bezeichnung «Elektroheilkrampfbehandlung»; in: «Therapiewoche», Sept. 1988
9) siehe dazu Ulrich Beck: «Gegengifte», Suhrkamp, Frankfurt am Main, 1988, S. 31 ff

10) In meinem Artikel «Der Balken im Auge: Rassismus und Psychiatrie» bin ich ausführlich auf dieses Thema eingegangen. In: «Widerspruch» 14/87 und hier in diesem Buch S. 67

Die Psychiatrie hat ihre Unschuld endgültig verloren

1) Emil Kraepelin: «Lebenserinnerungen», Springer-Verlag, Berlin, Heidelberg, S. 12 ff
2) zitiert in: Mario Erdheim: «Die gesellschaftliche Produktion von Unbewusstheit», Suhrkamp Verlag, Frankfurt am Main, 1982, S. 171
3) siehe dazu: Marc Rufer: «Irrsinn Psychiatrie», Zytglogge Verlag, Bern, 1988, S. 37
4) «Der Balken im Auge: Rassismus und Psychiatrie in der Schweiz», in: Widerspruch 14, 1987; hier in diesem Buch S. 70
5) in: Klaus Dörner, Christiane Haerlin u. a.: «Der Krieg gegen die psychisch Kranken», Psychiatrie Verlag, Rehburg-Loccum, 1980, S. 187
6) zitiert in: Robert Jay Lifton: «Ärzte im Dritten Reich», Klett-Cotta, Stuttgart, 1988, S. 36
7) siehe dazu die Aussagen von Prof. Christian Scharfetter, zitiert in: «Der Balken im Auge: Rassismus und Psychiatrie», S. 62 f, hier in diesem Buch S. 71
8) Alexander Mitscherlich, Fred Mielke: «Medizin ohne Menschlichkeit», Fischer Tb, Frankfurt, 1978, S. 8
9) «Gegengifte», Suhrkamp, Frankfurt am Main, 1988, S. 50, Hervorh. original
10) ebenda, S. 42
11) Ludger Wess, Hrsg.: «Die Träume der Genetik», Greno, Nördlingen, 1989. S. 189
12) K.P. Kisker, C. Müller u..a. Hrsg.: «Psychiatrie der Gegenwart, 4. Schizophrenien», Springer-Verlag, Berlin, Heidelberg, 1987, S. 120
13) siehe Anm. 2
14) siehe dazu mein Artikel: «Von der Produktion der Geisteskrankheiten durch die Psychiatrie», hier in diesem Buch S. 77
15) «Ethnischer und psychiatrischer Rassismus im Vergleich», in: Widerspruch 18; 1989, hier in diesem Buch S. 80
16) Peter Gay: «Freud, Juden und andere Deutsche», Deutscher Taschenbuch Verlag, München, 1989, S. 133
17) siehe dazu: Aldo Carotenuto, Hrsg.: «Tagebuch einer heimlichen Symmetrie: Sabina Spielrein zwischen Jung und Freud», Kore, Verlag Traute Hensch, Freiburg i.Br. 1986; Paul J. Stern: «C.G. Jung Prophet des Unbewussten», R.Piper, München, 1977; «Sigmund Freud/C.G. Jung Briefwechsel», S.Fischer, Frankfurt am Main 1974; Emanuel Hurwitz: «Otto Gross, Paradies-Sucher zwischen Freud und Jung», Suhrkamp Verlag, Zürich, 1979 und auch das 1989 in Zü-

rich uraufgeführte, interessante Theaterstück von Linard Bardill: «Der Sprung im Traum. Annäherungen an Otto Gross»
18) Jung vermochte sich bis zu seinem Tode nicht von den konservativen psychiatrischen Grundannahmen zu lösen. Siehe dazu das Kapitel über C.G. Jung in «Irrsinn Psychiatrie», S. 111 ff.
19) Alexander und Margarethe Mitscherlich: «Die Unfähigkeit zu trauern», R.Piper, München, Neuauflage, 1977, S. 173
20) Mario Erdheim: «Die Psychoanalyse und das Unbewusste in der Kultur», Suhrkamp Verlag, Frankfurt, 1988, S. 92
21) ebenda
22) Mario Erdheim: 1982, a.a.O., S. 87
23) ebenda, S. 107 ff
24) ebenda, S. 89
25) ebenda, S. 164
26) Mario Erdheim: 1988, a.a.O., S. 18
27) ebenda
28) siehe Anm.15
29) Paul Parin: «Der Widerspruch im Subjekt. Ethnopsychoanalytische Studien», Syndikat, Frankfurt am Main, 1978, S. 238
30) ebenda, S. 244/245
31) Paul Parin und Goldy Parin-Matthèy: «Subjekt im Widerspruch», Syndikat, Frankfurt am Main 1986, S. 62
32) ebenda
33) ebenda, S. 69
34) ebenda, S. 67, 78
35) Alexander und Margarete Mitscherlich: a.a.O., 1977, S. 186
36) ebenda
37) Cécile Ernst: «Vererbung in der Psychiatrie»in: Maja Svilar Hrsgb.: «Erbanlage und Umwelt», Verlag Peter Lang, Bern, 1986, S. 160
38) «Irrsinn Psychiatrie», S. 26
39) August Forel: «Rückblick auf mein Leben», Zürich 1935, S. 156, Hervorh. mr
40) siehe Anm.4
41) zitiert in: «Irrsinn Psychiatrie», S. 21
42) Eugen Bleuler: «Der Hygieneunterricht in der Schule», Separatabdruck aus dem Jahrbuch der schweiz. Gesellschaft für Schulgesundheitspflege, XI. Jahrgang, 1910, S. 19, Hervor. mr

Der Balken im Auge: Rassismus und Psychiatrie
Zur Geschichte und Aktualität der Erbbiologie
in der Schweizer Psychiatrie

1) Der kollektive Verdrängungsprozess wird auch 1987 von offizieller Seite weiterbetrieben. Die deutsche Bundesärztekammer (Dr.Vilmar) verfälscht wissentlich die breite Mitbeteiligung der Medizin an dem

NS-Vernichtungsprogramm und veranlasst, dass kritische Stellungnahmen der Medizinhistoriker im Deutschen Ärzteblatt nicht abgedruckt werden. Vgl. «Medizin als Politik», Extra-Dossier in: Die Zeit, 6.11.87
2) M.Billig: «Die rassistische Internationale. Zur Renaissance der Rassenlehre in der modernen Psychologie», Frankfurt, 1981
3) Siehe vor allem: G.Bader, U.Schulz: «Medizin und Nationalsozialismus», Berlin, 1980. T. Bastian: «Von der Eugenik zur Euthanasie», Bad Wörishofen, 1981. K. Dörner: «Diagnosen der Psychiatrie», Frankfurt, 1975. K. Dörner, C. Haerlin u.a.: «Der Krieg gegen die psychisch Kranken», Rehburg-Loccum, 1980. K. Nowak: «‹Euthanasie› und Sterilisierung im ‹Dritten Reich›», Göttingen, 1978. F.K. Kaul: «Die Psychiatrie im Strudel der ‹Euthanasie›», Frankfurt, 1979. E.Klee: «‹Euthanasie› im NS-Staat. Die Vernichtung lebensunwerten Lebens», Frankfurt, 1983. K.H.Roth: «Erfassung zur Vernichtung», Berlin, 1984
4) Eugen Bleuler: «Führen die Fortschritte der Medizin zur Entartung der Rasse?», Münchner medizinische Wochenschrift, No 7, 1904, S. 4, Hervorh. mr
5) August Forel: «Verbrechen und konstitutionelle Seelenabnormitäten», München 1907, S. 178/179, Hervorh.mr
6) August Forel: «Hygiene der Nerven und des Geistes», Stuttgart, 1922, S. 277,278
7) August Forel: «Die sexuelle Frage», Zürich, 1904, S. 405, Hervorh. mr
8) August Forel: a.a.O., 1922, S. 279, Hervorh. mr
9) Klaus Dörner: «Diagnosen der Psychiatrie», Frankfurt/Main, 1975, S. 72
10) August Forel: «Rückblick auf mein Leben»; aus dem Nachlass, Zürich, 1935, S. 158, Hervorh. mr
11) Eugen Bleuler: «Der Hygieneunterricht in der Schule», Separatabdruck aus dem Jahrbuch der Schweiz. Gesellschaft für Schulgesundheitspflege, XI. Jahrgang, 1910, S. 4/19, Hervorh. mr
12) August Forel: a.a.O. 1935, S. 270, Hervorh. mr
13) Ernst Klee: «Zum Schicksal der Zwangssterilisierten», in: Die Zeit, 25.4.1986 und Hans Walter Schmuhl in: Geschichte und Gesellschaft, Zeitschrift für Historische Sozialwissenschaft, Heft 4, 1990, S. 412
14) A. Hitler: «Mein Kampf», München, 1940, S. 446
15) K.Dörner: a.a.O.,1975, S. 65/71. E.Klee: a.a.O., 1983, S. 24
16) K.Nowak: a.a.O., 1978, S. 50
17) ebenda
18) ebenda, S. 49
19) E.Klee: a.a.O., 1983. B. Müller-Hill: «Tödliche Wissenschaft. Die Aussonderung von Juden, Zigeunern und Geisteskranken 1933−45», Reinbek, 1984

20) F.K. Kaul: a.a.O., 1973, S. 33
21) K.Nowak: a.a.O., 1978, S. 79/80
22) F.K. Kaul: a.a.O., 1973, S. 60
23) K.Nowak: a.a.O., 1978, S. 80/81
24) F.K. Kaul: a.a.O., 1973. E.Klee: a.a.O., 1983
25) E.Klee: a.a.O., 1983
26) Diese Angabe stammt von Peter Breggin (in: K. Dörner, C. Haerlin u.a., a.a.O.,1980, S. 186). Die Zahl der in den Aktionen T4 und 14f13 ermordeten Menschen wird mit 120'000 angegeben. Dazu kommen vor 1939 und nach 1941 die Opfer der sog. «wilden Euthanasie», die 1944/45 sogar noch intensiviert wurde, ferner die im Laufe des Krieges von deutscher Seite getöteten 100'000 PsychiatriepatientInnen in Polen und in der Sowjetunion. (K.Dörner, a.a.O. 1975, S. 81. E.Klee: a.a.O.,1983, S. 417)
27) W.F. Haug: «Die Faschisierung des bürgerlichen Subjekts. Die Ideologie der gesunden Normalität und die Ausrottungspoltik im deutschen Faschismus», Berlin, 1986, S. 23
28) F.K. Kaul: a.a.O., 1973, S. 113
29) F.K. Kaul: a.a.O., 1973, S. 151 ff
30) S.L. Chorover: «Die Zurichtung des Menschen», Frankfurt, 1982, S. 120
31) E.Klee: a.a.O.,1983,S. 36. K.Nowak: a.a.O., 1978, S. 39
32) E. Peust: «Erblehre und Rassenhygiene in ihren Beziehungen zur Sozialökonomie und Philosophie», Allgemeine Zeitschrift für Psychiatrie und ihre Grenzgebiete, Berlin, 1939, S. 75
33) C. Brugger: «Die Aufgaben der Abteilung für Erbforschung der Basler Psychiatrischen Klinik», in: Schweizerische Medizinische Wochenschrift Nr. 43, 1937, S. 1017ff
34) A.Forel: «Die sexuelle Frage», 17.Auflage, neubearbeitet von O.L.Forel, Zürich, 1942, S. 400
35) A.Gütt, E.Rüdin, F.Ruttke: «Gesetz zur Verhütung erbkranken Nachwuchses vom 14. Juli 1933», München, 1934, S. 55; Hervorh. mr
36) K.Dörner: a.a.O.,1975, S. 141
37) Eugen Bleuler: «Lehrbuch der Psychiatrie», 15. Auflage, Berlin, 1983, S. 456, Hervorh. mr
38) M.Bleuler: «Theoretische und klinische Erbpsychiatrie», Archiv der Julius Klaus-Stiftung, 17, Zürich, 1942
39) M.Bleuler: a.a.O.,1942; Hervorh. mr
40) Eugen Bleuler, a.a.O, 1983, S. 694, Hervorh. mr
41) Ernst Rüdin: «Das deutsche Sterilisationsgesetz», in: E.Rüdin: «Erblehre und Rassenhygiene im völkischen Staat», München, 1934, S. 155 Hervorh. original
42) W.Pöldinger: «Biologische Aspekte des Befindens und Verhaltens», Schweiz. Archiv für Neurologie und Psychiatrie, 5, Zürich, 1986, S. 137

43) ebenda, S. 171 ff
44) ebenda, S. 97
45) Bernhard Pauleikhoff: «Ideologie und Mord», Hürtgenwald, 1986
46) C.Scharfetter: «Biologisches Menschenbild – Ursache der Euthanasie?» in: Neue Zürcher Zeitung, 25./26.10.1986
47) J.Angst, C.Scharfetter: «Der heutige Stand der Genetik endogener Psychosen», Archiv für Genetik, 45, 1972, S. 2
48) ebenda, S. 11, Hervorh. mr
49) Neue Zürcher Zeitung, 4./5. Feb. 1989, S. 25
50) Richard C. Lewontin, Steven Rose, Leon J. Kamin, «Die Gene sind es nicht...» Psychologie Verlags-Union, München-Weinheim, 1988, S. 173
51) ebenda, S. 179 ff
52) ebenda, S. 80 ff
53) J.Angst, C.Scharfetter: a.a.O. 1972
54) siehe dazu den Beitrag von Russel Barton in: Asmus Finzen (Hrsg.) «Hospitalisierungsschäden in psychiatrischen Krankenhäusern», Piper Verlag, München 1974, S. 11 ff
55) Ch.Köttgen: «Früher ‹Rassenhygiene› heute Humangenetik – personelle und inhaltliche Kontinuität», in: «1999», 2, 1987
56) P.Breggin, in: K. Dörner, C. Haerlin u.a.: a.a.O., 1980, S. 187
57) C.Scharfetter: «Der Sinn im Wahnsinn», in: «Psychologie heute», 1, 1981, S. 61
58) siehe dazu: Ulrich Beck: «Gegengifte», Frankfurt, 1988, S. 50,

Ethnischer und psychiatrischer Rassismus im Vergleich

1) Widerspruch 14, 1987; S. 53ff und hier in diesem Buch S. 117
2) Alfred Hoche, Karl Binding: «Die Freigabe der Vernichtung lebensunwerten Lebens», Leipzig 1920
3) Albert Memmi: «Rassismus», Athenäum Verlag, Frankfurt, 1987
4) Memmi hat im Laufe der Jahre verschiedene Definitionen des Rassismus publiziert. Die hier angeführte Definition ist eine Synthese aller Elemente, die bei Memmi zu finden sind. (ebenda: S. 151, S. 164)
5) siehe dazu mein Artikel «Von der Produktion der ‹Geisteskrankheiten› durch die Psychiatrie», hier in diesem Buch S. 118
6) u.a.: Neue Zürcher Zeitung, 4./5. Feb. 1989, S. 25
7) Albert Memmi: 1987, S. 118; Hervorh. original
8) ebenda, S. 205
9) Siehe dazu mein Artikel: «Von der Produktion der Geisteskrankheiten durch die Psychiatrie»
10) Erich Fromm: «Psychoanalyse und Ethik», Deutsche Verlags Anstalt, Stuttgart, 1982, S. 222, Hervorh. original
11) ebenda, S. 223
12) Siehe dazu meine Ausführungen in: «Irrsinn Psychiatrie», Zytglogge Verlag, Bern, 1988, S. 66 ff

13) Hannah Arendt: «Nach Auschwitz», Edition Tiamat, Verlag Klaus Bittermann, Berlin, 1989, S. 167
14) Albert Memmi: 1987, S. 41, Hervorh. original
15) ebenda
16) Albert Memmi: 1987, S. 205/206
17) Erich Fromm: «Über die Liebe zum Leben»; Deutscher Taschenbuch Verlag ,1986, S. 175, Hervorh. original
18) Überzeugend und fundiert hat dies Peter Breggin nachgewiesen in: «Elektroschock ist keine Therapie», Urban & Schwarzenberg, München, 1980 und in: «Psychiatric drugs, hazards to the brain», Springer publishing company, New York, 1983
19) siehe dazu die umfangreiche und erschütternde Zusammenstellung von Peter Lehmann in: «Der chemische Knebel; warum Psychiater Neuroleptika verabreichen», Antipsychiatrie Verlag, Berlin, 2., verbesserte und aktualisierte Auflage, 1990
20) Albert Memmi: 1987, S. 119
21) ebenda, S. 120
22) F.K. Kaul: «Die Psychiatrie im Strudel der Euthanasie», Frankfurt, 1979, S. 60
23) Diese Angabe stammt von der ärztlichen Direktorin dieser Klinik
24) Erich Fromm: 1986, S. 70, Hervorh. original
25) ebenda, S. 74/75, Hervorh. mr
26) Erich Fromm: «Anatomie der menschlichen Destruktivität», Buchclub Ex Libris, Zürich, 1977 a, S. 263, Hervorh. original
27) Erich Fromm: 1986, S. 75/76
28) ebenda, S. 76
29) ebenda, S. 75
30) Erich Fromm: 1977 a, S. 270

«Sadomasochismus» und Psychiatrie

1) Widerspruch, 18, 1989 und hier, in diesem Buch, S. 143
2) Erich Fromm: «Die Seele des Menschen. Ihre Fähigkeit zum Guten und zum Bösen», Buchclub, Ex Libris, Zürich, 1981, S. 27/28
3) Ich beschränke mich in meiner Untersuchung auf die «biologische Psychiatrie», wie ich das bereits in meinem oben erwähnten Artikel «Rassismus und Psychiatrie: Ethnischer und psychiatrischer Rassismus im Vergleich» getan und auch ausführlich begründet habe. Es geht mir also um die Psychiatrie, die psychische «Störungen» als organische und vererbte «Erkrankungen» des Gehirns auffasst und die diese «Störungen» mit Medikamenten, Elektroschocks oder chirurgisch «behandelt».
4) Erich Fromm: «Die Furcht vor der Freiheit», Europäische Verlagsanstalt, Frankfürt a.M., 1977, S. 157

5) Erich Fromm: «Die Furcht vor der Freiheit», 11. Auflage 1980, S. 119; Hervorhebung mr
6) Erich Fromm: ebenda, S. 131
7) Fromm: 1977, S. 146; Hervorh. mr
8) Manfred Bleuler: «Neue Zürcher Zeitung», 23.5.89; zitiert nach «Soziale Medizin», 10/89, S. 15
9) Manfred Bleuler: ebenda
10) Fromm: 1977; S. 162
11) Fromm: 1977, S. 144/145
12) Nach Erich Fromm: «Analytische Sozialpsychologie und Gesellschaftstheorie», edition suhrkamp, Frankfurt a.M., 1976, S. 138
13) Josef Bossart: «Dahocken und aushalten. Über den Alltag auf der Aufnahmestation eines psychiatrischen Spitals», «Das Magazin», 24/25.2.1989.
14) Alexander Mitscherlich, Fred Mielke: «Medizin ohne Menschlichkeit», Fischer TB, Frankfurt, 1978, S. 8
15) Erich Fromm: 1981, S. 36
16) Alfred Hoche, Karl Binding: «Die Freigabe der Vernichtung lebensunwerten Lebens», Leipzig, 1920
17) Erich Fromm: 1981, S. 28
18) Wer ohnmächtig einer übermächtigen Gewalt ausgeliefert ist, dessen Fühlen und Denken wird dadurch entscheidend verändert. Eigenständigkeit ist ihm nicht mehr möglich; es bleibt ihm nichts anderes übrig, als die Urteile und Vorurteile der anderen über seine Person zu übernehmen. Siehe dazu meine Ausführungen in «Rassismus und Psychiatrie: Ethnischer und psychiatrischer Rassismus im Vergleich», hier, in diesem Buch, S. 152
19) Erich Fromm: 1977, S. 157
20) siehe dazu: Erich Fromm: 1976, a.a.O., S. 185
21) Erich Fromm: 1980, S. 117
22) Erich Fromm: 1980, S. 124; Herv. original
23) Erich Fromm: 1977, S. 151
24) Erich Fromm: «Über den Ungehorsam und andere Essays», Deutsche Verlags-Anstalt, Stuttgart, 1982, S. 14
25) ebenda, Herv. mr
26) Dazu einige Angaben und Adressen: Fapi, Wiclefstr. 45, D-W-1000 Berlin 21. Die Fapi-Nachrichten (Mitteilungsblatt) sind zu bestellen bei Roland Goldack, Pestalozzistr. 14, D-W-3500 Kassel. Psychex, Badenerstr. 89, CH-8026 Zürich (Tel.01/241 79 69). «Irre am Werk», Postfach 1957, CH-8040 Zürich. Thomas S. Szasz: «Das Psychiatrische Testament» (Mit einer Gebrauchsanweisung von Rechtsanwalt Hubertus Rolshoven), Peter Lehmann, Antipsychiatrieverlag Berlin 1987
27) Mario Erdheim: «Die gesellschaftliche Produktion von Unbewusstheit», Suhrkamp Verlag, Frankfurt a.M., 1982, S. 161 ff

Quellennachweis

«Der Balken im Auge: Rassismus und Psychiatrie. Zur Geschichte und Aktualität der Erbbiologie in der Schweizer Psychiatrie». Erweiterte Fassung. Ursprünglich in: Widerspruch 14, 1987, «Normalität, Ausgrenzung und Widerstand» (2. Auflage), nachgedruckt in PMS aktuell, 2/1988

«Ethnischer und psychiatrischer Rassismus im Vergleich». Erweiterte Fassung des Artikels «Rassimus und Psychiatrie. Ethnischer und psychiatrischer Rassismus im Vergleich». Ursprünglich in: Widerspruch 18, 1989, «Aufklärung und Verdrängung» (2. Aufl.)